KB058827

최강의 인생

최강의인생

세상의
뻔한 공식을 깨부순
게임 체인저들의
44가지법칙

Life is about
kicking more ass!

데이브 아스프리 지음 | 신솔잎 옮김

비즈니스북스

옮긴이 | **신솔잎**

프랑스에서 국제대학을 졸업한 후 프랑스, 중국, 국내에서 경력을 쌓았다. 이후 번역 에이전시에서 근무했고 숙명여대에서 테솔 수료 후, 영어강사로 활동했다. 다양한 외국어를 접하며 느꼈던 언어의 섬세함을 글로 옮기기 위해 늘 노력한다. 옮긴 책으로는 《내 마음의 균형을 찾아가는 연습》,《유튜브 레볼루션》,《나는 직원 없이도 10억 번다》,《이 삶을 사랑하지 않을 이유가 없다》,《기다리는 마음》 등이 있다.

최강의 인생

1판 1쇄 발행 2019년 7월 8일
1판 14쇄 발행 2024년 1월 19일

지은이 | 데이브 아스프리
옮긴이 | 신솔잎
발행인 | 홍영태
편집인 | 김미란
발행처 | (주)비즈니스북스
등 록 | 제2000-000225호(2000년 2월 28일)
주 소 | 03991 서울시 마포구 월드컵북로6길 3 이노베이스빌딩 7층
전 화 | (02)338-9449
팩 스 | (02)338-6543
대표메일 | bb@businessbooks.co.kr
홈페이지 | http://www.businessbooks.co.kr
블로그 | http://blog.naver.com/biz_books
페이스북 | thebizbooks
ISBN 979-11-6254-090-9 03190

최고의 게임 체인저이자 두뇌 해커,

이 책을 쓰는 동안 세상을 떠난

내 친구 빌 해리스Bill Harris에게

당신도
게임 체인저가 될 수 있다

《최강의 인생》을 집필하는 동안 많이 받은 질문이 있다. "이미 인생의 목표와 성과를 달성했음에도 더 큰 성공을 이루기 위해 나아가는 동기와 원동력이 대체 뭡니까?" 내가 만든 불릿프루프 커피(방탄커피)가 세계적으로 2억 잔가량 판매된 점, 자신의 몸을 직접 연구·조사하여 개선시키는 방식인 '바이오핵'biohack이라는 새로운 용어가 내 이름과 함께 사전에 등재된 점을 알게 된 순간, 사람들은 내가 굉장히 의미 있는 수준의 성공을 달성했다고 여긴다.

흔히 사람들은 성공을 이루기 위한 강력한 동기가 돈과 권력, 명성이라고 생각한다. 하지만 그렇지 않다. 내가 이 책을 쓰기 위해 만난 450명의 게임 체인저 중 어느 누구도 위의 세 가지를 성공의 이유로 언급하지 않았다. 그들을 대신해 내가 답하겠다. 우리가 존재하는 이유 그 자체가 성공의 동기이자 원동력이어야 한다.

내가 450명의 게임 체인저를 만난 이유는 단순하다. 단 한 명의 구루나 멘토만을 좇는 일이 대단히 위험하다고 생각했기 때문이다. 나이나 유전자, 성장 환경 등 여러 조건에 따라 성공 공식은 얼마든지 달라질 수 있다. 따라서 가능한 수많은 게임 체인저를 만나 그들이 어떻게 성공을 이뤘는지 면밀히 분석해 내가 직접 체험해보고 과학적으로도 검증 가능한지 파헤쳤다. 그리고 단 한 명에게만 효과가 있는 것이 아니라 수많은 사람에게 실제로 도움이 된 44가지 법칙을 정리해 이 책에 담았다. 단언컨대 이 책은 당신이 성공하기 위해 투자해야 할 수천 시간의 노력과 에너지를 덜어줄 것이다.

대부분의 사람이 생각하는 성공은 일에서 이루는 성공이겠지만, 바쁜 하루를 보내고 집으로 돌아가 가족들과 따뜻한 시간을 나눌 수 있는 에너지와 마음의 안정을 얻는 것이 인생의 목표이자 성공일 수 있다. 우리는 인간으로서 본질적으로 자신이 하는 일(역할)을 더 잘해내고 싶은 욕구를 갖고 있다. 《최강의 인생》은 당신이 하는 일을 더 잘해낼 수 있는 방법을 전한다.

한국에서 전작 《최강의 식사》가 많은 사랑을 받았다. 그만큼 《최강의 인생》 속에 집약된 지식과 지혜 또한 많은 한국 독자들에게 큰 영향력을 발휘하고 도움을 줄 수 있을 거라 기대한다. 한국은 단기간에 대단한 회복력을 발휘하고 새로운 변화를 수용하는 능력을 갖고 있으며, 근면함이라는 미덕과 더불어 좋은 결과를 이끌어내는 것들을 기꺼이 시도하는 의지력도 갖고 있다. 더 나은 삶을 사는 데 필요한 법칙들을 밀도 있게 다뤘으니 《최강의 인생》을 통해 한국 독자들이라면 짧은 시간에 많은 변화를 이루리라 믿는다.

450명의 게임 체인저들에게서
내가 배운 것

세상에 굉장한 영향력을 미치고 인생의 엄청난 성공을 거둔 450명의 사람과 얼굴을 맞대고 앉아 일대일로 이야기를 나눈다고 상상해보자. 그들에게 최고의 성과를 이뤄낸 비결이 무엇인지 묻고 그 답변들을 통계적으로 분석한 후 깨달은 사실을 정리한다면, 과연 어떤 결과를 얻을 것 같은가? 아마도 다음 페이지에 나오는 것과 같은 워드 맵Word Map이 나올 것이다(10페이지 참조). 그들이 성과를 내는 데 중요한 요소로 많이 언급한 키워드일수록 단어의 크기도 크다.

지난 5년간, 나는 자신의 분야에서 눈에 띄는 업적을 달성한 450명의 게임 체인저Game Changer를 만나 인터뷰했다. 이들은 자신이 속한 분야의 경계를 허물었을 뿐 아니라 불가능을 가능의 영역으로 바꿔놓은 인물들이다. 새로운 규칙을 정립하고 한계를 확장하며 세상을 바꾸는 데 일조했기에 게임 체인저라고 불린다.

열정

실패 **절제** **수면** 재미

보충제 **영양** 목표 수치화 감사함

디톡스 **호기심** **인간관계** **친절함**

명상 연습 완벽함

자기지각 진정성 긍정성

운동 물 마시기 **행동**

두려워하지 않는 마음 **배움**

야외활동 **휴식시간**

각자의 영역에서(보통 자신의 영역을 스스로 개척한 경우가 많았다) 최고의 자리에 오른 사람들로부터 가르침을 얻고자 나는 '불릿프루프 라디오'Bulletproof Radio라는 이름의 팟캐스트를 론칭했고, 거기서 이 모든 여정이 시작되었다.

나는 더 나은 인간이 되고 싶었다

각 분야의 뛰어난 전문가들을 인터뷰하게 된 동기는 순전히 내 개인적인 목표에서 비롯되었다. 나는 지난 20년간 자기계발을 위해 수백만 달러를 들여 현존하는 모든 방법을 강구해 경험해봤다. 계기가 된 사건은 몸 상태가 최악이라 머지않아 죽을 수 있다는 의사의 선고였다. 나는 전 세계 안티에이징 관련 시설과 신경과학자들의 연구소를 거쳐 티베트의 외진 수도원 여러 곳과 실리콘밸리까지 모든 면에서 더 나아질 수 있는, 가장 단순하면서도 강력한 단 한 가지의 비법을 찾기 위해 백방으로 뛰어다녔다.

이단적 기질을 지닌 과학자들, 혁신적인 의학 박사들과 생화학자들, 세계 최고의 운동선수들과 그들의 영양사들, 명상 전문가들, 주술사들, 미 해군 엘리트 특수부대원들, 세계 유수의 자기계발 리더들… 내가 가르침 받을 수 있는 비범한 능력과 지식을 지닌 사람이라면 누구든 가리지 않고 찾아가 조언을 구했고, 그들은 결국 내 인생을 바꿔놓았다.

그들의 축적된 지혜와 내가 직접 발로 뛰어다니며 쌓아온 조사 자료, 끝없는 자가 실험을 통해 수십 년 동안 나를 괴롭혀온 다이어트에서 비로소 해방될 수 있었다. 몸무게 45킬로그램을 감량했고, 마흔 살이 넘어 생애 처음으로 식스 팩도 생겼다. 몸이 가벼워지니 항상 무거웠던 머리가 맑고 가벼워지면서 집중력이 좋아졌다. 심지어 IQ도 높아졌다. 그 과정에서 과거엔 인식하지 못했지만, 항상 나를 가로막았던 두려움과 수치심, 분노의 감정들과 이별했다. 나는 이전보다 더 젊어졌다. 이후 밑바닥부터 시작해 수백만 달러 가치의 기업을 세웠고 두 권의 베스트셀러 작가가 되었다. 가족을 사랑하는 따뜻한 남편이자 두 명의 어린 자녀를 둔 아버지 역할도 성공적으로 해냈다.

비만이었을 때보다 운동도 적게 했다. 잠자는 시간은 줄었지만 수면의 질이 훨씬 높아졌다. 채소와 함께 상당한 양의 버터를 섭취했고, 인생을 즐기는 법을 깨우쳤다. 그러다 보니 어느새 평소 생각지도 못했던 수준의 성과를 달성해냈다. 과거에는 작은 일에도 분투했지만 이제는 훨씬 크고 어려운 도전적인 과제를 한결 쉽게 해낼 수 있다.

사실 자기개선을 향한 여정을 시작할 당시 나는 이미 성공적인 커리어를 갖고 있었다. 하지만 행복하진 않았다. 그 커리어를 달성하기까지 엄청난 노력과 고통이 필요했기 때문이다. 그때까지만 해도 내 안에 더 큰 잠재력이 있다는 사실을 몰랐다.

높은 수행능력을 발휘한다는 것이 어떤 의미인지 점차 깨달아가면서 새로운 경험을 하게 됐다. 그 경험의 상태를 가리켜 나는 '불릿프루프'Bulletproof 라고 부른다. 이는 자신의 몸을 직접 통제하고 몸과 의식을 향상시켜 서로 긴밀하고 조화롭게 기능하도록 만드는 것을 뜻한다. 번아웃을 겪거나 몸이 아프거나 스트레스를 감당하지 못해 얼간이처럼 행동하지 않고 자신이 예상한 것보다 훨씬 높은 수준의 수행능력을 발휘하는 상태, 이것이 바로 불릿프루프다.

과거에 사람들은 내면의 충만함을 느끼고 자신이 무엇에 열정을 갖는지 깨닫기 위해 평생을 바쳐야 했다. 그러나 오늘날 세상엔 훌륭한 두뇌와 신체로 업그레이드하는 데 필요한 지식이 있고, 이런 급진적 변화는 누구에게나 가능한 일이 되었다. 발전한 과학기술 덕분에 이제 새로운 변화가 실제로 어떤 결과로 이어지는지 빠르게 확인하고 증명할 수 있다. 굉장한 일이다! 너무도 굉장한 나머지 내가 배우고 깨달은 것들을 다른 사람들에게도 나눠야 한다는 의무감을 느꼈다.

더 똑똑하게, 더 빠르게, 더 행복하게

나는 팟캐스트에 출연한 게임 체인저들에게 높은 수행능력을 발휘하는 비결이 무엇인지 물었다. 즉 무엇을, 어떻게 달성하는지가 아니라 성과를 이뤄내는 데 가장 중요한 요소가 무엇인지를 물었다.

"만약 누군가 당신을 찾아와 '한 인간으로서 더 나은 수행능력을 발휘하고 싶다'며 조언을 구한다면, 당신은 가장 중요한 세 가지 요소로 무엇을 꼽으시겠습니까?"

이 질문을 던질 때 나는 단순한 '수행'이 아니라 '한 인간으로서의 수행'이란 단어를 의도적으로 넣었다. 엄청난 성과를 이룬 전문가들이 자신의 분야가 아닌 인생 전반에서 가장 중요하게 여기는 요소가 무엇인지 알고 싶었기 때문이다. 이 질문에 대한 이들의 답변은 그저 새로운 깨달음을 주는 정도가 아니었다. 몇몇 답변은 충격적이기까지 했다. 물론 예상 가능한 이야기를 한 사람들도 있었다. 이렇게 진행된 450건 이상의 인터뷰를 통해 통계적 분석을 시도해볼 만한 표본이 축적되자 비로소 내가 찾고 있던 비밀이 모습을 드러냈다.

게임 체인저들의 조언 대부분이 세 가지 중 하나로 귀결됐다. 우리를 더 똑똑하게 만드는 것, 더 빠르게 만드는 것, 더 행복하게 하는 것이다. 그들은 자신의 능력 향상을 최우선시한 덕분에 성공할 수 있었다. 한 가지 눈여겨봐야 할 사실은 이들의 답변이 세상 사람들 대다수가 정의하는 일반적인 성공 공식과 달랐다는 점이다. 그들 중 그 누구도 돈, 권력, 매력적인 외모를 성공의 열쇠로 언급하지 않았다. 그럼에도 왜 대다수의 사람들이 평생 이 세 가지 요소를 좇으며 살아갈까? 도대체 무엇이 잘못된 걸까?

비밀은 미토콘드리아에 있다?

내 전작 《헤드 스트롱》을 읽었다면, 우리 몸의 뉴런이 에너지를 생성하는 세포 기관인 '미토콘드리아'로 구성되어 있음을 알 것이다. 미토콘드리아는 다른 세포 기관과는 달리, 고대의 박테리아에서 생겨난 것으로 수십억 개에 달하는 규모라는 점에서 아주 특별하다. 우리 몸 안의 미토콘드리아는 원시적인 형태의 세포로, 이 세포 기관의 목적은 단순하다. 바로 인간의 종족 번식을 위해 생명을 유지하는 것이다.

미토콘드리아는 신경계를 장악해 지능과 관계없이 생명체라면 생존을 위해 필요한 세 가지 행위에 무의식적으로 집중하도록 만든다. 일명 '세 가지 F'라고 불리는 이 행위는 바로 두려움을 느끼는 것Fear(무언가 생존에 위협을 가할 때 도망치거나 숨거나 맞서 싸우도록 만드는 것), 먹는 것Feed(굶어 죽지 않고 앞서 언급된 F, 즉 두려움을 느끼는 행위를 잘 수행하기 위해 눈에 보이는 것은 뭐든지 섭취하는 것), 그리고 마지막 F는 종족 번식에 필요한 행위Fuck를 의미한다.

인류가 살아온 과거 환경을 돌이켜 보면, 단 한 마리의 호랑이가 우리를 당장 죽일 수 있었다. 또 음식이 떨어지면 인류는 한두 달 안에 죽음에 이르게 되고, 번식을 이어가지 않으면 다음 세대의 멸종을 맞이하게 된다. 생명체에 위협이 되는 이 모든 상황을 대비해, 미토콘드리아가 신경 통제실의 조종키를 쥐고 있다.

우리가 무의식적으로 좇는 권력, 돈, 섹스 이 세 가지가 바로 미토콘드리아의 명령에 따라 집착하게 되는 가치다. 권력은 결국 일정 수준 이상의 안정을 보장해주므로 권력이 있으면 두려운 대상에서 도망치거나 맞서 싸우지 않아도 된다. 또 돈이 있다는 것은 항상 배불리 먹을 수 있다는 의미이며, 매력적인 외모는 종족 번식을 위해 자신의 짝을 찾을 확률이 높아짐을 뜻한다. 우리가 일반적으로 성공이라 여긴 이런 것들이 고작 박테리아가 시킨 일이라니 씁쓸하지만, 이처럼 우리 몸이 '세 가지 F'에 대한 본능을 가장 우선시하고 중요시하도록 설계된 것은 바꿀 수 없는 사실이다. 따라서 우리에게 무엇이 성공과 행복을 가져다줄지 고민하기 전에 먼저 이 본능을 관리해야 한다. 그러지 않으면 이 본능에 발목 잡혀 앞으로 나아갈 수 없게 될 것이다.

그렇다면 미토콘드리아는 본능을 강요하는 피곤한 박테리아일 뿐일까? 하나의 미토콘드리아는 두뇌를 가질 수 없을 만큼 작다. 지능도 낮고 미세한 이 세포 기관은 세 가지 본능을 지키기 위해 1초에 수백만 번의 신호를 보낸다. 1,000조에 달하는 개수의 미토콘드리아가 전부 위의 세 가지 행동을 좇을 때, 의식을 갖춘 하나의 복잡한 시스템이 모습을 드러낸다. 이 의식을 부르는 이름은 모든 시대마다 달랐는데, 아마 우리에게 가장 친숙한 호칭은 에고Ego, '자아'란 이름일 것이다.

말하자면 당신의 에고는 사실 종족 보존이란 목표를 달성하기까지 신체의 생명력을 유지하기 위한 본능에서 발현된 생물학적 현상일 뿐이다. 그러나 너무 비참하게 받아들일 필요는 없다. 좋은 소식도 있으니까. 이 미토콘드리아가 고차원적인 생각을 가능하게 하고, 성공을 향해 달려가는 과정에서 행하는 모든 일에 동력을 제공하기도 한다. 미토콘드리아는 어리석지만 분명 유용한 녀석들이다.

본능을 이기고 최고의 나를 만드는 게임 체인저

게임 체인저들은 에고 혹은 미토콘드리아가 이끄는 본능에 집중하는 대신 미토콘드리아에서 전해지는 에너지를 역으로 활용한다. 이들은 자신의 본능을 초월하고 단속하는 법을 터득해 자신뿐 아니라 전

인류에게 진정으로 의미 있는 일을 한다. 의미 있는 일을 할 때 참된 행복과 내면의 충족을 느낄 수 있고 이때 성공이라는 성과가 자연스럽게 뒤따른다고 말한다.

심신을 통제하고 수준을 향상시켜 최고의 수행능력을 발휘하는 불릿프루프 상태를 얻기 위한 각고의 노력 끝에 나 역시 이런 변화를 직접 경험했다. 젊은 시절, 명석하고 성공한 비만인이었던 나는 몇 년 동안이나 세 가지 본능에 시달리고 있었다. 오로지 돈을 좇고 안전함을 얻고자 권력을 원했으며 섹스할 기회를 찾아다녔다. 본능에 휘둘려 불어난 몸무게에 고통받았고, 늘 화가 난 채로 스스로 불행하다 여기며 살았다. 그러나 이 책에 담은 44가지 법칙들을 활용한 후로 나는 마침내 미토콘드리아의 충동과 싸우며 에너지를 낭비하던 짓을 멈추고 축적된 에너지를 진정 중요한 일에 쏟을 수 있게 되었다. 에고를 한쪽에 미뤄두고 내 인생의 '진짜' 목표를 좇을 때 성공은 부산물처럼 찾아온다는 것을 직접 경험했다.

궁극적으로 몸 안의 상태와 주변 환경을 바꾸면 본능에 휘둘려 문제를 일으키는 대신 자신의 생물학적 몸에 대한 통제력을 얻게 된다. 신체, 의식, 영혼까지 아울러 살펴볼 때 결국 생물학적 몸이 가장 중요하다. 이것이 내 전문 분야인 바이오해킹Biohacking의 핵심이다. 내가 이 용어를 정의하고 하나의 분야로 만들기 오래전에 이미 혁신적인 교수들과 과학자들, 불교 승려들이 이를 실천하고 있었다.

최고의 수행능력을 갖춘 인간이 되기 위해서는 당신이 통제력을 가질 수 있도록 환경을 바꾸어야 한다. 이를 어디서부터 시작해야 할지 알려주기 위해 이 책에 44가지의 법칙을 준비했다. 인터뷰마다 8시간의 준비 시간이 들었다. 450번의 인터뷰를 했으니 총 3,600시간, 근로 시간으로 따지면 2년에 가까운 시간이 이 책 속에 법칙으로 녹아든 셈이다.

최강의 인생을 이루는 44가지 최강의 법칙

44가지 법칙은 크게 3개의 장으로 나뉘어 있다. 앞서 밝혔듯 게임 체인저들은 자신의 한계를 초월하고 최고의 수행능력을 발휘하는 동시에 삶을 사랑하는 법을 깨우치기 위해 스스로를 더 똑똑하게, 더 빠르게, 더 행복하게 만드는 법을 강조했다.

제1장에서 '더 똑똑하게'를 다룬 이유는 우리 두뇌가 최고의 수준으로 기능할 때 무슨 일이든 한결 쉽게 달성할 수 있기 때문이다. 10년 전만 해도 원래 타고난 수준보다 더 똑똑해질 수 있다고 생각한 사람들은 거의 없었다. 이제는 여러 방법을 통해 인지능력을 향상시킬 수 있다는 사실을 많은 이들이 인정한다. 최고의 수행능력을 위해 두뇌의 기능을 극대화시키는 방법을 적극 활용하는 것은 전혀 이상한 일이 아니다. 두뇌의 기능이 좋아질 때 정말 의미 있는 일을 할 수 있는 에너지도 커진다.

그다음 제2장 '더 빠르게'는 태초부터 인간이 가장 바랐던 목표에 대한 이야기다. 수천 년 전, 동굴 속에서 불을 빨리 피우는 능력은 분명 생존에 유리했다. 그때 이후로 지금껏 인간은 어떤 일을 더욱 빠르게 수행하는 법을 터득하며 진화했다. 이 장의 핵심은 당신의 몸이 효율적으로 기능하게 만들어 정신과 육체 에너지를 낭비 없이 잘 보존하게 하는 데 있다. 그리고 그 에너지를 당신이 하려는 일에 온전히 쏟을 수 있도록 돕고자 한다. 몸이 둔하고 약하면 결코 게임의 판도를 바꿀 수 없다. 여기 소개된 다양한 도구를 자신이 원하는 대로 활용해 신체 능력을 높인다면 당신이 생각한 것보다 훨씬 더 많은 것을 이룰 수 있을 것이다.

의식과 몸에 대한 통제력이 생긴 후에 더욱 행복해질 수 있기 때문에 '더 행복하게'에 관한 법칙은 맨 끝 제3장에서 다룬다. 깊이 자각함으로써 침착한 상태에 이르기 위해 수행을 하는 게임 체인저들이 많다. 이런 수행이 실제로 그들을 어떻게 한 차원 높은 행복으로 인도했는지 알면 놀랄 것이다. 평화와 평온을 얻기 위해 명상과 호흡법을 수행하는 이들 대부분이 진정한 행복을 찾을 수 있었다고 답했다. 큰 변화를 불러오는 이들은 자신의 평화와 행복을 최우선시하고 있었다. 결국 얼마나 더 영리해지고 빨라질 수 있는지는 그리 중요하지 않다. 행복하지 못하다면 아무리 노력해도 나아갈 수 없기 때문이다. 이 책에서도 행복을 중요하게 다루는 이유가 여기에 있다.

이 책에 나온 3개의 장과 모든 법칙은 서로 연결되어 있다. 가령 더욱 빨라지기 위해 무언가를 실천했다면, 자기 일에 쏟을 에너지가 많아지게 된다. 빨라지는 법을 터득한 이상 삶의 고난이 적어지므로 결국 더 행복해진다. 이와 마찬가지로 호흡법을 수련해 두뇌와 근육에 더욱 많은 산소를 공급한다면 어떨까? 정신적·신체적 스트레스에서 한결 빠르게 회복할 수 있다. 그렇게 되면 정서가 함양되고, 세상을 이해하는 시선이 긍정적으로 바뀐다. 당연히 더욱 행복해진다.

사람마다 목표도 바라는 것도 각기 다르다. 그래서 이 책은 당신에게 어떤 목표를 가져야 하고 무엇을 하라고 말하지 않는다. 그런 강요를 할 생각이 전혀 없다. 다만 당신이 우선순위를 정하는 데 참고할 수 있는 로드맵을 제시해주려는 것이다. 그게 무엇이든 당신이 하려는 일에서 높은 수행능력을 발휘하는 데 도움이 될 법칙을 알려주고자 한다. 그것이 이 책의 목적이다.

중요한 것은 순서다. 목표의 우선순위를 세우기 전에 방법과 도구부터 삶에 적용한다면 효과를 볼 수 없다. 그러나 성공한 사례들을 참조할 수 있다면 이야기가 달라진다. 게임 체인저가 중요하게 여기는 것들을 살피며 자신에게 의미 있는 것이 무엇인지 발견하라. 그러고 난 뒤 이 책에 나온 실천사항을 점검하며, 자신에게 유용한 것들을 직접 선택한다면 놀라운 변화가 찾아올 것이다. 어쩌면 당신 분야에서 정말 굉장한 영향력을 발휘할 수 있을지도 모른다.

《최강의 인생》에는 내가 직접 해온 수십만 시간의 연구, 실험 그리고 그 결과가 담겨 있다. 우리가 학교에서는 결코 배우지 못한 것들이다. 당신이 조금만 더 똑똑하고, 빠르고, 행복했다면 어땠을 것 같은가? 그랬다면 분명 당신 삶은 달랐을 것이다. 분명 '최강의 인생'을 살 수 있었을 것이다. 이제 이 세 영역에서의 강력한 변화를 통해 개인의 삶뿐 아니라 다른 사람들에게도 변화를 가져올 힘을 얻게 될 수 있다. 나와 당신처럼 새로운 변화를 불러들이는 사람이 많아질수록 우리는 인간의 존재를 재정립할 수 있게 된다. 이 책이 끝날 때쯤 당신도 게임 체인저의 물결에 합류하길 바란다.

차례

제1부

더 똑똑하게 The Smarter

제3부

더 행복하게 The Happier

더 똑똑하게
The Smarter

제 1 장

약점에
집중하면
약해질
뿐이다

생명 활동의 관점에서 에너지라는 개념은 신체 활동을 완수하기 위해 필요한 연료로 이해할 수 있다. 달리기 위해서는 다리에 에너지가 필요하고, 무거운 것을 들어올리기 위해서도 두 팔에 에너지가 필요하다. 하지만 가장 에너지 소모가 많은 부위는 두뇌다. 두뇌가 생각하고, 집중하고, 결정을 내리고, 마음먹은 일을 완벽하게 수행하는 데는 상당한 에너지가 필요하다.

나는 《헤드 스트롱》 집필을 위해 조사하는 과정에서 뇌의 에너지 공급을 높이는 여러 가지 방법이 있다는 것을 배웠다. 그중 가장 쉬운 방법은 두뇌 에너지 낭비를 줄이는 것이다. 이는 가장 중요한 일을 수행하기 위해 에너지를 아껴두는 방법이다. 즉 여기저기 에너지를 낭비하지 말고 우선순위를 세워야 한다는 의미다.

그 일이 무엇이든, 당신이 사랑하고 당신에게 가장 큰 영향력을 미치는 일에 뇌 에너지를 집중시켜라. 소모적인 일은 제거해나가야 한다. 다시 말해 당신을 약하게 만드는 일을 없애고, 강하게 단련시키는 일을 늘려야 한다는 뜻이다. 생물학적 작용으로 어쩔 수 없는 일도 있지만, 대다수의 경우 당신의 의식적·무의식적인 선택 혹은 신념으로 결정할 수 있다.

100명이 넘는 고성과자들이 성공의 가장 강력한 도구로 꼽은 두 가지는 우선순위를 세워 행동하고, 자신의 강점에 집중하는 것이다. 여기엔 그만한 이유가 있다. 이번 장에서 소개될 법칙들은 기본적으로 두뇌 에너지를 절약하고 생산성을 극대화하는 방법에 관한 것이다. 이 법칙들을 내 삶에 접목한 이후 굉장한 변화가 찾아왔다. 나뿐 아니라 각 업계를 이끄는 선두주자들 역시 내가 느낀 변화를 직접 경험했다. 자신의 강점에 집중하고 중요하지 않은 일에 에너지를 낭비하지 마라. 그러면 당신에게 기쁨을 가져다주는 일에 더욱 시간을 쏟을 수 있고, 세상을 변화시키는 의미 있는 기여를 할 수 있다.

거절의 힘을
믿어라

우리 모두에게는 하루 24시간이 공평하게 주어진다. 이 시간을 진정으로 중요한 무언가를 창조하는 데 쓸 수도 있고, 하찮은 일을 처리하거나 자신의 가치를 증명하기 위해 쓸 수도 있다. 똑같은 시간도 활용하는 사람에 따라 가치가 달라진다. 이 시간을 가장 중요한 일을 하는 데 써야 한다. 최소한의 에너지를 투자해 열정과 에너지를 샘솟게 하고, 삶의 질을 높이는 일을 가려 하는 기술을 터득하라. 지금보다 '아니오'라는 말을 더욱 자주 해야 한다는 뜻이다. 의사결정을 줄여야 자신의 소임을 완수하는 데 더 많은 힘을 쏟을 수 있다.

───────── 인터뷰를 위해 만난 《와튼스쿨 인생특강》의 저자 스튜어트 프리드먼Stewart Friedman은 펜실베이니아 대학의 경영 대학원인 와튼스쿨에 다닐 당시 담당 교수님이었다. 내가 에너지를 잘못된 곳에 쏟고 있음을 깨우쳐주며 인생관을 송두리째 바꿔놓은 분이다. 그는 리더십을 가르치는 교수였을 뿐 아니라 토털 리더십 프로그램Total

Leadership Program을 개발해 일과 삶의 균형을 잡는 법을 전파했고, 세계적인 리더들을 배출했다. 경영학계의 오스카상이라 불리는 '싱커스 50'Thinkers 50에서 그를 세계 최고의 리더십 및 경영 사상가 중 한 명으로 선정하기도 했다.

그는 성공한 사람들의 삶을 분석하는 과정에서 그들이 공통적으로 강조하는 핵심 개념을 발견했다고 설명했다. 바로 자신에게 진정으로 중요한 것이 무엇인지 알아야 한다는 뜻이다. 단순하지만 깨닫기 쉽지 않은 개념이다. 프리드먼은 일상생활 속에서 시간을 내어 자신의 진정한 신념이 무엇인지 스스로에게 묻는 사람들이 거의 없음을 지적했다. 때문에 목표와 관련된 의사결정을 명료하게 내리기 어렵다는 것이다. 자신에게 중요한 것이 무엇인지 알아야 명확한 의사결정이 가능해진다. 그래야 불필요하거나 원치 않는 일을 거절할 수 있다. 거절을 능숙하게 할 줄 알 때 자신에게 가장 의미 있는 일에 오롯이 집중력과 에너지를 쏟아부을 수 있게 된다.

에너지 사용에도 예산 계획이 필요하다

프리드먼은 약 20년 후인 2039년을 상상해보라고 제안했다. 그러면 자신의 가치관을 명확하게 깨닫는 데 도움이 될 것이라고. 2039년 당신의 하루는 어떤 모습일까? 누구와 함께 있을까? 어떤 일을 하며, 어떤 영향력을 지니고 있을까? 이 모든 질문에 답변을 적어보자.

계약서나 행동 계획서를 작성하라는 것이 아니다. 실현 가능한 미래의 모습을 멋진 이미지로 그려 당신의 가치관을 비추는 창으로 삼으라는 의미다. 위의 질문에 대한 답을 알고 있다면 타인이 당신의 삶에 관여하는 일도, 힘들고 괴롭기만 한 일에 집중력을 빼앗기는 일도 막을 수 있다. 그러면 에너지를 어디에 투자해야 할지 한결 쉽게 결정할 수 있다.

프리드먼은 자신에게 가장 중요한 일이 무엇인지 깨달았다면, 두 번째 단계로 자신에게 가장 중요한 사람이 누구인지 생각해보라고 전한다. 결코 쉽지 않은 질문이다. 하지만 진정한 리더라면 이 질문에 답할 수 있어야 한다. "내게 중요한 사람이 누구이고, 이들은 내게서 무엇을 원하는가? 그리고 나는 이들에게 무엇을 바라는가?" 당신의 세계관을 형성하는 데 영향을 끼친 사람이 누구였는지 떠올려보라. 아마도 이들이 당신에게 중요한 사람들일 것이다.

프리드먼의 학생으로 공부한 시간 동안 굉장히 많은 것을 배웠다. 무엇보다 그 덕분에 내가 어디에 에너지를 쓸데없이 쏟고 있는지를 알았다. 불편한 진실과 마주한 것이다. 내 핵심가치 가운데 하나는 끊임없는 자기개선이라는 것을 알고 있었지만, 커리어에 집중하느라 그 가치를 한편으로 미뤄뒀었다. 프리드먼 덕분에 매일같이 나를 성장하게 하는 무언가를 하기로 결심했다. 이 작은 결심 덕분에 시간과 에너지를 현명하게 활용할 수 있었다. 지속적으로 성장하고 스스로의 한계를 확장하는 방법이 무엇인지도 항상 고민했다.

이 결심을 지키기 위해 나는 한평생을 자기개선에 바친 토니 스터블빈Tony Stubblebine을 찾아갔다. 그는 비즈니스, 교육, 피트니스까지 거의 모든 분야에서 자기개선을 이룰 수 있는 가장 빠른 코칭 기술을 전파 중이며, 코치미Coach.me라는 회사를 설립해 CEO로도 활동하고 있다.

스터블빈은 매일 '결정 예산'을 세운다. 중요성에 관계없이 자신이 하루에 내릴 결정의 수를 정해두고 하루 동안 자신의 결정 예산을 '소비'한다. 때문에 그가 아침에 어떤 일을 하는지가 남은 하루를 효율적으로 보낼 수 있을지 여부를 좌우한다. 만약 아침에 자신의 결정 예산을 낭비한다면, 이후 시간부터는 아주 사소한 결정도 피해야 하는 상황에 처한다.

물론 처음부터 그랬던 것은 아니다. 과거, 스터블빈은 아침에 눈을 뜨자마자 스마트폰과 소셜 미디어부터 확인했다. 익숙한 이야기인가? 혹시 당신의 모습인가? 기상 알람이 울리자마자 그의 머릿속에는 해야 할 일들과 답장을 보내야 할 사람들로 가득 찼다. 눈을 뜬 이후 매 순간 그는 선택해야 했다. 어떤 이메일에 가장 먼저 답장을 써야 할까? 이 기회를 받아들여야 할까? 누구의 게시물에 '좋아요'를 남겨야 할까? 친구가 보낸 링크를 확인해야 할까? 그는 이런 질문들 때문에 그날의 중요한 업무를 시작하기도 전에 자신의 결정 예산을 모두 소진해버린다는 것을 깨달았다.

시간이 지날수록 스터블빈은 CEO인 자신에게 가장 중요한 것은 의사결정 습관이라는 생각이 들었다. 무엇을 받아들이고 거절해야 할지 결정하는 습관을 길러야 한다는 생각이 강해졌다. 지금껏 오전에 개인적인 일로 결정 예산을 소진해버린 탓에 회사를 위해 무엇이 가장 효율적인 선택인지 판단하기가 힘들었기 때문이다. 그런 경험들이 문제가 무엇인지를 되돌아보게 했다.

이런 깨달음 이후 그는 건강한 의사결정 습관을 만들기로 결심했다. 이제 스터블빈은 명징한 의식으로 하루를 시작한다. 이것이 그에겐 최우선 과제다. 아침에 눈을 뜨자마자 명상을 한 후, 자신이 해야 할 일을 정리한다. 리스트를 작성할 때 어떤 업무가 자신의 목표에 큰 변화를 가져올 수 있는지를 가늠해 우선순위를 정한다. 새로운 습관을 몸에 익히는 과정에서 그는 놀라운 사실을 발견했다. 자신의 리스트에 적힌 업무 대부분이 그다지 중요한 일이 아니라는 것을 말이다!

우선해야 할 업무가 무엇이고, 올바른 방향으로 나아가기 위해 어떤 업무를 해야 하는지 분별하는 눈을 키웠다. 그럴수록 정확한 결정을 더욱 빨리 내릴 수 있게 되었다. 그 결과가 궁금한가? 자신과 회사에 무엇이 중요한지 명확하게 깨달은 그는 기회가 다가왔을 때 절대 놓치지 않았다. 답변을 생각하거나 갈팡질팡 고민하며 시간을 낭비하지 않고 확실한 선택을 했다. 새로운 기회가 어떤 결과로 이어지지 않을 것 같으면 즉시 '아니오'라고 대답하는 것이 스터블빈의 습관적 반응이 되었다.

의사결정의 잔고를 아껴 에너지 파산을 막아라

습관을 바꾸는 것은 결코 쉽지 않다. 그래서 전문가의 도움이 필요하다. 코치를 찾아가 어떤 습관이 자신의 발목을 잡고 있는지 파악해야 한다. 훌륭한 코치는 당신이 모르는 사이 무엇에 에너지를 낭비하고 있는지, 앞으로는 무엇에 에너지를 써야 할지 조언해준다. 그리고 스스로 변화를 이끌어내도록 돕는다.

내가 인상 깊게 본 이스라엘의 한 연구가 있다. 2010년 연구자들은 판사들이 수감자를 대상으로 가석방 심사를 하는 과정을 연구했다. 10개월이 넘는 기간 동안 1,000여 차례가 넘는 공판을 조사했다.

그 결과는 놀라웠다. 의사결정과 결정을 내리는 시간대에 흥미롭고도 강력한 인과관계가 있음을 발견한 것이다. 이른 오전에 열리는 공판에서는 판사가 너그러운 판결을 내리는 경우가 65퍼센트에 달했다. 반면 시간이 흐를수록 수감자에게 우호적인 판결을 내릴 확률이 점점 낮아졌다. 거의 0퍼센트까지 떨어지다 점심 식사 이후 다시 65퍼센트로 상승하는 현상이 나타났다. 범죄 유형, 수감자의 학력, 수감 생활 등 다양한 변수에도 불구하고 이 같은 현상은 꾸준하게 반복되었다.

이 판사들에게 무슨 일이 벌어지고 있었던 걸까? 가석방 승인 여부를 둘러싼 의사결정이 판사들의 결정 예산, 즉 의지력을 모두 소진시켰던 것이다. 사람들은 의지력에 거대한 환상을 갖고 있다. 어떤 사람은 태생적으로 의지력이 강하고, 어떤 사람은 의지력이 약하다고 말한다. 이는 완벽하게 '틀린' 말이다. 사실 의지력은 근육과 같다. 노력에 의해 강하게 단련할 수도 있고, 지나치게 사용하다 보면 피로가 쌓이기도 한다. 의지력 근육이 피로해질 때 우리는 나쁜 결정을 내린다. 다만 우리가 모를 뿐이다.

의지력 근육은 관자놀이 근처 뇌 속 C자 모양의 전대상피질Anterior Cingulate Ccortex, ACC 과 일부 연관이 있다. 과학자들은 ACC가 의지력을 관장하는 영역이라고 말한다. ACC가 에너지 계좌를 관리한다고 생각해보자. 당신이 하루를 시작하는 순간, ACC는 에너지로 가득 차 있다. 하지만 결정을 내리거나 머리를 쓸 때마다 계좌에서 조금씩 에너지가 빠져나간다.

아침에 무슨 옷을 입을지 결정하는 데도 에너지를 써야 한다. 아침 식사 메뉴를 결정할 때도 마찬가지다. 에너지 잔고는 점점 줄어들게 된다. 수감자에게 가석방 승인을 할 것인가와 같은 중요한 결정을 내릴 때면 잔고는 빠른 속도로 줄어든다. 사소한 결정을 하는 데 에너지를 쓰다 보면 ACC는 활동을 멈추고 의지력은 바닥난다. 이때가 바로 나쁜 선택에 굴복하게 되는 순간이다.

이것이 '의사결정 피로' 현상이다. 의사결정을 많이 할수록 판단력이 흐려지는 것을 뜻한다. 기업들은 이미 수년 전부터 의사결정 피로라는 개념에 대해 잘 알고 있었다. 계산대 바로 앞에 알록달록한 포장의 달달한 간식거리가 자리한 것도 같은 이유에서다. 쇼핑을 하며 수많은 선택을 하는 동안 에너지 잔고는 바닥을 보이기 시작한다. 계산대 앞에 설 때쯤이면 고객은 의사결정 피로를 경험하고 있을 확률이 매우 높다. 뇌에 에너지를 공급하기 위해 달달한 것을 원하게 마련이라 저항 없이 초콜릿 바를 집어 들게 된다.

판사들이라고 해서 이 현상에 면역력이 있는 것은 아니다. 이들은 온종일 가석방 공판을 진행하며 상당한 양의 의지력을 사용한다. 오후가 되면 ACC 내 에너지가 고갈되어 복잡한 논의 과정을 거치기보다는 가석방을 불허하는 쪽으로 선택이 기운다. 판사들이 점심 식사 이후 가석방을 승인하는 비율이 높아지는 것은 ACC에 새로운 에너지가 축적되어 다시 의지력이 상승했기 때문이다.

판사들의 점심 메뉴가 중요한 변수로 작용하지는 않았는지 궁금해지는 지점이다. 실제로 지속가능한 에너지를 만들어내는 식사를 해야 더욱 훌륭한 결정을 내릴 수 있다. 실리콘밸리에서는 몇 년 전 이런 이야기가 나돌았다. 한때 컴퓨터 업계 최강 기업이었던 선 마이크로시스템이 내부 미팅이 있을 때 점심 메뉴로 파스타를 금지했다는 것이다.

탄수화물 함량이 높은 점심 식사 이후 기업 임원진들의 미팅이 최악으로 치닫는다는 것을 발견했기 때문이었다. 실제로 당신이 섭취하는 음식은 의지력에 영향을 미친다. 그러나 식습관을 바꾸는 것보다는 쓸데없이 무언가를 선택해야 하는 상황을 줄이는 편이 쉽다(내 경우 둘 다 실행하고 있다).

좋은 소식은 우리가 의사결정 피로에 대해 알게 되었다는 점이다. 만일 당신이 가석방 공판을 받는다면 오전 일찍이나 점심 시간 이후로 시간을 조정해야 유리하다는 것도 알게 되었다. 사실 의지력을 더욱 강하게 단련해 훨씬 나은 의사결정을 내린다면 범죄를 저지르지도 않을 테니, 가석방을 청원할 상황은 애초 없을 것이다.

의지력을 강하게 하는 데는 두 가지 방법이 있다. 하나는 ACC 안에 저장된 에너지를 더욱 강력하게 만드는 것이다. 또 하나는 하루 동안 해야 할 결정의 수를 줄여 정신 에너지를 보존하는 방법이다.

몸의 근육을 단련하듯 의지력 근육도 단련할 수 있다. 하기 싫은 일, 힘든 일을 하는 것이 그 방법이다. 내가 쓰는 아주 간단한 방법은 책상에 항상 악력기를 올려두는 것이다. 팔에 고통이 느껴지고 근육이 이제 그만 멈추라고 아우성칠 때가 오면 오히려 조금 더 오래 악력기를 꽉 쥐고 버틴다. 또 다른 방법은 숨을 참는 것이다. 폐가 이제는 산소가 필요하다고 몸부림칠 때까지 기다렸다가 한계점에서 조금 더 숨을 참는다. 이런 식으로 원치 않는 일을 성공적으로 해내면 다른 일들은 상대적으로 쉬워 보인다. 의지력이 강해졌기 때문이다. 그러나 중요한 의사결정이 필요한 날에는 자신의 의지력을 한계치까지 몰아붙이는 건 금지다. 중요한 미팅이나 프레젠테이션을 앞두었다면 비축된 의지력을 많이 꺼내 써서는 안 된다.

게임 체인저 중 몇 사람은 최대한 선택을 줄이는 것만으로도 의식이 훨씬 명료해진다고 밝혔다. 선택해야 하는 상황을 피할 때마다 더욱 큰 의미를 지닌 무언가에 활용할 의지력을 조금씩 아껴둘 수 있다. 고성과자 대다수가 매일 자동반사적으로 행하는 루틴을 만들어 생활한다. 그리고 이들은 홀연히 나타나 굉장한 수준의 집중력과 에너지를 발휘한다.

잡스와 저커버그가 매일 같은 옷을 입는 이유

며칠 간 당신이 선택을 해야 하는 상황이 언제인지 살펴보고, 에너지를 낭비하는 선택들은 자동화시키는 연습을 하라. 고성과자들이 공통적으로 자동화하는 두 가지는 식사 메뉴와 의상이다. 스티브 잡스가 늘 검정 터틀넥과 뉴발란스 스니커즈를 신고, 마크 저커버그가 옷장 안에 똑같은 티셔츠를 열 장씩 구비해두고, 대부분의 CEO가 매주 서너 가지 정장을 돌려 입는 이유가 무엇이겠는가?

매일 같은 옷을 입으면 무엇을 입어야 할지 고민할 필요가 없다. 옷을 고르는 것은 사소한 일처럼 느껴지지만, 실상 여기엔 많은 에너지가 소모된다. 여기서 벗어나는 것만으로도 정신 에너지를 아낄 수 있고, 이 에너지를 더욱 의미 있는 일에 사용할 수 있다.

물론 앞서 이야기한 전략은 여성보다는 남성에게 훨씬 유용하다. 만약 스티브 잡스 같은 착장이 곤란하다면 남성, 여성 누구나 도전해볼 만한 '캡슐 옷장'이 있다. 캡슐 옷장을 구성하기 위해서는 상의, 하의,

재킷 서너 벌과 신발 서너 켤레를 고르되, 회색이나 남색 등 무채색을 택해야 한다. 각 옷들이 잘 어울릴 수 있도록 신중히 선별하고, 불을 켜지 않고도 옷을 문제없이 차려입을 수 있을 정도로 정리해두어야 한다.

그 후 다른 옷들은 모두 처분하고 옷장 안에는 스무 벌의 옷만 보관한다. 인터넷에서 캡슐 옷장 가이드를 찾아보면 쉽게 아이디어를 얻을 수 있다. 몇몇 유명 의류 브랜드는 카탈로그에 캡슐 옷장용 의류를 따로 분류해서 싣기도 한다. 행사나 격식을 차려야 하는 상황에 어울릴 만한 특별한 옷들을 몇 벌 남겨두어도 좋다. 현실을 냉정하게 바라보자. 실상 아무도 당신 옷에 신경 쓰지 않는다. 그럼에도 매일같이 무엇을 입을지 고민하고 결정하는 것은 에너지 낭비다. 이러한 상황을 없애는 것이 정신 에너지 보존의 핵심이다.

몇 가지 메뉴를 정해 루틴화시키는 '캡슐 식단'을 만드는 것도 좋은 방법이다. 성공적인 캡슐 식단을 꾸리기 위해서는 가족 구성원 모두 좋아하고, 요리하기에도 부담 없는 대여섯 가지의 맛있는 메뉴를 찾는 것부터 시작해야 한다. 메뉴만 정해지면 매주 어떤 요리를 하고 어떤 식료품을 사야 할지 고민하고 결정할 필요 없이 자동적으로 해치울 수 있다. 정해진 메뉴 중 한 가지가 지겨워지면 새로운 메뉴로 교체하면 된다. 내 의지력을 가장 효과적으로 높이는 한 가지 메뉴는 다름 아닌 불릿프루프 커피다. 아침마다 무엇을 먹을지 고민할 필요 없고, 아침 식사를 준비하는 시간도 절약할 수 있다. 최소한의 선택과 최소한의 노력으로 가장 많은 에너지를 주는 아침식사를 찾는다면 당신도 내가 누리는 여유를 찾을 수 있다.

이처럼 의사결정의 수를 줄이는 방법을 실행한다면 상당한 수준의 정신 에너지를 절약할 수 있다. 이 에너지를 당신에게 가장 의미 있는 일에 쏟아라.

- 깊이 숨을 들이마신다. 숨을 참을 수 없을 때까지 참는다. 8초 이상 참아야 한다. 단 운전 중이거나 건강상 이상이 있다면 따라 하지 마라.
- 한 주 동안 무언가 결정하는 일이 생길 때마다 머릿속에 혹은 종이에 기록한다. 선택의 상황이 닥쳤을 때 스스로에게 두 가지를 질문한다. 첫째, 중요한 선택이었는가? 둘째, 선택을 거부하거나 자동화시키거나 나를 위해 기꺼이 대신 선택해줄 누군가에게 부탁하는 등의 방법으로 선택의 상황을 피할 수 있는가?
- 매일 맞닥뜨리지만 삶에 아무런 의미가 없는 선택 두 가지를 떠올려 적어보라. 이제부터는 이 두 가지 선택을 삶에서 제거한다.
- 아침 식단을 살핀다. 메뉴 결정 과정을 자동화시킬 수 있는가? 캡슐 식단 메뉴를 만들어 일주일간 실험해본다.

내가 되고 싶은
모습에 집중하라

세상을 바꾸려면 자신의 강점이 무엇인지 알고 활용해야 한다. 당신이 어떤 사람인지 깨달을 필요는 없다. 중요한 건 어떤 사람이 되고 싶은가다. 되고 싶은 모습을 결정하고 적극적으로 만들어 나가야 한다. 마땅히 해야 할 일을 회피하고 타인이 대신 당신을 규정짓게 하지 마라. 그러면 삶이 힘겨워질 뿐 아니라 위대한 일을 이룰 수 없다. 자신의 열정을 찾아 추구하되, 이상적인 사람의 모습으로 열정을 좇아야 한다. 평범하고도 고통에 잠식당하는 삶을 살 것인지, 자유와 열정으로 가득찬 삶을 살 것인지, 그건 우리 자신의 선택에 달려 있다.

───────────── 브렌던 버처드는 하이퍼포먼스 아카데미High Performance Academy의 창립자다. 그의 가르침 덕분에 전 세계 수백만의 사람들이 비즈니스, 마케팅, 자기계발 분야에서 원하던 성과를 얻었다.

그와 약속을 잡는 것은 예상 외로 너무 쉬웠다. 우리가 친구 사이여서 그랬을 수도 있겠지만, 그가 시간을 주도적으로 설계하고 활용하는 사람이기에 가능한 일이었다. 비슷한 사회적 위치에 오른 사람들과 비교해도 단연 자유시간이 많아 보였다. 이는 버처드가 원하는 삶이었다.

어떤 사람이 될지 결정해야 더 강해진다

버처드는 인간에게 가장 큰 동기부여가 되는 것이 개인적 자유라 본다. 여기서 말하는 개인적 자유란 본모습을 있는 그대로 드러내고 자신에게 의미 있고 중요한 일을 하고자 하는 심리를 말한다. 그러나 항상 우리가 개인적 자유를 누리는 데 발목을 잡는 두 가지 장애물이 있다. 하나는 스스로를 깎아내리는 경향, 즉 자기억압이다. 다른 하나는 사회적 억압이다. 이는 사람들이 서로를 판단하고, 개개인의 진정한 모습을 서로 지지해주지 못하는 현상을 뜻한다.

버처드는 '숙련도-자신감 순환'Competence-Confidence Loop이라고 불리는 개념을 발전시킨다면, 위 두 가지 장애물을 극복할 수 있다고 말한다. 무언가에 대한 이해가 깊어질수록 누가 무슨 말을 하든 개의치 않고 밀고 나갈 자신감을 얻게 된다. 그게 무엇이든 깊이 파고들어 배울수록 최고의 경지에 이르게 됨은 당연한 결과다.

우선 자신에게 무엇이 가장 중요한지 깨닫는 데서 시작해야 한다. 이는 스튜어트 프리드먼의 조언과 유사하다. 그러나 버처드는 성취 가능성이 높아 보이는 일에 집중하는 것보다 자기 자신 안의 야망에 귀를 기울이는 것이 중요하다고 믿는다.

그는 자신의 가장 멋지고 훌륭한 모습을 묘사하는 단어 세 가지를 핸드폰에 녹음할 것을 추천한다. 다른 사람이 당신을 설명할 때 꼭 써주었으면 하는 단어이자, 사적으로 또 일적으로도 적용할 수 있는 단어여야 한다. 게임 체인저들은 열정적인, 감사하는, 에너지 넘치는, 따뜻한, 애정 넘치는, 헌신적인, 영향력 있는 등의 단어를 꼽았다. 당신에게 가장 와닿는 단어 세 가지를 고르고, 매일 세 차례의 알람이 울리도록 설정해 자신이 동경하는 모습을 떠올리는 계기로 삼는다.

목적 없이 무언가를 할 때는 회의감에 빠지기 쉽다. 하지만 자신이 어떤 사람이 되고 싶은지 온종일 상기한다면 달라진다. 자신이 원하는 모습에 가깝게 행동하게 된다. 즉 자신의 목표에 어울리도록 스스로를 바꾸는 것이다. 그러다 보면 자신감이 커지고 더욱 원하는 능력을 갖추게 된다. 이렇게 끝없는 피드백 고리가 형성된다. 자신이 바라는 인간상에 부합하는 행동을 할 때, 자신이 품고자 하는 감정을 적극적으로 불러일으킬 수 있다. 버처드는 이상형을 설정하고, 그 모습이 되기 위해 무엇을 어떻게 해야 할지 깨우치는 것이 가장 중요하다고 말한다. 스스로 어떤 사람인지 깨닫는 것보다 어떤 사람이 될지 결정해야 더욱 강해질 수 있다는 뜻이다.

목적의식의 중요성에 대해 논할 때《권력의 법칙》의 저자 로버트 그린을 빼놓을 수 없다. 세계 최고 인재들의 동력을 알아내기 위해 집요하게 연구해온 그린은 비즈니스 업계에 두터운 팬층을 가지고 있다. 아주 오래전 내 인생을 뒤바꿔놓은 사람이었던 만큼 그린을 인터뷰해야만 했다.

20년 전, 구글의 초기 서버를 담당하던 회사를 도와 일하던 때의 일이다. 얼떨결에 나보다 나이가 두 배나 많고, 경험은 백 배쯤 많았던 중역들과 함께 몇 차례 회의에 참석했다. 막내였던 나는 발언권이 없었지만, 이들이 나누는 이야기는 지켜볼 수 있었다. 이성적인 IT 엔지니어였던 나는 권력자들의 세계를 이해할 수 없었다. 이들이 내린 결정과 행동 방식이 이상하게 느껴졌다. 미치광이까지는 아니었지만 분명 비이성적인 사람들처럼 보였다.

그때, 내 사고 체계를 바꾼 책을 만났다. 《권력의 법칙》이었다. 그린은 탄탄한 조사를 바탕으로 역사 속 위대한 인물들이 권력을 쟁취하고 유지했던 비결을 밝혀냈다. 그리고 다양한 사례를 바탕으로 실천 가능한 '법칙'을 추려 모아 이 책을 펴냈다. 이 책을 읽고 일주일 뒤, 나는 다시 중역진 회의에 참여했다. 그때 비로소 깨달았다. 이 사람들은 미친 게 아니라는 것을. 그들은 굉장한 영향력을 발휘하는 사람들이었다. 게다가 그들은 완벽하게 이성적인 법칙을 따르고 있었다. '권력의 법칙' 말이다.

덕분에 나는 실리콘밸리에서 한 차원 높은 수준으로 성과를 내는 법을 배웠다. 벤처 투자 회사에서 일하며 투자금을 모으고, 영향력 있는 사람들과 일하는 법을 깨달았다. 현재 회사에서 내가 매일같이 하는 일들 역시 그때 배운 것이다. 체스 선수처럼 사고하는 법을 깨닫게 해준 이 법칙들을 몰랐다면, 나는 현재의 자리에 설 수 없었을 것이다. 《권력의 법칙》은 내 직업 경로를 바꿨을 뿐 아니라 이 책이 탄생할 수 있었던 영감의 원천이다.

약점은 잊고 강점에 집중하라

자신이 되고 싶은 모습을 어떻게 찾을 수 있는지 그린에게 물었다.

그는 대다수가 이미 그 정답을 알고 있지만 어느 순간 잊었을 뿐이라고 답했다. 누구나 어렸을 때는 굉장히 뚜렷한 그림이 있었을 것이다. 그는 타고난 성향처럼 세 살 때부터 개인마다 추구하는 것들이 이미 정해져 있다고 했다. 이는 자신에게 내제된 강점이자 모든 사람이 각기 다른 만큼 쉽게 사라질 수 없는 본성과도 같은 것이다.

당신과 완벽히 같은 DNA와 분자 구조를 가진 사람은 과거에도 없었고 앞으로도 다시 나타나지 않을 것이다. 당신이 관심을 가진 분야를 접할 때 이 세상에 단 하나뿐인 당신의 두뇌는 무척 빠른 속도로 관련 지식을 흡수한다. 당신이 배우고자 하는 의욕이 있을 때 말이다. 만약 별로 흥미를 느끼지 못하는 주제를 억지로 배워야 하는 상황이라면 어떨까? 그 주제에 완벽히 빠져서 배울 때에 비해 10분의 1 정도의 정보만 취하게 된다.

그런데도 대부분의 사람들은 진로를 택할 때 자신에게 진정으로 중요한 것을 좇으려 하지 않는다. 부모님과 친구들의 조언에 휘둘려 결정하거나 수입을 보고 결정한다. 물론 그렇게 결정해도 일정 수준 이상의 성공을 쟁취할 수는 있다. 하지만 자신이 좋아하지 않는 분야라면 관련 지식을 몰입해서 배우고 터득하지 않을 게 분명하다. 당연히 최고의 경지에 오르는 것도 불가능하다. 우리가 열정을 지닌 한 가지를 찾아내 시간과 에너지를 쏟는다면 자연적으로 최고의 경지에 이르게 될 거라고 그린은 강조한다. 내가 바로 그의 말을 입증하는 사례이다.

결국 중요한 것은 자신의 강점을 깨닫는 것이다. 내 강점이 무엇이었는지 하루라도 더 빨리 깨달았다면 얼마나 좋았을까 생각한다. 프로젝트 매니지먼트로 커리어를 시작한 나는 사실 그 일에 소질이 없었다.

무언가를 제대로 해내지 못한다는 기분을 느끼는 것이 정말 싫었기 때문에 항상 더욱 노력해야겠다고 다짐했다. 모든 에너지를 쏟아 공인 프로젝트 매니저가 되었지만 결과는 비참했다. 그 일은 내 에너지와 행복감을 모두 갉아먹었다. 내가 타고난 강점과는 거리가 먼 일에 에너지를 소진하며 겨우 평균이라 말할 수 있는 수준에 도달한 게 전부였다. 만일 내가 낭비했던 에너지를 내가 강점을 가진 분야에 활용했다면 어땠을까? 그 분야에서 새로운 바람을 일으켰을 수도 있다.

이 사실을 깨달은 즉시 나는 컴퓨터에서 마이크로소프트 프로젝트 프로그램을 삭제하고, 경력 있는 프로젝트 매니저 여럿을 고용해 함께 일하기 시작했다. 내 눈에 그들은 프로젝트 매니지먼트라는 마법을 지닌 사람들처럼 보였다. 하지만 이들은 자신의 일을 좋아하고 필요한 역량을 완벽히 갖추었던 것뿐이었다.

이후 와튼스쿨에 다니며 내가 깨달은 것을 실천에 옮겼다. 사람들이 '올 A'를 받기 위해 최선을 다하는 곳에서 나는 다른 전략으로 임했다. 흥미가 있는 학업 분야에 매진하기 위해 다른 과목에서는 낙제하지 않을 정도의 기본 지식만 쌓기로 했다. 몇몇 수업에서는 D를 받기도 했지만 어쨌든 올 A를 받은 동기들과 똑같은 MBA 학위를 받았다. 물론 내 자신이 실패자처럼 느껴지지도 않았다. 내게 별 의미 없는 공부에 시간을 쏟는 것보다 내가 진정으로 관심 있는 분야에 집중했던 것이 커리어에 훨씬 도움이 되었다.

그 후 전설적인 기업인 코치 댄 설리번Dan Sullivan의 도움으로 나는 세 가지 기준에 따라 할 일의 우선순위를 정하는 법을 배웠다. 내 에너지를 빼앗는 일, 내가 그다지 싫어하지 않고 내게 중요하며 유용한 일,

내게 에너지와 기쁨을 주는 일. 내가 매일 하는 일을 이 세 가지 기준으로 나누었다. 첫 번째에 속하는 업무에는 시간을 낭비하지 않고, 두 번째에 속하는 일에는 내 시간의 10퍼센트만 썼다. 세 번째 유형의 일, 즉 그린이 '타고난 성향'이라고 정의한 카테고리에 속하는 일에 시간과 에너지의 90퍼센트를 할애하기로 목표를 세웠다. 이 목표에서 너무 멀어졌다는 자각이 들 때는 행동방침을 재정비했다.

지금 당장은 실행하기 어려운 목표처럼 보일 수 있다. 첫 번째 기준에 속하는 일을 수행하는 데 대부분의 시간을 낭비하는 사람들이 많기 때문이다. 하지만 자신의 에너지를 타고난 성향에 오롯이 집중시킨다면 현실을 바꿀 수 있다.

최강의 TIP

- 자신이 바라는 최고의 모습을 묘사하는 세 가지 단어를 온종일 볼 수 있는 곳에 적어두고 그 단어들을 지금 당장 실천하라.
- 자신의 타고난 성향이 무엇인지 생각해보고, 자신이 너무도 푹 빠져 있어 배움을 멈출 수 없는 분야를 찾아본다.
- 자신이 싫어하는 일, 그다지 싫어하지 않는 일, 열정에 불을 지피는 일에 각각 얼마의 시간을 할애하고 있는지 생각해보자.

'한번 해보겠다'는 말로는
부족하다

우리의 말과 행동은 상대방뿐 아니라 자신의 신경계에도 영향을 미칠 정도로 중요하다. 언어습관은 당신의 한계를 설정하고, 운명까지 결정짓는다. 무의식적으로 자신을 나약하게 만드는 말을 쓰면 자기 자신에 대한 불신이 싹튼다. 그러면 다른 이들도 당신의 진실성을 의심하게 될지 모른다. 게임 체인저들은 자기신뢰를 높이고, 자신의 한계를 뛰어넘는 데 힘을 주는 단어를 신중하게 골라 사용한다. 시도는 이제 그만! 지금은 실천할 때다.

──────── 내가 아끼는 친구인 제이제이 버진JJ Virgin은 건강 및 웰니스 전문가이자 〈뉴욕 타임스〉 베스트셀러를 네 권이나 쓴 작가다.

몇 년 전 버진의 아들인 그랜트가 친구 집으로 가던 중 뺑소니 사고를 당한 적이 있다. 당시 그랜트는 도로변에 방치되어 목숨이 위태로웠다. 의료진은 까다로운 심장 수술을 할 수 있는 병원이 한 곳뿐인데, 이송 중에 뇌출혈 과다로 위험해질 수 있다고 설명했다. 심장과 뇌, 둘 다

살리는 건 불가능하며, 항공 이송 역시 마찬가지라고 말했다.

　헌신적인 엄마이자 누구도 막을 수 없는 강철의지를 지닌 버진은 그랜트의 회복 기간 내내 의료진의 진단을 받아들이지 않았다. 불가능할 거라는 의사의 말과는 달리 그랜트는 무사히 수술을 마쳤다. 결국 그는 힘든 싸움을 이겨냈다. 혼수상태에서 깨어나 읽고 걷고 뛸 수 있게 된 것이다. 그랜트가 수많은 불가능을 이겨내고 생존할 수 있었던 데는 엄마의 역할이 컸다.

　그녀가 아들의 완쾌를 위해 무엇보다 중요하게 생각했던 것이 하나 있었다. 그녀 자신은 물론 주변 사람들 모두 하는 말에 신중을 기하기를 바랐다. 그랜트가 혼수상태에 빠져 엄마의 목소리를 듣지 못할 거라는 의료진의 말에도 불구하고, 그녀는 아들의 완쾌를 의심하는 표현을 절대 입 밖으로 내뱉지 않았다. 대신 아들의 침대 옆에 앉아 '이 사고가 분명 좋은 경험으로 남을 거고, 반드시 혼수상태에서 깨어날 것'이라고 수없이 말해주었다. 의사와 간호사들에게도 그랜트가 깨어날 수 없고 다시 걷지 못할 수도 있다는 이야기를 절대 하지 말아 달라고 부탁했다. 아들이 그런 말을 들어선 안 된다고 생각했기 때문이다. 비록 혼수상태에 빠져 있을지라도.

　아니나 다를까 그랜트가 깨어났을 때, 그는 완벽하게 건강을 되찾겠다는 의지가 군건했다. 그랜트는 자신이 다시 걷지 못할 거라는 생각을 조금도 하지 않았다. 나는 그랜트가 기적처럼 회복한 데는 버진의 신중한 언행이 큰 몫을 했다고 확신한다.

　말은 힘이 세다. 말은 목표를 달성하게 만들기도 하고, 한계를 설정하기도 한다. 뇌뿐 아니라 몸에도 우리가 지닌 잠재력에 대한 메시지를 전달한다. 말은 우리의 정신적 소프트웨어다. 의지를 담아 신중하게 말할 때 스스로 불가능하리라 여겼던 것들을 이룰 수 있다.

가능성과 의지를 앗아가는 네 가지 말

잭 캔필드는 누구보다 말의 힘을 잘 이해하는 사람이다. 그는 무려 일곱 권의 책을 〈뉴욕 타임스〉 베스트셀러 목록에 올렸다. 그리고 사람들이 성공하는 이유에 대해 연구한 내용을 집약해 《석세스 프린서플》을 출간했다. 언어습관이 성공에 미치는 영향에 대해 인터뷰를 하던 중, 성공한 사람들은 피해야 할 단어 목록을 갖고 있다는 그의 이야기를 듣고 놀랐다.

내게도 그런 리스트가 있었기 때문이다. 나는 내가 하는 말에 신중을 기하기 위해 바이오해킹을 했다. 그 과정에서 의식하지 못하는 동안 자신의 한계를 규정짓는 단어들을 자주 사용한다는 것을 깨달았다. 뉴로피드백Neurofeedback(자신이 목표하는 상태에 이르기 위해 뇌파를 통제하는 기술―옮긴이)을 통해 깊은 의식 상태에 도달했을 때조차 나도 모르게 부정적인 단어를 쓰고 있었다. 내 잠재의식은 그럴 듯한 단어를 골라 중요하지 않은 일을 크고 중요하게 만들었다. 그리고 내가 정말 하고 싶은 중요한 일은 교묘하게 피하도록 편법으로 가득 찬 단어를 선택했다.

나는 자신의 발목을 잡는 단어를 '족제비 말'Weasel Words이라고 부른다. 불릿프루프 직원들은 회의 자리에서 책임을 회피하는 말을 하지 않으려 노력한다. 책임 회피를 위해 잠재의식이 시키는 대로 나약한 발언을 하면 내가 곧장 지적한다는 것을 잘 알고 있기 때문이다.

캔필드도 이와 비슷한 방법을 쓴다. 사무실에 빈 어항을 두고, 직원이 족제비 말을 할 때 어항에 2달러씩 넣는 규칙을 만들었다. 벌을 준다기보다 애매모호한 단어를 쓸 때는 대가가 따른다는 것을 상징적으로 보여주는 장치다. 명료한 발언은 곧 명료한 생각과 명료한 행동을 의미한다. 자신이 자주 쓰는 말에 주의를 기울이고 의미를 분석하다 보면, 무의식적으로 본인의 성과를 제한하는 프로그래밍을 멈출 수 있다.

자신도 인지하지 못하는 사이 자주 사용하는 네 가지 족제비 말이 있는데 자세히 살펴보자.

• 족제비 말 1 : 못해 Can't

캔필드와 내 리스트에 첫 번째로 적혀 있는 단어다. 이는 당신이 매일같이 사용하는 가장 파괴적인 말이다. '못한다'는 무언가를 이룰 가능성이 조금도 없다는 뜻이다. 당신의 힘을 앗아가고, 혁신적인 사고를 가로막는 단어다.

'그거 못해'라고 말할 경우 아마 네 가지 의미 중 하나를 뜻할 것이다. '도움이 필요하다', '현재로서는 그것을 할 수 있는 방법이 없다', '그걸 하는 방법을 모른다', '하고 싶지 않다'. 희박한 가능성이지만 어쩌면 그 누구도 '그것을' 하는 법을 아직 밝혀내지 못한 것일 수도 있다. 하지만 충분한 자원과 문제해결에 필요한 창의력이 있다면, 그게 무엇이든 할 수 있다. 시간과 노력을 들여 방법을 찾아낼 만한 가치가 없거나, 어쩌면 그걸 하는 것이 한심한 짓이라는 생각이 들 수는 있다. 하지만 불가능한 일은 분명 아니다.

당신이 어떤 의도를 갖고 '못한다'라고 표현하는지 뇌에서 의식을 담당하는 부분에서는 이해한다. 하지만 잠재의식을 담당하는 부분은 그 맥락을 알지 못하기 때문에 당신의 말을 명확히 이해할 수 없다. 뇌의 두 부분이 의사소통하는 과정에서 오류가 생기고, 여기서 혼란과 미묘한 스트레스가 일어난다.

만일 의식을 담당하는 부분과 잠재의식을 담당하는 부분이 동일하게 이해하는 언어를 쓴다면 어떨까? 분명 더 침착하고 역량 있는 사람으로 거듭날 수 있다. 타인 역시 뇌의 두 파트를 거쳐 당신의 말을 이해하기 때문에 타인에게서 더욱 높은 신뢰감을 끌어낼 수 있다.

실제로 이 책을 집필하는 동안 '못한다'는 단어의 함정에서 벗어났던 적이 있다. 〈닥터 오즈 쇼〉 출연을 위해 뉴욕행 비행기를 타러 공항으로 갔을 때였다. 예상보다 늦게 도착한 나는 인터넷으로 체크인을 했지만 발권한 탑승권이 없어 보안검색대를 통과할 수 없었다. 유나이티드 항공사 직원은 티켓을 발권해주기 어렵다면서 "이 비행기는 못 타실 것 같습니다."라고 말했다.

그러나 '못한다'는 말을 거짓말로 이해하는 내 뇌는 문제를 새로운 관점에서 보기 시작했다. 나는 실제적인 도움을 줄 수 있는 다른 항공사를 찾아갔다. 목적지에 상관없이 가장 저렴한 티켓을 하나 구입해 소중한 탑승권을 발권했고, 덕분에 보안 검색대를 통과하는 것은 물론 비행기에 무사히 오를 수 있었다. 유나이티드 탑승권 없이는 검색대를 통과하지 못한다고 말했던 직원은 믿을 수 없다는 표정이었다. 나는 그 직원의 얼굴을 바라보며 유유히 유나이티드 체크인 카운터를 스쳐 지나갔다.

'못한다'는 거짓말이다. 이 사실을 깨우치는 순간, 당신은 문제를 완전히 다르게 보게 될 것이다. 일주일 동안 '못한다'는 말을 의식적으로 쓰지 않도록 해보자. 이런 제안을 들으면 보통 "아마 못할 거예요."라고 말하겠지만, 내가 하고 싶은 말은 이것이다. "익숙해지기까지 무척 힘들 거예요."

• 족제비 말 2 : 필요하다 Need

본능을 지배하는 원시적 뇌는 무언가가 필요하다는 말을 듣는 순간, 그것을 생존 문제로 인식한다. 가벼운 일이 크고 무거운 일로 둔갑한다. 의식을 담당하는 두뇌에서는 말뜻을 이해하지만, 원시적인 두뇌는 무언가가 '필요하다'는 말을 할 때마다 그 무언가가 없으면 생존이 위험하다고 받아들인다.

물론 이 단어는 다양한 맥락에서 사용된다. '당분이 필요해', '새 코트가 필요해'처럼 말이다. 그러나 그것들은 필요한 물건이 아니다. 아주 솔직하게 말하자면 진짜 필요한 것들은 몇 가지 안 된다. 매분 산소가 필요하고, 닷새에 한 번 마실 물이 필요하다. 두 달가량 음식을 섭취하지 않으면 아사에 이르니 적당량의 음식도 필요하다. 머물 곳이 필요하고, 체온을 유지할 방법이 필요하다. 이외의 것들은 필요가 아니라 원하는 것들이다. 정말 100퍼센트 확실할 때만 '필요하다'는 단어를 써야한다. 그 외에는 원하고, 선택하고, 결정한다는 단어로 대체할 수 있다.

만약 리더십을 발휘하는 자리에 있다면 이는 더욱 중요한 문제다. 우리의 두뇌는 진짜 위험과 위험을 감지하는 것의 차이를 명확하게 분별하지 못한다. 만약 당신이 해야 할 '필요'가 있다고 말한 것을 하지 않으면 팀원들은 자신의 목숨이 위험하다고 인식한다. 스트레스 상태에서 팀원들은 업무를 수행하지도, 현명한 선택을 하지도 못한다. 당신은 팀원들이 두려운 것을 피해 도망치도록 만들 수도 있고, 멋진 목표를 향해 달려가도록 만들 수도 있다.

나는 팀원들에게 마감을 지킬 필요가 있다고 말하지 않는다. 대신 "우리에게 무척 중요한 일이고, 우리는 잘 해낼 수 있습니다. 우리 팀이 업무를 잘 수행하기 위해 제가 어떤 장애물을 없애야 할까요? 우리가 이 일을 잘 완수하려면 어떤 도움이 필요한가요?"라고 묻는다. 이렇듯 진정성 있는 화법은 만약 데드라인을 맞출 수 없는 상황이 닥쳐도 허심탄회하게 이야기를 나눌 수 있다는 의미까지 담고 있다.

'필요하다'는 거짓말에 속은 팀원들은 실제로 마감을 지키기 어렵다는 것을 알면서도 목숨이 위태로운 상황에 빠진 것처럼 자신을 미친 듯이 몰아붙일 것이다. 이제 필요하다는 말을 그만두고 당신이 원하는 것을 말해야 한다. 실제로 생명이 위험한 상황에 처한 사람은 아무도 없다. 정말 필요할 때를 제외하고는 '필요하다'는 단어를 쓰지 않고 일주일 동안 지내보라.

그 단어를 써도 될 것 같다는 판단이 들 때조차 사실 잘 들여다보면 그렇지 않다. "가게 문 닫기 전에 방문하려면 지금 나갈 필요가 있어." 라는 말을 보자. 상황에 맞는 말이라고 여기겠지만 여전히 사고방식의 한계를 규정하는 말일 뿐이다. 가게에 전화를 걸어 가게 문을 조금만 늦게 닫아 달라고 요청할 수는 없는 걸까? 친구에게 그냥 지금 가자고 말할 수는 없을까? '필요하다'는 단어를 쓸 때 당신은 문제의 해결책을 무의식이란 틀에 가두고, 잠재의식에는 스트레스를 준다. 이렇게 스스로 창의성을 제한하는 말을 계속 써야 할 이유는 없다.

• 족제비 말 3 : 나쁜Bad

본질적으로 '나쁘다'고 표현할 수 있는 것들은 극히 일부분일 뿐이다. '나쁘다'는 어떤 대상을 향한 가치판단이다. 무언가에 '나쁜'이라고 이름 붙이는 순간, 우리의 잠재의식은 어떻게 반응할까? 심리학적, 생화학적으로 곧 닥칠 종말을 준비한다. 무언가가 나쁘다고 표현하는 대부분의 경우는 사실 그것을 싫어하거나 원치 않는다는 의미다. 가령 "근처 공원에서 점심 먹으려고 했는데 비가 오네. 나쁜 일이야."라고 말할 때가 있다. 그러나 점심은 어디서나 먹을 수 있다. 어쩌면 오늘 하루 점심을 먹을 수 있는 것만으로도 기가 막히게 운이 좋은 일이다. 비가 오는 것이 그토록 나쁜 일인가? 전혀 아니다.

사람들은 음식에 대해 평가할 때도 '나쁘다'는 표현을 자주 쓰는데, 이 역시 문제다. 음식에 대한 평가는 사람마다 다를 수 있다. 음식은 나쁘거나 좋다고 말할 수 없다. 그것을 먹는 사람들도 마찬가지다. MSG가 가득 첨가된 채식 버거처럼 누가 봐도 '나쁘다'고 말할 수 있는 음식조차 나쁘다는 말을 들어서는 안 된다. 굶어 죽는 것보다는 먹는 편이 낫다. '나쁜'이란 단어는 거짓된 이분법적 사고만 초래할 뿐이다.

이 세상은 좋고 나쁨의 기준으로만 분류할 수 없다. 물론 폭력과 자연재해처럼 비극적인 일도 있다. 하지만 평범한 일상을 좋고 나쁨의 필터로만 판단하는 것은 우리의 사고를 제한하고, 불필요한 문제와 흑백 사고를 불러일으킨다. 무언가를 '나쁘다'는 말로 평가할 때, 당신은 그것의 장점을 들여다볼 기회를 놓치게 된다.

• 족제비 말 4 : 해보다 Try

'해본다'는 항상 실패의 가능성을 담고 있다. 만약 누군가 당신을 "공항에 마중 나가도록 해볼게."라고 말한다면 어떤가? 그 사람이 마중 나오리라고 온전히 믿을 수 있는가? 전혀 아닐 것이다. 그가 공항에 나오지 않을 확률이 훨씬 높다고 생각할 것이다. 이와 달리 누군가 "공항으로 마중하러 갈게."라고 말한다면 당신은 분명 믿을 것이다. 스스로에게 다이어트를 한번 해본다거나 이 책을 한번 읽어보겠다고 말한다면, 당신의 잠재의식 속에서는 이미 하지 않기로 결정한 것이나 다름없다. 분명 그 일들을 하지 않을 것이다.

캔필드는 한 강연에서 청중들에게 무릎 위에 있는 물건(노트, 펜… 뭐든 편한 것으로)을 들어 올려 달라고 요청하며 '해보다'는 말의 힘을 체감한 적이 있다. "자, 무릎 위의 물건을 들어 올리세요."라고 하자 청중들은 그의 말을 따라 물건을 들어 올렸다. 이번에는 이렇게 말을 바꿨다. "자, 이번에는 한번 들어 올리려고 해보세요." 그의 말에 사람들은 혼란에 빠졌고, 누구도 꼼짝하지 않았다. 얼마 후 몇몇 사람들이 물건을 들어 올렸지만, 몇 분 전까지만 해도 대수롭지 않게 들어 올렸던 물건이 갑자기 무거워진 것처럼 고전했다. '한번 해보라'는 말을 듣자 자신이 '해보려는' 일이 어느새 불가능한 것처럼 느껴진 탓이었다. 뇌에게 굳이 하지 않아도 된다는 구실을 준 셈이다.

여기서 아주 중요한 사실을 알 수 있다. 더욱 나은 인간이 되기 위해서는 스스로에게 실패할 구실을 주어선 안 되고, 잠재력을 완전히 끌어내도록 뇌를 몰아붙여야 한다는 점이다. 주어진 일을 모두 해내야 한다는 뜻이 아니다. 당신의 시간과 에너지를 쏟을 가치가 없다고 여겨지는 일은 분명하고 정직하게 거절해야 한다. 그러나 무언가를 하려고 결심한 이상, 당신의 모든 능력을 쏟아부어야 한다.

〈스타워즈〉의 요다는 말했다. "한번 해본다는 것은 없다. 그저 할 뿐이다." 요다가 겨우 한번 해보겠다는 마음으로 제다이 마스터가 될 수 있었겠는가? 요다뿐 아니라 당신에게도 해당하는 말이다.

최강의 TIP

- 직장 동료들과 가족들에게 당신이 족제비 말을 쓸 때마다 빈 통에 기부금 혹은 사무실 간식비용 1달러씩 넣어야 함을 알려 달라고 요청하라.
- 컴퓨터의 자동 교정 기능을 활용해 족제비 말이 나올 때마다 해당 글자가 강조 처리가 되도록 설정하라. 그러면 당신의 의도를 진정성 있게 표현할 단어로 바꿀 수 있다. 반복해서 문제를 상기할 계기를 만들면 행동은 놀라울 정도로 달라진다.

제 2 장

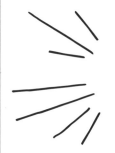

더
똑똑해지는
습관을
가져라

과거 대다수의 의사와 과학자들은 고성능 두뇌가 타고나는 것이라고 생각했다. 어떤 사람들은 선천적으로 영리하고 집중력이 높으며 학습 속도가 빠르지만, 어떤 사람들은 그렇지 못하다는 것이다. 20세기 말이 되어서야 새로운 세포를 만들고 새로운 신경적 연결을 형성하는 뇌의 능력이 발전할 수 있다는 신경가소성의 개념이 세상에 알려졌다. 새로 형성된 세포와 연결성을 바탕으로 새로운 습관을 들이고, 새로운 신념을 구축할 수 있다. 또 학습 속도를 높이고 기억력을 향상시킬 수 있다. 삶 전체의 성과를 획기적으로 높일 수 있는 대단한 변화다. 이제 스스로 똑똑하거나 훌륭하지 않다고 여겨도 괜찮다. 얼마든지 바꿔나갈 수 있기 때문이다.

내 팟캐스트에 초대된 게스트 중 상당수가 인간으로서 더욱 높은 수행능력을 발휘하는 방법으로 '좋은 습관'과 '원칙의 형성'을 꼽았다. 이는 심지어 교육보다 높은 순위에 있다. 게임의 판도를 바꾸는 혁신가들은 무의식적으로 매일 행하는 일들, 즉 습관이 한 인간을 정의한다고 말한다. 그들은 습관과 원칙이 개인의 능력치를 크게 좌우하는 요소임을 이미 알고 있었다.

그러나 새로운 습관을 들이는 것은 계획을 세우는 것만큼 간단한 일이 아니다.

의식적인 노력 없이 반사적으로 행하는 습관을 만들기 위해서는 뇌에 새로운 신경망을 만들어야 한다. 새로운 망을 구축하는 능력을 최대화하는 과정을 통해 수행능력을 높이는 습관이 우리 몸에 입력된다고 볼 수 있다. 몸에 밴 습관 덕분에 아낀 에너지는 더욱 큰일에 쓸 수 있기 때문에 습관을 형성하는 것은 매우 중요하다. 이번 장에서 다루는 새로운 습관과 법칙을 통해 당신의 잘못된 신념을 바꾸어라. 좋은 습관을 통해 더욱 빠르게 학습하고, 더욱 쉽게 기억하는 법을 깨달아라. 두뇌에 여유 공간이 생긴 만큼 더욱 빠르고 손쉽게 목표를 달성할 수 있다.

내가 선택한 신념이 나를 만든다

당신이 지닌 믿음과 스스로에게 하는 이야기에 따라 외부 현실을 이해하는 방향이 달라진다. 잘못된 현실상이 형성되면 잘못된 습관이 생기고, 당신이 바라는 결과를 내지 못하는 선택을 하게 된다. 유연한 마음은 현실에 대한 정보를 축적하는 과정에서 계속 변화하고 적응하며 더욱 나은 현실상을 만든다. 당신을 둘러싼 현실에 대한 해석이 틀렸을지도 모른다고 끊임없이 의심하는 습관을 가져라. 유연한 태도만이 계속 성장하게 만든다.

———————— 20년 넘게 명상 강사로 활동해온 비셴 락히아니Vishen Lakhiani는 세계 최대 규모의 온라인 명상훈련 프로그램을 개발한 마인드밸리Mindvalley의 CEO다. 그는 저서 《비범한 정신의 코드를 해킹하다》를 통해 최상의 행복과 성과를 거머쥐기 위해 두뇌를 최적화시키는 법을 전파하고 있다.

락히아니는 스스로 잘못된 이미지를 갖게 된 과정에 대해 인터뷰에서 털어놓았다. 아시아에서 성장한 그는 주변 사람들과 외모가 사뭇 달랐다. 학교 친구들에 비해 코가 컸고, 팔과 다리에도 털이 덥수룩했다. 몇몇 남학생들은 그를 고릴라 다리나 매부리코라고 놀렸고, 그는 이 메시지를 내면으로 받아들였다. 락히아니가 '의미-매칭 기계'Meaning-Matching Machine라고 칭하는 뇌는 친구들의 메시지를 기준으로 세상을 이해했다. 많은 청소년들이 그렇듯 스스로 못생겼다는 믿음이 생겨났고, 이 믿음은 꽤 오랫동안 지속되었다.

내 삶은 내가 믿는 대로 된다

자신에 대한 이미지와 신념은 보통 7세 이전에 형성돼 컴퓨터 하드웨어처럼 우리 안에 장착된다고 락히아니는 설명한다. 이는 우리가 의도적으로 선택한 것이 아니다. 세상을 휘두르는 사람들, 사회와 문화, 교육 시스템, 어린 시절의 경험으로 인해 아주 어린 나이에 특정 신념이 새겨지는 것이다. 우리의 신념은 우리의 가치, 능력, 사회 속 역할을 규정한다. 따라서 신념에 한계가 설정되면 잠재력이 극도로 약해진다. 문제는 이 신념이 거짓이라는 것을 깨닫기 전까지는 잘못된 신념을 현실로 받아들인다는 점이다.

하지만 다행히 이를 바꿀 수 있다. 자신의 생각이 잘못되었다는 것을 인식하는 순간, 컴퓨터 하드웨어를 업그레이드하듯 신념 또한 업그레이드할 수 있다. 락히아니의 책에는 배움과 자기계발의 법칙을 정립한 의식 공학Consciousness Engineering이라는 개념이 소개되어 있다. 의식 공학의 첫 단계는 바로 당신의 신념이 곧 당신 자신이 아니라는 것을 깨닫는 것이다. 신념은 오래전 당신이란 인간 안에 설치된 하드웨어일 뿐이다. 당연히 업그레이드가 가능하다.

신경가소성Neuroplasticity은 부정적이고 제한적인 신념을 더욱 나은 것으로 교체할 수 있다는 가르침을 준다. 락히아니는 신념에 따라 이 세계를 받아들이는 관점이 달라지므로, 사람들이 자신의 신념을 바꿀 때 삶 또한 완벽히 바뀐다고 말한다. 실제로 그가 외모가 추하다는 잘 못된 신념을 밀어내자 자신감이 높아졌고 세상을 바라보는 관점이 완전히 달라졌다. 그의 삶과 대인관계가 순식간에 긍정적인 방향으로 흘러가기 시작했다.

가능성을 제한하는 신념을 바꾸는 것이 중요하지만, 결코 쉬운 일은 아니다. 인간은 자각하지 못할 뿐 이런 신념을 고수하는 경향이 있다. 스스로의 한계를 제한하는 신념이 너무도 진짜같이 느껴져 그것이 우리 안에 존재한다는 것마저 깨닫지 못한다. 잘못된 신념이 아니라 너무나도 당연한 현실일 뿐이다.

고성과자들은 자신의 믿음이 현실로 펼쳐지리라는 것을 잘 알고 있다. 그래서 내면에 자리한 채 끊임없이 한계를 짓는 신념을 찾아내고 이를 변화시키는 데 집중한다. 실제로 자신을 가로막는 신념이 무엇인지 깨닫고 바꿔나가게 돕는 일은 인생 코치와 비즈니스 코치들의 가장 중요한 역할 가운데 하나다.

프레젠테이션을 시작하기 전, 오늘 하루 정말 운이 좋다고 믿는다면 실제로 당신에게 행운이 있는지 없는지는 더 이상 중요하지 않다. 운이 좋다고 믿는 신념 덕분에 자신감이 생겨 프레젠테이션도 훨씬 잘 진행할 테니까. 이는 플라세보 효과와 유사하다.

명상 중에 나는 계속 감사한다. 모든 일이 이치에 따라 흘러가서 감사하고, 내가 성공할 수 있도록 도와주는 힘에 감사하고, 온 우주가 내 뒤를 든든히 받쳐주고 있음에 감사한다. 내 자신에게 들려주는 이야기를 이성을 담당하는 뇌가 사실로 인식하든 아니든 그것은 중요치 않다. 이 이야기가 사실이라고 믿는 단순한 시스템을 내 안에 구축하는 것이 중요하다. 그러면 이 시스템이 자동반사적으로 내가 믿는 것을 현실로 만들어줄 것이다.

긍정적인 신념은 당신을 성공의 길로 이끈다. 스스로에게 성공한 사람이라는 메시지를 전달하면 두뇌는 그것을 사실로 믿고 기능한다. 펜실베이니아 대학에서 마틴 셀리그먼Martin Seligman 박사와 동료들이 30년 이상 100만 명이 넘는 사람들을 연구했다. 그 결과 낙관적인 기대가 성취의 중요한 변수로 드러났다. 특정 매출을 달성할 수 있다고 믿는 영업사원은 비관적인 영업사원에 비해 55퍼센트나 성공적인 결과를 나타냈다. 신념은 노력의 결과물에 직접적인 영향을 미친다. 부정적인 신념을 몰아내야 잠재력을 이끌어낼 수 있고, 자신이 예상했던 잠재력 이상으로 능력을 발휘할 수 있다.

뇌의 기본 설정값을 재설계하라

의식 공학의 두 번째는 생활 시스템, 즉 습관을 업그레이드하는 것이다. 락히아니는 습관이란 스마트폰의 앱과 같다고 말한다. 식습관, 운동습관, 수면위생(수면건강을 위해 지켜야 할 습관—옮긴이) 등 일과를 채우는 패턴이다. 그는 영향력 있는 사람들이 지키는 습관이 무엇인지

배워 자신의 삶에 새로운 시스템을 구축해야 한다고 말한다. 즉 지금 당신이 이 책을 읽으며 하려는 것들 말이다!

새로운 습관을 쉽게 형성하는 방법을 배우고자 신경과학자이자 베스트셀러 저자인 로버트 쿠퍼Robert Cooper를 초대했다. 쿠퍼는 전혀 관련성이 없어 보이는 두 분야, 신경과학과 비즈니스 전략을 성공적으로 연계했다. 이를 통해 엘리트 인재와 일류 리더들에게 두뇌와 시간, 성과를 최대치로 활용하는 방법을 알려주고 있다.

나는 성과를 가로막는 습관을 깨고, 뇌 구조에 훨씬 효율적인 프로그램을 주입해 새로운 습관을 형성하는 방법에 대해 쿠퍼와 이야기를 나누었다. 인간의 두뇌에는 2,000년 전에 내장된 수행 코드가 있다고 쿠퍼는 말했다. 또한 뇌를 업그레이드하고 새로 프로그래밍(신경과학적으로는 '재설계'Rewire라고 표현한다)해서 이 낡아빠진 프로그램을 현대사회에 어울리게 만들 수 있다고도 했다.

가장 먼저 뇌의 기본 설정값이 무엇인지 깨달아야 한다. 우리의 본능은 우리가 익숙한 방식들을 고수하기 바란다. 출근할 때 항상 다니는 길로 운전하는 것이 이에 해당한다. 일상생활에서는 유용한 본능이지만 이로 인해 혁신적 사고가 불가능해진다. 쿠퍼는 이를 '고정화된 프로그램'Hard wiring이라고 부른다. 반면 '살아 있는 프로그램'Live Wiring은 신경가소성에서 '가소성'Plastic에 해당하는 것으로 성장하고 변화하는 능력을 의미한다.

우리가 고정화된 프로그램에 따라 행동할 때도 우리 뇌는 계속 변화한다고 그는 지적한다. 그렇다면 과연 변화의 방향은 어디로 향하고 있을까? 혹시 식당이나 커피숍에서 자신이 가장 좋아하는 자리에 다른 사람이 앉은 것을 보면 기분이 언짢은가? 이처럼 기본 설정값에 안주해 습관의 노예가 된다면 당신은 '다운와이어'_{Downwire} 되는 것이다. 나이가 들수록 다운와이어되는 사람이 많지만, 이 역시 달라질 수 있다. 가능성을 믿고 나아지려는 의지로 달라지고자 노력한다면 '업와이어'_{Upwire} 할 수 있다.

다운와이어가 아닌 업와이어에 많은 시간을 쏟는 것이 수행능력을 향상시키는 핵심 열쇠다. 한편 에너지를 줄이기 위해 우리의 두뇌는 본능적으로 다운와이어에 고착하고자 한다. 과거의 방식을 유지하는 것이 훨씬 편안하고 안전하게 느껴지는 것도 이 때문이다. 두뇌는 변화를 두려워하는 겁이 많고 소심한 기관이다. 업와이어하기 위해서는 많은 노력이 필요하다. 큰 위험을 감수할 줄도 알아야 한다. 뇌가 편안한 기본 설정에서 벗어나 의식적인 선택을, 즉 우리의 꿈을 이루는 것이 가능한 선택을 할 수 있는 상태로 만들어야 한다.

당신의 두뇌와 신념, 현실이 변화할 수 있다는 것은 굉장한 일이다. 어떤 사람이 될 것인지, 어떤 신념을 갖고 세상을 살아갈 것인지 스스로 결정할 수 있다. 이는 게임의 판도를 바꿀 수 있는 강력한 힘이다.

최강의 TIP

- 자신의 신념 가운데 진짜가 무엇인지 가려낸다. 어떤 사람이 '되어야' 한다거나 무엇을 '해야' 한다거나 '해야 할 필요'가 있다고 말하는 목소

리 혹은 사람과 세상을 좋고 나쁘다는 식의 이분법적 사고로 나누는 목소리에는 특별히 주의를 기울여야 한다.

• 자기 자신과 세상에 대한 진짜 믿음을 떠올리며 명상한다. 아침이나 저녁 시간이 좋다.

• 일주일에 한 번, 30분간 당신이 믿는 것들에 대해 기록한다. 바로 오늘부터 시작하자.

• 듣는 습관을 기른다. 대다수의 사람은 타인의 말을 듣기보다는 다음에 할 말을 준비하도록 프로그래밍되어 있다. 친구나 동료와 대화를 나눌 때 미리 할 말을 머릿속으로 떠올리지 않으려 노력하자. 타인의 말을 경청한 뒤 입을 뗀다면 누구든 당신의 이야기를 들어줄 것이다.

배우는 자세만 바꿔도
우리는 달라진다

IQ지수는 개인의 배움과 경험을 합산한 결정적 지능(환경적, 경험적 영향에 의해 형성된 지능—옮긴이)이다. 이 지능은 향상시킬 수 있지만, 유동적 기억력이나 새로운 정보를 학습하고 통합하는 능력만큼 중요하지는 않다. 유동적 지능(유전적, 신경생리학적 지능으로 환경에 영향을 받지 않는다—옮긴이)은 타고난 것이라고 믿는 과학자들이 많다. 하지만 사실이 아니다. 당신의 지능을 해킹하라. 당신이 적극 활용해주길 기다리는 유동적 기억력을 높이는 몇 가지 방법이 있다. 느리게 배우며 시간을 낭비할 수도 있고, 두뇌를 바꿔 배움의 방식을 향상시킬 수도 있다.

──────── 짐 퀵Jim Kwik은 슈퍼 히어로다. 그는 속독, 기억력 향상, 두뇌 능력, 가속학습 분야의 저명한 전문가다. 그는 〈포춘〉 선정 500대 기업의 여러 CEO와 〈엑스맨〉 출연진을 비롯해 수십 명의 유명 배우를 훈련시킨 인물이다. 주인공 프로페서 X를 훈련시킨 사람도 그다! 퀵은 무대에서 속독법을 시연하고 수백 명의 이름을 외우는 모습

을 직접 보여주기도 한다. 사람들에게 놀라움을 선사하거나 자랑하려는 의도가 아니다. 누구나 할 수 있다는 것을 보여주기 위해서다.

배움의 속도를 높여줄 지름길이 있다

퀵이 이런 능력을 태생적으로 타고났을까? 원래부터 남다른 재능을 지닌 걸까? 그렇지 않다. 그는 유치원생일 때 큰 사고를 당해 뇌손상을 입었다. 그 결과 학업에 어려움을 겪었고, 집중력이 무척 낮았다. 같은 반 친구들을 따라잡기 위해 더 많이 노력해야 했다.

대학에 입학한 후 다른 사람들보다 뒤처지는 현실이 지긋지긋하게 느껴졌다. 가족들이 자랑스러워할 만한 사람이 되고 싶었던 그는 잠자는 것도, 먹는 것도, 운동하거나 친구들과 어울리는 것도 모두 뒤로 한 채 학업에만 매달렸다. 그 결과 성적이 오르기는커녕 탈진 상태로 계단에서 쓰러지며 다시금 머리에 충격을 받았다. 이틀 후 그는 심각한 영양실조로 온몸에 주사가 연결된 채 병원에서 깨어났다. 그 순간 이런 생각이 스쳤다. '뭔가 분명 더 나은 방법이 있을 거야.'

잠시 후 간호사가 차 한 잔을 갖고 들어왔다. 머그잔에는 아인슈타인의 사진과 그의 명언이 적혀 있었다. '문제를 발생시킨 사고의 수준으로는 문제의 해결책을 찾을 수 없다.' 그는 배우는 데 오래 걸리는 것이 문제라고 생각했기 때문에 더 오래 공부하면 문제를 해결할 수 있을 거라고 믿었다. 그런데 그 접근법이 잘못되었음을 머그잔을 보고 깨달았다. 문제를 달리 봐야 한다는 생각이 들었다. 공부 시간을 늘릴 것이 아니라 학습을 빨리 할 수 있는 방법을 찾아야 했다.

과거 학교에서 배운 내용들을 되짚었다. 선생님은 그가 무엇을 배워야 하는지에 대해 말했지, 어떻게 배워야 하는지에 대해서는 단 한 번도 알려주지 않았다. 창의력, 문제해결 능력, 사고하는 법, 집중하는 법, 속독하는 법, 그리고 무엇보다 기억력을 향상시키는 방법 같은 것들 말이다. 그는 기억력을 높일 수 있다면, 학습 속도도 높일 수 있다고 생각했다. 때문에 배움의 지름길을 찾기 위해 뇌가 무언가를 기억하는 메커니즘에 대해 연구하기 시작했다.

퀵이 개발한 암기법은 효과가 즉각적으로 나타났다. 수업을 따라가기도 바빴던 그가 전과목 A학점을 받았다. 얼마 지나지 않아 암기법으로 다른 사람들에게 도움을 주기 시작했다.

20여 년 전, 퀵이 처음으로 도왔던 대학 신입생은 30일 동안 서른 권의 책을 읽는 것이 목표였다. 퀵이 그녀에게 짧은 시간 안에 그렇게 많은 책을 읽어야 하는 이유를 묻자, 그녀는 말기 암 선고를 받은 어머니에게 두 달밖에 시간이 없다고 대답했다. 그녀는 퀵의 속독법으로 완벽하게 목표를 달성했다. 건강, 웰니스, 의학, 심리학, 자기계발, 영성 등 조금이라도 엄마의 병을 낫게 하는 데 도움이 될 것 같은 책은 모두 읽었다.

6개월 후 퀵은 전화 한 통을 받았다. 처음에는 누구인지 몰랐다. 울음소리만 들렸기 때문이다. 얼마 후 그는 그 여학생이라는 것을 알았다. 그녀는 어머니가 위기를 넘겼을 뿐 아니라 건강이 좋아지고 있다며 기쁨의 눈물을 흘리고 있었다. 의료진은 어떻게, 왜 이런 일이 가능했는지 이해하지 못했지만, 그녀의 어머니는 수많은 책을 단시간 내에 읽고 훌륭한 정보를 전해준 딸 덕분이라고 생각했다.

그 순간 퀵은 자신의 새로운 소명을 깨달았다. 자신이 사람들의 삶을 바꿀 수도 있다는 것을, 아니 어쩌면 목숨을 살릴 수도 있다는 것을 깨달았다. 그날 이후 퀵은 사람들이 학습하는 방식에 변화를 불어넣었다. 배움의 과정을 즐길 수 있도록 도우며 그들 안에 내재된 천재성을 깨우는 데 소임을 다하고 있다. 또한 글을 읽는 것이 가장 기본적인 학습 방법인 만큼 독서법에 주력하고 있다.

기존의 속독법은 책을 빠르게 훑고 핵심을 파악하는 스키밍Skimming을 강조했다. 그러나 퀵은 읽는 속도를 빨리하는 것에 그치지 않고, 집중력을 높임으로써 읽은 것을 더욱 효율적으로 학습하고 기억하는 방법을 알려준다. 이 독서법은 각 단어의 앞 글자를 따서 '패스트'F-A-S-T라고 부르는 기술이다.

• F : 잊는다 Forget

학습, 독서, 기억법에 대한 이야기를 잊으라는 말로 시작하는 것이 이상한가? 그러나 이유가 있다. 퀵은 사람들이 어떤 주제에 대해 이미 알고 있다고 생각할 때 새로운 것을 배우지 못하는 현상을 발견했다. 예를 들어, 당신이 영양학 분야의 전문가이고 관련 세미나에 참석했다고 가정해보자. 최신 정보를 모두 받아들이는 것이 합당하지만, 자신이 전문가라는 생각이 새로운 정보에 귀를 닫게 만든다. 알고 있는 지식을 모두 잊어야 새로운 정보를 학습할 수 있다. 비워야 채울 수 있다. 뻔한 소리 같지만 사실이다.

더불어 자신의 한계에 대해서도 잊어야 한다. 많은 사람들이 자신의 기억력이나 지능을 단정 지어 능력치를 제한한다. 락히아니의 말처럼 이런 신념은 당신을 가로막는다. 뇌는 우리가 스스로에게 전하는 자기 대화를 항상 엿듣고 있다고 퀵은 말한다. 사람들의 이름을 잘 기억 못하는 편이라고 자주 말한다면 두뇌는 잠재능력을 최대치로 펼치지 못한다. 잘못된 신념이 현실이 되는 과정이다.

현재 배우는 것 외의 다른 것들은 모두 잊어야 한다. 우리는 한 번에 최대 7개의 정보 덩어리에만 집중할 수 있다. 만일 책을 읽는 동안 자녀들을 떠올리고, 직장 업무를 걱정하고, 집에 쌓여 있는 쓰레기를 걱정한다면 새로운 정보는 겨우 네 가지만 받아들일 수 있다. 책에 집중하고 가능한 많이 배우기 위해선 다른 생각들은 한편으로 밀어둬야 한다.

• A : 능동적 Active

20세기의 교육은 교사가 앞에 서서 가르치고 학생들은 학습 내용을 계속 반복하는 형식이었다. 이런 방식으로도 배움을 얻을 수 있다. 문제는 시간이 오래 걸린다는 점이다. 퀵은 학습을 운동에 빗대어 설명한다. 매일 헬스클럽에 가서 2킬로그램 아령으로 운동할 수도 있지만, 일주일에 두 번 10킬로그램의 아령으로 훈련할 수도 있다. 고강도 집중 운동처럼 집중 학습은 적은 시간으로 성과를 내는 방법이다.

퀵은 21세기의 교육은 창작을 바탕으로 해야 한다고 주장한다. 학습에 능동적으로 참여하며 스스로 지식을 구하는 태도를 갖추라는 말이다. 적극적으로 필기를 하고 배운 것을 타인과 공유하라. 이런 방법은 배운 것을 더욱 잘 기억할 수 있게 해준다.

퀵은 펜을 들고 종이에 직접 메모하는 옛날 방식을 추천한다. 먼저 공책 중간에 선을 그려 좌우로 나눈다. 왼쪽은 자신이 배운 개념과 아이디어를 적는 '정리 노트', 오른쪽은 자신의 느낌과 생각, 질문 사항을 적는 '창의 노트'로 활용한다. 이 전략은 좌뇌와 우뇌를 활용해 학습의 속도를 높이고 더욱 많은 내용을 기억하게 해준다.

• S : 상태 State

모든 학습은 상태 의존적(특정 환경이나 내적·외적 단서가 학습 및 기억력에 영향을 미친다―옮긴이)이다. 퀵은 인간의 상태란 두뇌와 신체의 컨디션과 기분을 함께 아우르는 것이라고 말한다. 사람들이 잘 모르지만 상태는 스스로 완벽히 통제할 수 있다. 대다수의 사람들이 지루함을 느끼는 이유는 환경 때문이고, 우울함은 무언가 나쁜 일이 벌어졌기 때문에 느끼는 감정이라고 생각한다. 그러나 퀵의 생각은 다르다. 인간은 온도계가 아니라 온도 조절 장치기 때문에 주변 환경에 반응할 필요가 없다고 주장한다. 우리는 스스로 높은 기준을 세워 환경을 만들거나 조정할 수 있다.

• T : 가르치다 Teach

영화를 보거나 책을 읽고 난 후 누군가에게 설명해야 하는 상황이라면 집중력이 훨씬 높아질 것 같지 않은가? 새로운 주제나 기술을 정말 빨리 습득해야 한다면 자신이 교수 역할을 해야 한다고 생각해보자. '다른 사람에게 어떻게 가르쳐야 할까?' 스스로에게 묻는 것이다.

이 방법은 생각보다 훨씬 강력하다. 실리콘밸리에서 커리어를 처음 시작할 무렵, 캘리포니아 대학에서 웹과 인터넷 엔지니어링 프로그램 강연을 맡았다. 똑똑하고 경력 많은 엔지니어들 앞에서 일주일에 몇 차례, 2시간짜리 야간수업을 진행해야 한다는 의미였다.

당연히 모든 강의 주제를 완벽히 소화해야 했다. 그 결과 2년도 채 안 돼서 27세의 젊은 나이로 자산 가치 10억 달러 기업의 과학기술 전략 기획 총책임자로 임명되었다. 강의할 일이 없었다면 이런 직무에 필요한 지식을 완벽히 내 것으로 만들 수 없었을 것이다. 자신이 배우고자 하는 지식을 어떻게든 남에게 가르칠 기회를 만든다면, 훨씬 빠르게 통달할 수 있다. 실제로 가르칠 상황이 아니라면, 누군가를 가르쳐야 할 입장이라고 상상해보라. 그러면 집중력이 월등히 높아진다.

작동 기억이 유동적 지능의 핵심이다

지능 향상이라는 주제를 파고든 과학 전문 기자 댄 헐리Dan Hurley를 빼놓고는 유동적 지능에 대한 이야기를 할 수 없다. 헐리는 학습과 지능의 개념을 근본적으로 바꿔놓은 인물이다. 그는 완벽히 동일한 시간 동안 같은 수업을 듣고 똑같이 공부한다 해도, 시험 점수는 모두 다르다고 지적한다. 사람마다 유동적 지능이 다르기 때문이다.

IQ와 유동적 지능은 다른 개념이다. 과학자들은 오래전부터 유동적 지능의 개념에 대해 알고 있었다. 얼마 전까지만 해도 지능을 연구하는 심리학자들은 유동적 지능은 향상시킬 수 없다고 굳게 믿었다. 100년간의 노력과 연구를 거듭한 끝에 나온 결론이었다.

2008년, 몇 명의 과학자로 구성된 연구진은 단기 기억의 일부인 작동 기억 활성화를 집중적으로 연구하기 시작했다. 작동 기억이 유동적 지능의 핵심 역할을 하는 만큼, 연구진은 작동 기억이 향상될 때 유동적 지능 또한 높아질 수 있는지 알고 싶었다. 그래서 참가자들의 작동 기억을 높이기 위해 2분짜리 듀얼 N-백Dual N-Back 테스트(제시된 시각, 청각 자극을 이전 자극과 동일한지 판별하는 테스트—옮긴이)를 실행하도록 했다. 그러자 하루에 30분 씩, 5주간 연습한 후 참가자들의 유동적 지능은 평균 40퍼센트 향상되었다. 굉장한 발견이었다.

다만 여기엔 한 가지 단점이 있다. 듀얼 N-백 테스트가 컴퓨터를 던 져버리고 싶을 만큼 사람을 짜증나게 만든다는 점이다. 계속 한계까지 밀어붙여야 하는 크로스핏 운동처럼 두뇌를 자극한다고 생각하면 된 다. 듀얼 N-백 테스트에는 틱택토Tic-Tac-Toe(3×3 판에 O, X로 먼저 한 줄 을 완성하는 사람이 이기는 게임으로 오목과 유사하다—옮긴이) 게임판이 등 장한다. 재미는 없을지라도 성과는 분명하다.

2008년 있었던 놀라운 연구 이후, 수십 건의 연구를 통해 작동 기억 을 활성화할 때 작업 기억뿐 아니라 독해 및 수학능력처럼 다양한 지 적 능력이 향상된다는 것이 입증되었다. 지능에 대한 연구는 이제 박차 를 가하기 시작했다. 앞으로 어떠한 일이 벌어질지 기대가 무척 크다.

블릿프루프 블로그를 막 시작하던 2011년, 투박한 오픈소스 N-백 테스트 앱을 사용했다. 이후 IQ 테스트에서 12점이나 높아진 것을 발 견했다. 블로그에 이 사실을 공개하고 내가 사용했던 소프트웨어를 공 유하자 말도 안 되는 일이라며 시끄러웠다. 그러나 트레이닝으로 나는 효과를 봤고, 현재는 이를 입증해줄 과학적 사실도 충분하다.

헐리는 IQ 테스트로 유동적 지능을 검사할 수 없지만, 유동적 지능 이 향상되면 보통 IQ 지수도 올라간다고 했다. 나는 듀얼 N-백 훈련으 로 성과를 경험했지만, 너무 지루하고 힘들어서 포기하는 사람들도 많다. 불릿프루프 초창기, 나는 헤지 펀드 매니저들에게 두뇌를 적극 활용하는 법을 가르쳤다. 굉장히 동기부여가 되어 있는 사람들이었음에도 듀얼 N-백 테스트를 끝까지 마친 사람은 극소수뿐이었다. 효과가 나타나기 전까지는 낙오자 같은 기분을 계속 느끼게 하는 테스트이기 때문이다.

만약 원한다면 당신도 해낼 수 있다. 처음에는 두뇌가 적응하지 못할 것이다. 지루함과 좌절감을 느끼고, 어쩌면 이상한 꿈을 꿀지도 모른다. 그러나 점차 테스트에 익숙해지면 변화가 찾아온다. 발화능력이 향상되고, 읽은 내용을 기억해내는 능력이 나아진다는 것을 깨달을 것이다. 내 경우 프레젠테이션 실력이 굉장히 빠르게 늘어, 수백만 명 앞에서도 자신감 넘치는 태도로 편안하게 연설할 정도가 되었다. 테스트를 완료한 후에는 지난 날 절반의 작동 기억으로 어떻게 살았는지 도무지 이해할 수 없을 것이다. 마치 두뇌의 램 메모리를 업그레이드한 것처럼 완전히 새로운 세상을 맛볼 테니 기대해도 좋다. 게다가 트레이닝의 효과는 영원히 지속될 수 있다.

최강의 TIP

- 짐 퀵의 교육 영상(https://kwiklearning.com/online-courses) 중 하나를 보는 것도 좋고, 다른 속독법 트레이닝도 괜찮다. 무엇이든 참고해 학습 속도를 빠르게 하는 법을 배운다.

- 듀얼 N-백 테스트 활용 팁

  - 최소 20일은 테스트해야 하고, 가장 좋은 것은 40일 동안 계속하는 것이다.
  - 피곤하지 않다면 적어도 일주일에 5일은 테스트를 하는 것이 좋다.
  - 슬럼프에 빠질 수도 있지만, 그래도 지속해야 한다.
  - 테스트를 할 때는 낮은 소리로 말하지 않아야, 즉 혼잣말을 하지 않아야 우뇌만 활성화시킬 수 있다.
  - 매 단계마다 어느 정도 실패를 경험하는 선에서 다음 단계로 넘어가야 한다. 현재 레벨의 70~80퍼센트만 성공한 상태에서 다음 레벨로 올라가는 편이 좋다. 내가 추천한 앱에서는 70~80퍼센트를 달성했을 때 자동적으로 상위 레벨로 올라가도록 설계되어 있다.
  - 듀얼 N-백 테스트에 짜증낼 때마다 옆에서 비웃어줄 친구나 코치를 두어라.

글이 아닌
이미지로 기억하라

우리의 두뇌는 글이 아닌 감각과 소리, 이미지의 세상에서 진화했다. 자신이 읽고 듣는 것을 이미지화하는 능력을 길러라. 그러면 두뇌 속 깊숙이 내장된 시각 하드웨어를 100퍼센트 활용할 수 있다. 무언가를 문자로 기억하는 것은 성과를 낮추고, 더욱 나은 곳에 쓸 수 있는 에너지를 낭비하게 만든다.

──────── 마티아스 리빙Mattias Ribbing은 스웨덴의 유명한 두뇌 트레이너이자, 스웨덴 기억력 챔피언 자리를 세 차례나 차지한 사람이다. 또한 세계 기억력 스포츠 위원회에서 임명한 기억력 마스터다.

항상 무언가 배우기를 좋아했던 리빙은 자신의 기억력을 혁신적으로 높일 수 있다는 사실을 깨달은 후 2008년부터 두뇌를 훈련하기 시작했다. 몇 달 지나지 않아 그는 스웨덴 기억력 대회에서 처음으로 우승을 거머쥐었다. 그는 두뇌 훈련이 운전을 배우는 과정과 비슷하다고

말한다. 새로운 스킬을 몇 개월 간 연마하면 평생 동안 잊지 않게 된다
는 점에서 말이다. 운전 실력처럼 두뇌 역시 시간이 지날수록 점점 능
력이 향상되고 더욱 강력해진다니 희소식 아닌가.

우리 뇌는 이미지로 기억하길 좋아한다

기억력을 향상시키는 가장 기본적인 방법은 문자가 아닌 이미지로
사고하는 것이다. 그러기 위해서는 시각화 훈련이 필요하다. 이미지를
시각화할 때 정보는 기억 저장소에서 단기 기억을 거치지 않고 곧장 장
기 기억으로 환원된다.

우리의 오감 가운데 생존과 가장 밀접한 연관성을 지닌 감각이 시
각이기 때문에 뇌에서도 시각을 가장 중요하게 인식한다. 감각과 연관
된 뉴런의 4분의 3이 시각에 연결되어 있다. 질 낮은 광원에 노출될 때
두뇌 에너지를 많이 빼앗기는 것도, 내가 만든 뇌 훈련 프로젝트인 '포
티 이어 오브 젠'40 Years of Zen 의 뉴로피드백 프로그램에서 두뇌 훈련을
할 때 트루다크TrueDark 안경을 착용하는 것도 이 때문이다.

소리나 촉감을 통해 더욱 효과적으로 배운다는 사람도 있을지 모른
다. 하지만 리빙은 전문가들의 세계에서는 시각화를 통해 배울 때 학
습 효과가 가장 높다는 것이 정설이라고 밝혔다.

새로운 정보를 소리 내어 반복적으로 말하며 소리를 통해 배울 때
두뇌는 한 번에 아주 작은 양의 정보만을 받아들인다. 이미지를 활용
한다면 두뇌는 더 많은 정보를 더 빠르게 흡수할 수 있다. 이를 매일 실
생활에서 연습할 방법이 있다. 신문을 예로 들어보자. 어떤 기사를 읽

을 때 머릿속에 영화 한 편이 재생되는 것처럼 기사의 내용을 시각화할 수 있는지 시도해본다. 예를 들어 지역 내 벌어진 사건 기록을 읽고 절도에 관한 이야기를 머릿속에 상상하는 식이다.

은행에서 나와 거리를 내달리는 도둑을 그려보자. 그는 어떤 모습인가? 검정색 모자에 초록색 재킷을 걸치고 노란색 바지를 입고 있다. 도둑은 경찰 두 명에게 쫓기고 있다. 실제로 머릿속에 그릴 수 있겠는가? 이 이미지를 조금 더 오래 마음에 담아두도록 훈련한다. 그리고 이미지를 확대한다. 도둑의 생김새와 그가 달리고 있는 거리를 아주 자세하게 상상해보자.

소설을 읽을 때 머릿속에 자연스럽게 장면이 그려지는 경험을 해본 적이 있을 것이다. 이 과정을 의도적으로 할 때 세부적인 내용을 기억하는 일이 더욱 쉬워진다. 이미지는 두뇌에 오래도록 각인되기 때문이다. 훈련을 거듭하면 어느 순간 자동적으로 이미지가 머릿속에 떠오르고, 시각화를 통한 학습은 당신의 새로운 습관으로 자리 잡게 된다.

두뇌에 내장된 시각 하드웨어가 성과를 높인다

눈을 감고 강아지 한 마리를 떠올린다. 딱 떠오르는 특정 강아지를 그린다. 무언가를 시각화할 때, 머릿속에 가장 먼저 떠오르는 첫 이미지를 활용해야 한다. 이제 그 강아지의 이미지를 크게 확대한다. 가능한 자세하게 그려본다. 시각화한 형상을 3차원으로 떠올리는 것이 중요하다. 1차원 이미지보다 두뇌에 훨씬 오래 남는다.

어느 정도 익숙해지면 더 복잡한 것을 이미지화할 수 있다. 심지어 숫자나 복잡한 수식을 포함해 모든 종류의 정보를 습관적으로 이미지화할 수 있다. 리빙은 누군가의 이야기를 들을 때마다 이 스킬을 연습할 것을 추천한다. 이야기를 듣는 동안 머릿속에 떠오르는 이미지를 붙잡아둬야 한다. 이미지를 세부적으로 그려 집중해야 내용을 잘 기억할 수 있다. 머릿속의 이미지는 두뇌가 기존 정보를 다시 떠올릴 때 중요한 실마리 역할을 한다. 연습을 계속한다면 이후 당신의 두뇌는 자석처럼 새로운 정보를 빨아들여 머릿속에 붙잡아둘 것이다.

물론 시각화 기법이 획기적인 개념은 아니다. 이는 1,000년 전부터 전해져 내려오는 고대의 기술이다. 명상을 배우기 위해 티베트에 갔을 때 승려들은 눈을 감고 앉게 한 후 아주 상세한 시각화 과정을 지도했다. '붓다를 머릿속에 그립니다' 정도가 아니었다. '옥좌에 앉아 있는 붓다의 모습을 떠올리세요. 3개의 단위에 옥좌가 놓여 있습니다. 각 단에는 잎이 여섯 장인 꽃 세 송이가 그려져 있습니다.' 이런 식이었다.

승려들이 붓다의 옷차림과 앉은 자세를 설명할 즈음이면 머릿속에 이미지를 떠올려야만 한다. 그러지 않고서는 승려들의 가이드를 따라갈 방법이 없다. 그때만 해도 머릿속에 그림을 떠올리는 과정이 글자가 아닌 이미지를 그리도록 두뇌를 훈련하는 것임을 미처 몰랐다. 하지만 결과적으로 시각화 기법에 내 뇌를 길들인 셈이었다.

이미지는 단순히 리스트를 기억하는 것 이상의 효과가 있다. 사실 나는 아직도 길이가 긴 목록은 잘 암기하지 못한다. 그럼에도 시각화 기법을 통해 이미지를 떠올리는 능력이 내 성과를 향상시키는 데 도움을 주었음은 분명하다. 시각화 덕분에 나는 신경과학, 비즈니스 리더십, 운동 능력, 안티 에이징 등 다양한 분야에서 활약하는 수많은 전문가들의 이야기를 이해하고 소통하는 능력을 갖출 수 있었다.

　내 두뇌가 단순히 글자로만 모든 것을 처리하려고 했다면 수많은 사람들과 이들의 전문 분야에 대한 정보를 기억할 수 없었을 테고, 당연히 좋은 인터뷰를 끌어내기 어려웠을 것이다. 사실 얼마 전 책을 쓸 당시 먼저 각 장의 미토콘드리아 통로를 그린 뒤 글자로 형상화했다. 결국 중요한 것은 이미지다. 아주 상세한 그림을 머릿속에 떠올릴 때 기계적 암기로는 불가능한 지식을 얻을 수 있다.

　리빙은, 언어는 한정되었다고 지적한다. 어떤 언어든, 아무리 많은 단어가 있다 하더라도 한계성을 지닌다. 하지만 이미지는 한계가 없다. 두뇌를 훈련하고 하드웨어를 업그레이드한다면, 무한한 이미지의 세계처럼 당신의 소프트웨어 역시 무한한 능력을 갖출 수 있다.

최강의 TIP

- 팟캐스트나 오디오북을 들을 때 두 눈을 감고, 머릿속으로 이미지를 그려보자. 눈을 감으면 두뇌가 알파 상태로 접어든다. 이 상태에서는 창의력을 발휘하고 시각 하드웨어를 활성화하는 것이 쉬워진다.
- 몇 가지 단어만 활용해 그 연관성을 그림으로 강조하는 마인드 매핑Mind Mapping을 시도한다.

호흡으로 뇌를 깨우고
몸을 바꾼다

호흡이라는 단순한 행위는 너무나도 큰 힘을 지니고 있다. 숨을 깊이 들이마시고 내뱉는 것만으로도 그 어떤 치료제보다 큰 효과를 본다. 진정한 호흡법을 배운다면 자신의 머리 깊숙한 곳까지 닿을 수 있다.

——————— 수천 년 동안, 고대 문화와 오랜 지혜가 깃든 여러 전통에서는 호흡이 단순한 생명 활동이 아니라, 큰 변화를 불러오는 중요한 힘을 지녔다고 믿었다. 자아초월심리학이라는 분야를 창시한 세계적인 정신과 의사 스타니슬라프 그로프Stanislav Grof 박사는 호흡이 가빠질 때 사람들이 환각에 빠져드는 상태와 유사한 경험을 한다는 것을 발견했다. 과호흡에 시달리던 환자가 '정신 질환'으로 오해받아 응급실에 실려온 사례에서 알 수 있듯이 호흡은 우리가 알고 있는 것보다 훨씬 강력한 힘을 지녔다.

대부분의 의사들은 과호흡 환자에게 호흡을 늦추는 치료를 한다. 그러나 그로프 박사는 아니었다. 그는 홀로트로픽Holotropic 호흡법(그리스어의 'Holos'(Whole, 전체)와 'Trepein'(Moving in the direction of, ~을 향해 나아가다)의 합성어로서, 이를 번역하면 '향전체성적'向全體性的 또는 '전체 지향적'이라는 의미가 된다—옮긴이)을 창시했다. 이는 비일상적 의식 상태로 진입할 수 있게 해주는 심층적 호흡법이다. 편안한 환경에서 내면을 환기시키는 음악과 함께 빠르게 호흡하면 되기 때문에 과정은 그다지 어렵지 않다.

내면의 나와 만나게 해주는 홀로트로픽 호흡법

비일상적 의식 상태를 체험하기 위해 두 눈을 감고 매트에 누워 호흡과 음악에 집중한다. 이때 내적 치유 과정이 자연스럽게 진행되면 내면의 체험을 경험한다. 내적 치유가 진행되는 동안, 당사자가 어떤 체험을 하는지는 사람에 따라 다르다. 또 시간과 공간에 따라서도 달라진다. 이런 호흡 수련의 경우 분위기는 모두 비슷하지만 할 때마다 완벽히 다른 체험을 하게 된다.

나는 홀로트로픽 호흡법을 몇 차례 해봤고, 그중 두 번은 그로프 박사와 함께한 자리였다. 홀로트로픽 호흡을 통해 처음으로 초월적 혹은 영적 경험을 했다. 또 스스로를 업그레이드하기 위해서는 영적, 정서적, 인지적, 육체적 부분을 함께 살펴야 한다는 깨우침을 얻었다.

비영리 단체인 스타 파운데이션Star Foundation에서 한 주에 홀로트로픽 호흡과 최면을 함께 진행한 후 나는 내가 태어나던 순간을 체험했다. 전혀 예상하지 못한 일이었다. 목에 탯줄을 감은 채로 태어났다는 것은 알고 있었다. 하지만 신생아의 뇌가 그 일을 트라우마로 해석했고, 그 결과 투쟁-도피 반응을 보이는 성향을 지닌 어른으로 성장했을 줄은 미처 몰랐다. 홀로트로픽 호흡으로 내가 신생아였을 때 경험했던 공포를 다시 체험했다. 출생 당시의 상황도 상세하게 떠올릴 수 있었다. 이후 부모님께 확인했더니 내가 떠올린 것이 모두 사실이었다. 이성과 합리성을 중요시 여기는 엔지니어로서 그것은 솔직히 소름끼치는 체험이었다.

그 시대의 의료 방침에 따라 의료진은 나를 인큐베이터에 눕혔다. 이는 내가 태어나자마자 엄마에게서 떨어져야 했음을 의미했다. 홀로트로픽 호흡으로 변성의식 상태에 들어선 동안, 혼자 무방비 상태로 누워 있어야 했던 그때의 감각이 되살아났다. 태어난 지 고작 5분밖에 되지 않은 아기의 기분을 느꼈다. 아기는 이 땅에 홀로 온 이상 앞으로 평생 동안 혼자의 몸으로 지내야 한다고 생각하고 있었다. 그 일로 나는 30년 동안이나 타인과 건강한 관계를 맺지 못한 채 살았다. 오래된 문제의 원인을 마주하니 짜릿한 기분이었다.

이런 말을 하게 되어 마음 아프지만, 태어난 직후 엄마와 떨어지는 것이 아이에게는 굉장히 나쁜 영향을 끼친다. 특히 미국에서 제왕절개 수술을 할 때는 이것이 일반적인 일이다. 하지만 제왕절개로 태어났다고 너무 속상해할 필요가 없으며, 제왕절개로 아이를 낳았다고 해서 너무 스트레스를 받거나 죄책감을 느낄 필요도 없다. 이제라도 알게 되었다는 것이 중요하다. 우리는 출생 때의 트라우마가 훗날 스트레스로 발현될 수 있다는 것을 알았다. 그러니 다양한 치료법 중 하나를 활용해 스트레스 반응을 조절할 수 있다.

홀로트로픽 호흡법은 내 안의 아주 깊숙한 곳에 숨어 삶에 전반적으로 부정적인 영향을 미쳤던 오래된 트라우마의 정체를 밝혀주었다. 문제를 알아야 치유를 시작할 수 있다. 다행히 나는 문제를 알았고 그 트라우마에서 벗어났다. 현재 내게는 진정한 친구들이 있다. 진정한 사랑도 곁에 있다. 좋은 아빠가 될 능력을 갖춘 상태다. 또한 더 이상 실패에서 도망치지 않기 때문에 내 열정을 뜨겁게 하는 크고 험난한 미션을 매일 기꺼이 마주할 수 있는 힘도 얻었다.

나를 가둔 틀과 매복된 패턴부터 찾아라

호흡 수행을 시작하기 전에 누군가 내게 어떤 체험을 하게 될 것인지 말했더라면 나는 아마 웃음을 터뜨렸을 것이다. 내 경험담을 이곳에 공유하는 이유가 바로 그것이다. 당신이 얼마나 큰 성공을 거두었든 간에 미처 인식하지 못했던 무언가가 당신을 가로막고 있을 수 있다. 열린 마음으로 내 이야기를 듣기를 진심으로 바란다.

내가 호흡법을 통해 트라우마를 깨닫게 되었을 당시 나는 성공한 사람이었다. 아니 성공을 증명하는 물질적 지표를 갖고 있었다. 그러나 부와 명성이 있다고 해서 삶에 아무 문제가 없다는 뜻일까? 그게 행복과 동의어가 될 수 있는 걸까? 전혀 그렇지 않다.

자, 곰곰이 생각해보자. 혹시 출생할 때의 트라우마나 다른 트라우마를 경험했는가? 자신의 행동 양식에서 어떤 문제점을 발견했는가? 그렇다면 직접 나서서 무언가를 해야 한다. 홀로트로픽 호흡은 삶의 전환점을 불러오는 의식 상태로 진입할 수 있게 해준다. 뉴로피드백과 안구를 빠르게 움직이는 치료법인 안구운동 민감소실 및 재처리 요법 EMDR, 신체 에너지 장을 이용해 불안과 트라우마를 치료하는 태핑Tapping(특정 타점을 두드려 신경체계를 안정시키는 치료법—옮긴이) 역시 도움이 된다.

무엇을 하든 자신의 삶에 매복된 패턴을 찾는 것은 중요하다. 더구나 그 패턴을 찾아 안전한 치료법을 시도한다면, 그것이야말로 게임 체인저가 될 수 있는 가장 효과적인 방법이다. 자신을 가로막는 것이 무엇인지 인식할 때 틀에서 한결 쉽게 벗어날 수 있다. 세상에서 가장 행복하고, 가장 성공했으며, 가장 영향력을 발휘하는 사람들은 모두 자신을 가두고 있는 틀 안에서 벗어날 방법을 찾았다.

홀로트로픽 호흡법은 높은 수행능력을 이끌어내는 호흡법의 한 종류일 뿐이다. 다른 호흡법들도 많이 있다. 요가 수행자들은 요가 호흡법인 프라나야마Pranayama를 수천 년 동안이나 수행해왔다. 세계적으로 유명한 아트 오브 리빙Art of Living에서 수련하는 호흡법으로 나도 5년째 매일 아침마다 하고 있다.

패트릭 맥코운과 같은 바이오해커 다수는 특별한 호흡법을 통해 체내 산소 수치를 조절한다. 적어도 우짜이Ujjayi 호흡은 배워야 한다. 〈슈퍼맨 리턴즈〉에서 슈퍼맨 역을 맡았고, 현재 〈레전드 오브 투모로우〉에서 아톰으로 활약 중인 브랜던 루스가 〈불릿프루프 라디오〉에 나와 소개했던 호흡법이다. 슈퍼 히어로에게 효과가 있다면 분명 시도해볼 가치가 있지 않은가! 당신이 자신의 호흡에 통달할 때, 당신 스스로를 완벽히 깨우칠 수 있다.

- 홀로트로픽 호흡법을 시도해보자. 대다수의 도시에서 호흡을 함께 수련할 수 있는 그룹이나 테라피스트를 찾을 수 있다.
- 우짜이 호흡을 배운다. 불릿프루프 유튜브 채널(www.youtube.com/user/bulletproofexecutive)에서 'ujjayi'를 검색하면 영상이 준비되어 있다.

제 3 장

두려움을
감수하고
틀을
파괴하라

모든 게임 체인저들이 동의하는 성공의 주요 요소를 하나 꼽자면 바로 이것이다. 두려움을 모른다는 것. 혁신적인 사람들이 두려움을 느끼지 못한다는 뜻이아니다. 우리 모두 두려움을 느낀다. 그건 자연스러운 일이다. 단, 대부분의 사람들과 달리 게임 체인저들은 두려움이라는 본능이 미지의 세상으로 향하는 길을가로막도록 내버려두지 않는다. 차이는 바로 여기에 있다.

미지의 것은 대체로 두렵다. 우리의 의식은 습관의 산물이기 때문이다. 그리고의식을 움직이는 가장 큰 힘은 공포다. 의식은 주변에 위험한 것이 없는지 항상살피고, 우리의 '안전'을 최우선으로 해 모든 결정을 내린다. 그러나 우리가 두려움에 굴복한다고 해서 안전해지는 것은 아니다. 게다가 위험을 감수하지 않으면강해지는 것이 아니라 오히려 점점 더 나약해진다.

게임 체인저는 이 사실을 잘 알고 있다. 전설적인 자기계발서 저자인 수잔 제퍼스의 말을 빌려 표현하자면 이렇다. 게임 체인저들도 두려움을 느끼지만 어쨌든도전한다. 이들은 계속 공부하며 배움을 게을리하지 않는다. 실행하고 호기심을잃지 않으며, 사명감을 찾으려 노력한다. 몸의 둔화가 창의성을 가로막지 않도록 계속 관리하며, 평생 동안 혁신하기 위해 노력한다. 수많은 사람들을 위해 게임의 판도를 바꾸는 비결이 여기에 있다.

또한 게임 체인저는 규칙과 권위란 이름 뒤에 숨어 안전하게 지내길 거부한다.

세상을 지배하는 막강한 권력자들은 현재의 상황을 유지하기 위해 존재한다.

혁신가가 되기 위해서는 다르게 사고해야만 한다. 정체는 혁신의 적이다. 과거 나를 가르쳤던 선생님들에게 죄송한 마음을 담아 말하려 한다. 다른 사람들이 정해놓은 규칙을 깨지 못한다면 혁신은 탄생할 수 없다. 이것이 핵심이다.

진정 두려운 것은
두려움 그 자체다

인간 진화의 역사에서 실패란 생명과 직결된다. 호랑이에게 잡아먹히거나, 음식이 부족하거나, 부족의 버림을 받거나, 짝을 찾지 못해 종족이 멸종한다는 의미였다. 과거 우리는 실패를 두려워할 수밖에 없었다. 살아남아야 했으니까. 하지만 현대에는 전혀 해당되지 않는 이야기다. 그럼에도 실패에 대한 생물학적 공포는 여전히 우리의 신경계에 남아 있다. 비난과 실패에 대한 두려움을 마주하는 법을 깨우치고, 두려움 속에서도 큰일을 해내는 법을 배워야 한다. 몸이 실패를 덜 두려워하게 만든다면 정말 중요한 일에 에너지를 쏟을 수 있다. 실패에 대한 두려움이 실패를 만든다. 두려움은 굴복해야 할 대상이 아니라 해킹해야 할 대상이다.

———————————— 게임의 판도를 바꾸며 새로운 흐름을 만드는 엔지니어, 기업인, 교수로 활약 중인 라베 메타Rave Mehta와 두려움을 주제로 이야기를 나누기 위해 그를 〈불릿프루프 라디오〉에 초대했다.

그는 남아프리카의 사파리에서 오픈 지프차를 타고 사자 떼를 봤던 경험을 이야기했다. 갑자기 사자 한 마리가 차로 다가오더니 메타에게 접근했다. 가장 앞좌석에 앉아 있는 그에게 가까이 다가오는 사자를 바라보며 관리인이 나지막하게 속삭였다. "움직이지 마세요. 숨도 쉬지 말고요. 존재하지 않는 것처럼 가만히 계세요."

메타의 팔뚝에 사자의 숨결이 느껴졌다. 그는 곧 죽을지도 모른다는 공포에 사로잡혔지만 어떤 소리나 움직임도 만들어서는 안 되었다. 부교감신경계를 안정시키고 현 상황에 집중하기 위해 호흡법을 수행했다. 정말 살 수 있을지 확신이 없었다. 그저 모든 것이 괜찮아질 거라고 되뇔 뿐이었다. 얼마 후 사자는 몸을 돌려 돌아갔다.

상처를 피하려고 선제공격하는 두려움

그 일이 벌어졌을 당시 메타는 이미 수년 간 두려움이 어떻게 발현되는지 연구해온 전문가였다. 사자와 조우했던 순간, 그가 지닌 모든 지식과 기술이 시험대에 올랐다. 만약 그가 스스로 믿음을 갖지 못했다면 어땠을까? 그 상황에 온전히 집중하지 못했다면? 무슨 일이 일어났을지는 아무도 모른다.

두려움을 연구하며 그는 분노, 질투, 불안, 죄책감, 수치심, 욕심 등 부정적인 감정이 두려움에서 비롯된다는 걸 알았다. 반면 자신감, 품위, 겸손함, 용기, 감사함처럼 긍정적인 감정은 믿음에서 파생된다는 걸 깨달았다. 두려움과 믿음이라는 가장 기본적인 두 가지 감정 상태를 파악하고 나니 모든 게 선명해졌다. 나아가 두려움을 기반으로 한 감정을 믿음에서 비롯된 감정으로 바꾸는 비결을 터득할 수 있었다.

메타는 모든 감정과 정서의 기본이 되는 에너지가 있다고 말하는데, 바로 '사랑'이다. 모든 것을 관통하고 창조하는 힘이다. 〈스타워즈〉 제작자인 조지 루커스가 포스The Force라고 부르고, 중국에서는 기氣라고 하며, 인도에서는 프라나Prana(만물의 근원이자 모든 생명의 실체—옮긴이)라고 부르는 힘이다. 그는 우리가 사랑에 가까워지는 과정을 파이프 통로로 이해한다. 두려움은 파이프를 막아 사랑의 흐름을 방해하는 반면 믿음은 파이프 통로를 활짝 열어준다.

그는 믿음과 두려움이 스펙트럼의 양상으로 존재한다고 설명한다. 두려움은 의심으로 시작해 회의감으로 이어지고 결국 우리를 무력하게 만드는 공포로 번진다. 반면 희망으로 시작된 믿음은 점차 확장된다. 우주를 완벽히 신뢰하고, 우주 안에서 우리의 역할이 있음을 믿어라. 그러면 주위에서 벌어지는 모든 일을 완전히 다른 관점으로 이해하게 된다. 모든 것이 당신에게 득이 되는 방향으로 흐를 것이다. 진정한 믿음의 상태에 진입할 때 우리는 순리에 몸을 내맡기는 몰입을 경험한다.

약한 모습을 드러낼 때 더 강해진다는 역설

약한 모습을 드러낼 때 더 강해진다는 말을 어떻게 생각하는가? 몰입 상태에서는 육체적·감정적으로 다치지 않으리라는 믿음이 강해진다. 때문에 서슴없이 유약한 모습을 내보일 수 있게 된다. 메타는 스스로 취약함을 드러내도 고통스럽지 않다는 믿음을 가지면 실제 달라진다고 한다. 고통스러운 경험에서 자신을 보호하는 능력인 '감정 면역체계'가 강화되기 때문이다.

많은 사람들이 상처 받지 않기 위해 진짜 감정을 숨기며 방어막을 세운다. 이러면 오히려 감정 면역체계는 약해진다. 애써 강한 척하지 마라. 유약한 모습을 드러내라. 약하다는 걸 인정할 때 우리는 진정 강해질 수 있다. 살아가며 크나큰 충격과 시련이 닥쳤을 때 쉽게 회복할 수 있는 길은 유약함을 드러내는 것이다.

메타는 두려움이 언제 자신의 존재를 드러내는지 크게 세 가지로 분류해 설명한다.

• 시간Time

믿음이 가득할 때 우리는 현재에 오롯이 집중하고 그 순간을 완벽히 받아들일 수 있다. 현재에 집중하지 않을 때 두려움이 찾아든다. 두려움은 보통 '만약'이라는 질문의 형태로 나타난다. 만약 사자가 날 공격하면 어떡하지? 만약 죽게 된다면?

실제 생긴 일 때문에 두려움을 느끼는 경우는 거의 없다. 대부분 두려움은 지금 벌어진 일이 아닌 미래에 어떤 일이 벌어질지도 모른다는 걱정에서 비롯된다. 두려움에 굴복한다면 현재의 순간은 망가질 수밖에 없다. 그러나 현재에 집중할 때 미래의 두려움이 자리할 여지는 없어진다. 우리는 마침내 무한한 사랑, 즉 몰입의 상태에 들어설 수 있다.

• 애착Attachments

어떤 생각이나 물건에 '애착'을 갖는다는 것은 부정적인 의미를 포함한다. 메타도 처음에는 어떤 종류의 애착도 가져선 안 된다는 입장이었다. 그러나 시간이 지날수록 애착 그 자체에는 별 문제가 없다는 것을 깨달았다. 애착은 죄가 없다. 문제는 애착의 성질이다.

메타는 애착을 크게 두 가지로 구분한다. 하나는 견고한 애착이다. 당신과 애착의 대상이 단단한 철제다리로 연결되어 압력이 형성된다. 또 다른 애착은 중력 애착이다. 당신과 애착하는 사람 혹은 사물 사이가 단단하게 연결되어 있지만 견고한 애착보다는 유연하다. 아무런 압력 없이 서로의 주위를 회전한다. 역학이 달라짐에 따라 서로를 밀어내거나 더욱 가까워지기도 한다.

누군가를 향해 견고한 애착을 갖고 있다면 상대를 통제하려 든다. 중력 애착은 다르다. 유대관계에 확신이 있으므로 자기 자신에게 더욱 집중하게 된다. 결국 더 나은 사람으로 변화한다. 이러한 변화는 삶에 좋은 일을 불러들이고 나쁜 일은 밀어낸다. 애착을 이전과 다른 마음가짐으로 대해야 한다. 애착의 대상 말고 자신에게 집중하라.

• 기대 Expectation

'기대'란 노력에 따른 특정 수준의 결과에 집착하는 심리라고 메타는 정의한다. 기대는 번번이 무너지고, 부정적인 결과만 낳는다. 기대한 바를 달성했다 해도 이미 예상한 일이 펼쳐진 것이니 기쁠 리 없다. 자신이 바라는 결과를 내지 못하면 실망을 넘어 분노, 죄책감, 수치심까지 불러들인다. 이러한 부정적인 감정들은 몰입을 방해하며 악순환을 만들어낸다.

어떠한 결과나 목표를 꿈꾸지 말라는 뜻이 아니다. 무언가를 기대하지 말고, 선호하는 것으로 바꿔 생각하면 문제가 해결된다는 뜻이다. 그렇게 하면 원하는 결과를 얻었을 때 매우 기쁠 것이고, 반대의 결과가 나와도 크게 실망하지 않는다. 또 다른 결과가 생길 수 있다는 가능성을 열어두자는 말이다. 당신이 바랐던 것은 그저 당신의 선호에 불과하니까 이뤄지면 좋고 안 되도 괜찮다.

메타는 시간, 애착, 기대라는 세 가지 핵심 요소가 모두 있을 때 두려움이 발생한다고 말한다. 이 세 가지 중 하나라도 없앤다면 메타가 마주했던 사자처럼 두려움도 다가왔다가 조용히 사라질 것이다.

우리의 감정과 태도가 세포의 운명을 결정한다

그렇다면 두려움을 물리치는 것이 왜 중요할까? 두려움이라는 감정이 창의성을 방해하는 것 이상의 데미지를 입히기 때문이다. 두려움은 우리의 세포에도 영향을 미친다. 환경이 유전자에 끼치는 영향을 연구하는 학문인 후생 유전학의 대가 브루스 립턴Bruce Lipton 박사와 인터뷰를 한 적이 있다. 공포가 생명 활동에 어떠한 역할을 하는지에 관해 흥미로운 대화를 나누었다.

1967년 립턴 박사는 학계에 한 획을 긋는 대단한 업적을 시작했다. 당시 줄기세포의 존재를 아는 과학자는 극히 드물었다. 그는 그중 한 명이었다. 줄기세포는 우리가 태어난 후 몸에 남아 있는 배아세포다. 배아세포는 다른 조직의 세포로 분화할 수 있는 능력을 지니고 있다. 나이와 관계없이 우리 몸에서는 매일같이 수백억 개의 오래된 세포가 사멸하고 새로운 세포가 생성된다. 입에서 항문까지의 소화관 세포는 사흘마다 새롭게 재생된다. 새로운 세포는 어디서 탄생하는 것일까? 바로 줄기세포다. 립턴 박사가 줄기세포에 깊은 관심을 갖기 시작한 이유다.

립턴 박사는 페트리접시에 배양된 세포 하나가 일주일이 지나자 5만 개로 증가했고, 그 세포가 유전적으로 완벽히 일치한다는 굉장한 사실을 발견했다. 하나의 모세포에서 분열되었기 때문이다. 박사는 세포를 3개의 페트리접시에 나누어 담았다. 영양원을 공급하는 증식배지를 달리해 유전적으로 일치하는 세포들이 약간씩 다른 배양환경에서 자라도록 했다. 하나의 접시에서는 세포가 근육이 되었고, 다른 접시들에서는 각각 뼈와 지방세포가 만들어졌다.

당시 립턴 박사는 의학대학의 교수였는데, 그 시대에 널리 알려졌던 학설대로 유전자가 생명을 지배한다고 가르쳐왔다. 하지만 이 믿음이 틀렸다는 것을 본인의 연구실에서 목격했다. 세포의 운명을 좌우하는 것은 유전자가 아니라 바로 환경이었다. 이러한 깨달음 이후 립턴 박사는 혈액의 구성이 달라질 때 세포의 운명이 달라진다는 것을 발견했다. 그렇다면 혈액의 구성요소를 결정하는 것은 무엇인가?

가령 세상을 기쁨과 행복의 눈으로 바라본다면 두뇌는 어떨까? 기쁨과 행복이라는 감정을 도파민이라는 화학물질로 바꾼다. 이 화학물질은 성장을 촉진한다. 세상을 두려워한다면 두뇌는 스트레스 호르몬과 염증성 물질을 생성한다. 신체가 자기방어 상태에 진입하고, 결국 성장을 가로막는다. 립턴 박사는 혈액의 화학적 성분, 즉 세포가 자라는 환경은 우리가 세상을 바라보는 관점에 따라 달라진다는 결과에 이르렀다. 우리가 세상을 대하는 태도가 세포의 운명을 결정하는 것이다.

원시적인 생존 메커니즘으로 두려움을 느끼는 상태가 되면 우리 몸은 성장이 아닌 생존에 치중한다. 검치호랑이에게 쫓기는 상황이라면 신체는 마땅히 생존에 집중해야 한다. 하지만 위험이 없는 상황에서도 두려움을 느낀다면? 당연히 성장과 잠재력이 억눌리는 상태가 된다.

설상가상으로 이때 분비되는 스트레스 호르몬은 체내 에너지를 절약하기 위해 면역체계를 비활성화시킨다. 투 스트라이크 상황이다. 립턴 박사는 질병의 원인 90퍼센트가 여기에 있다고 말한다. 자신이 가르치는 내용에 확신을 가질 수 없었던 그는 결국 대학 강단을 떠났다.

의료계에서는 유전자가 생명을 결정하고, 모든 사람이 유전의 희생자라고 주장한다. 그러나 립턴 박사는 생각이 다르다. 유전자가 모든 것을 결정할 만큼 우리가 무력하다고 생각지 않는다. 우리에게는 자신의 생명과 운명을 만들어갈 능력이 있다. 이는 굉장히 놀라운 시각이다. 그는 권위에 굴하지 않았다. 호기심 넘치는 자세로 어려운 질문을 이어갔다. 립턴 박사 덕분에 게임의 판도를 뒤바꿔놓는 답을 찾아낼 수 있었다.

실패를 환영하고 축하하라

지아 장Jia Jiang은 기업인이자 강연자, 블로거, 작가다. '거절'을 주제로 한 테드 톡 강연을 봤다면 이미 그를 알고 있을 것이다. 그는 '거절 테라피'라는 색다른 두려움 극복 방법을 고안해냈다. 장은 자신의 몸이 거절에 익숙해진다면, 거절을 당하는 상황이 닥쳐도 두려움을 느끼지 않게 된다는 것을 발견했다.

그는 100일 동안 하루에 한 번씩 낯선 사람에게 이상한 부탁을 하고 거절당하는 프로젝트를 실시했다. 패스트푸드 가게에 가서 햄버거를 다 먹은 후 '버거 리필'을 부탁했다. 모르는 집의 문을 두드리고 마당에서 공을 차며 놀아도 되는지 물었다. 낯선 사람에게 돈을 빌려 달라고 요청했다. 말도 안 되는 부탁은 계속되었다. 매일 거절당하는 것이 그의 목표였기 때문이다.

여기서 재미있는 일이 일어난다. 장의 목표는 거절당하는 것이었고 실제로 많이 거절당했다. 하지만 그에게 긍정적인 답변을 주는 사람들이 예상했던 것보다 훨씬 많았다. 실험을 시작한 지 사흘째 되던 날이었다. 크리스피 크림 도넛에 들어간 그는 가게 점원에게 도넛을 연결해 올림픽 상징처럼 만들어 달라고 부탁했다. 가게 책임자가 가능하다고 말하더니 하나를 완성해 자랑스럽게 보여주었다. 순간 장은 눈물이 나올 것만 같았다고 한다.

장이 부탁한 것을 들어주지는 못하지만, 대신 무언가를 해주려고 애쓰는 사람들도 많았다. 그는 자신을 도와주려는 사람들을 보며 깨달았다. 거절당하는 것을 두려워한 나머지 자신이 진짜 원하는 것을 표현조차 하지 못했다는 것을. 그래서 너무 많은 것을 놓치고 살았다는 것을. 그동안 그를 거절한 것은 타인이 아니라 그 자신이었다.

두려움과 맞서려면 실패를 축하하는 법을 배워야 한다. 안전지대에 머무른다면 거절당할 일이 없다. 도전하지 않으니 실패할 일도 없는 셈이다. 실패할 가능성이 있는 일을 할 용기가 있다는 것만으로도 축하받을 자격이 있다. 시도만으로도 이미 무언가를 이룬 것이나 다름없다.

메타, 립턴, 장이 두려움에 대해 이야기한 것들은 모두 내게 깊은 여운을 남겼다. 포티 이어 오브 젠에서 주요 고객들을 대상으로 5일 동안 뉴로피드백을 진행할 때 나는 '감정 피라미드'에 대해 가르친다. 무관심과 수치심은 피라미드 가장 아래에 자리한다. 이 두 감정은 최하의 의식 상태다. 무관심과 수치심 위에는 슬픔이, 슬픔 위에는 분노와 자존심이 있다. 그 위에는 두려움이, 두려움 위에는 행복과 자유가 있다. 아래 그림을 보면 기억하기 쉬울 것이다.

생존을 최우선시하기 위해 몸은 우리를 하부 감정 쪽으로 이끈다. 이 피라미드는 우리가 경험하는 감정을 보여주기에 매우 중요하다. 수치심을 느낄 때 실제로 당신이 느끼는 것은 슬픔이다. 왜 슬픈지 이유를 찾아야 한다. 그러고 난 뒤 분노했거나 자존심에 상처를 입었는지 살핀다. 자신의 감정을 헤아린 후 두려움을 들여다봐야 한다. 두려움을 느낀다면 좋은 신호. 행복이 가까워졌다는 의미니까. 감정 피라미드를 분석해 부정적인 감정의 비밀을 어느 정도 풀게 되면 숨어 있는 두려움이 문제라는 것을 깨닫게 될 것이다.

안타깝게도 우리의 몸은 늘 경계 태세. 우리가 행복을 느낄 때 외부의 위협에 둔감해져 순식간에 안전이 깨질 것이라고 생각한다. 몸은 우리가 항상 경계하고, 위협에서 달아날 준비가 되어 있기를 바란다. 위협을 없애거나 도망치는 방식으로. 위협이 없다는 것이 확인되면 우리가 도넛을 먹거나 번식활동에 임하길 원한다. 몸은 이처럼 우리가 행복을 쉽사리 느끼지 못하도록 속임수를 쓴다. 외부의 위협을 경계하도록 만드는 감정 피라미드가 그런 속임수 중 하나다.

정말 행복하길 원하는가? 그러면 우리에게 입력된 프로그램을 다시 설정하자. 포티 이어 오브 젠에서는 '뉴로피드백 증강 리셋 프로세스'라는 과정을 통해 실제로 위협이 되지 않는 대상에 자동적으로 반응하는 것을 멈추는 연습을 한다. 뉴로피드백을 이용해 어떤 상황에서 부정적인 감정이 일어나는지 잡아낸다. 그러고 나서 해당 상황에서 감사함을 느낄 수 있는 아주 사소한 한 가지를 찾아낸다. 감사함은 두려움을 사라지게 만든다. 그 후 부정적인 감정을 일으키는 상황을 만들어낸 사람 혹은 대상을 진심으로 용서하는 감정을 이끌어낸다.

의식적으로 부정적인 감정을 끌어올려 그 안에서 좋은 것을 찾아내고, 우리를 괴롭히는 감정을 내려놓는 일련의 과정은 결코 쉽지 않다. 뉴로피드백이라는 과학기술 덕분에 한결 수월해졌지만 그래도 여전히 어렵다. 하지만 이 과정을 잘 따라 한다면 두려움을 없앨 뿐 아니라 완전히 몰아낼 수도 있다.

용서와 감사, 타인에 대한 연민을 깨닫게 해주는 명상도 좋다. 두려움이란 감정을 불러들인 사람과 당신 자신을 향해 용서와 감사, 연민을 베풀 수 있다면 뉴로피드백과 유사한 결과를 얻을 수 있다.

당신 머릿속에 울리는 날이 선 목소리는 사실 당신의 목소리가 아니다. 이걸 깨닫는 게 가장 중요하다. 이 목소리는 원시의 생존 본능이다. 이 본능은 두려움이란 감정이 없어지면 생명을 유지하는 것이 힘들다고 여겨 어떻게든 두려움이 사라지는 것을 막으려고 애쓴다. 감정의 실체를 깨달은 후에는 죄책감과 수치심이 사라진다. 그리고 감정 피라미드 가장 위에 있는 행복을 향해 나아갈 수 있다. 행복만이 진실한 감정이다. 당신이 두려워해야 할 유일한 대상은 두려움 그 자체뿐이다.

평균은
적이다

짧은 시간 안에 긍정적인 변화를 창조해낸 사람들은 말 그대로 규칙을 깨부수는 사람들이다. 강건한 혁신가들조차 세상이 가하는 기대한 압박 앞에서는 두려움과 불안함을 느끼게 마련이다. 역사상 새로운 아이디어를 지닌 사람들은 늘 비난과 경멸의 대상이었다. 비난에 동요하지 않도록 마음과 감정을 다스리고, 장애물을 만났을 때도 앞으로 나아가야 한다. 비난의 목소리를 마주하는 법을 배우고 자신의 길을 따라야 한다. 당신이 가장 원치 않는 것은 바로 평균 수준에 머무르는 것이다.

─────────── 다니엘 에이멘Daniel Amen 박사는 세계 최고의 뇌 전문가 중 한 명으로 손꼽힌다. 그는 베스트셀러 작가이자 에이멘 클리닉Amen Clinics의 창립자인 동시에 CEO다. 내가 바이오해커가 되기로 결심한 데 지대한 역할을 한 사람이기도 하다.

1991년, 정신과의사였던 에이멘 박사는 단일광자방출단층촬영Single

Photon Emission Computed Tomography, SPECT 에 관한 강연에 참석한 후 커리어의 방향이 완전히 달라졌다. SPECT는 핵의학 영상 기술이다. CT와 MRI가 두뇌의 구조를 해부학적으로 보여주는 기술인데 반해, SPECT는 뇌의 혈류와 활동 패턴을 추적해 두뇌를 분석하고, 어떤 일을 수행하거나 어떤 정서를 느낄 때 두뇌의 어느 부분이 '활성화'되는지를 보여준다.

SPECT 스캔에 감탄한 에이멘 박사는 환자의 병을 진단하고 치료하는 임상 활동에서 SPECT 스캔을 적극 활용했다. 그 결과 굉장한 진전을 보인 환자들이 많았다. 그러나 동료들은 그를 향해 끝없이 비난의 목소리를 높였다. 그의 치료법이 정석에서 벗어났다고 주장하며 에이멘 박사를 돌팔이라고 부르기까지 했다.

사람들에게 도움이 되는 일을 하면서 폄하와 비판의 말을 듣는 것을 좋아할 사람은 아무도 없다. 비난에도 불구하고 에이멘 박사는 멈추지 않았다. 큰 용기 덕분이기도 하지만 무엇보다 그는 호기심을 참을 수 없었다. 뇌를 보지 않고 뇌가 제대로 활동하는지 어떻게 진단할 수 있겠는가? 환자가 최상의 컨디션을 되찾도록 어떻게 도와주겠는가? 자신이 치료하는 대상을 두 눈으로 직접 확인하고 싶었던 그는 무수한 반발에도 불구하고 계속 전진했다.

확신이 있다면 비난을 뚫고 나아가라

어느 늦은 밤, 에이멘 박사의 제수가 갑자기 전화를 걸어 아홉 살 난 아들이 농구장에서 어린 여학생을 공격했다고 털어놨다. 에이멘 박사는 물었다. "도대체 무슨 일이 있었던 겁니까?" 그녀는 이렇게 답했다. "다니엘, 이 아이는 좀 달라요. 잔인한 면이 있어요. 이제는 웃지도 않아요." 에이멘 박사는 동생의 집으로 가서 조카가 그린 그림 두 장을 살폈다. 하나에는 조카가 나무에 매달린 장면이, 다른 하나에는 조카가 다른 아이들을 총으로 쏘는 장면이 그려져 있었다. 그는 제수를 돌아보며 "내일 아이를 데리고 제 사무실로 오세요."라고 말했다.

에이멘 박사는 조카와 함께 자리에 앉아 물었다. "무슨 일 있니?" 아이는 대답했다. "저도 잘 모르겠어요. 자꾸 화가 나요." 에이멘 박사는 조카에게 괴롭히거나 부적절하게 몸을 만지는 사람이 있었는지 물었다. 아이는 아니라고 답했다. 그는 조카의 머리를 촬영했고, 좌측두엽에 골프공만 한 낭종을 발견했다. 스캔 영상을 보니 아이의 측두엽이 있어야 할 자리가 비어 있는 것처럼 보일 정도였다.

박사가 태어나 처음 보는 광경이었지만, 그날 이후 같은 사진을 수없이 목격했다. 좌측두엽은 폭력성을 관장하는 부분으로 알려져 있다. 결국 종양 때문에 조카는 폭력적으로 변했던 것이다. 당시 일반 정신과 의사에게 데려갔다면 어땠을까? 그저 아이의 감정적 증상만 치료하려 했을 것이다. 그러면 병의 원인은 절대 밝혀낼 수 없었으리라.

에이멘 박사가 낭종을 제거할 수 있는 의사를 찾아 수술을 한 후 조카의 행동은 정상으로 돌아왔다. 수술을 집도한 의사는 낭종이 뇌를 짓누른 나머지 좌측두엽을 감싸고 있는 뼈가 약해져 있었다고 말했다. 만약 그 상태로 아이가 농구공에 머리를 맞았다면 끔찍한 일이 벌어졌을 터였다. 죽음을 피하지 못했을 테니 말이다.

그 사건을 계기로 에이멘 박사는 다른 사람들이 자신을 돌팔이라고 생각하든 욕을 하든 신경 쓰지 않았다. SPECT 스캔이라면 뇌에 어떤 문제가 발생했는지 분명하게 알 수 있다. SPECT를 활용하지 않은 정신과 주치의의 진단으로 방치된 환자를 생각해보라. 뇌에 이상이 있다는 것을 몰라 감옥에 수감되거나 이미 사망한 사람들은 또 얼마나 많을 것인가. 에이멘 박사는 SPECT로 가능한 한 많은 사람들을 돕겠다고 결심했다.

나 역시 박사의 도움을 받은 수많은 사람들 중 한 명이다. 내가 에이멘 박사에 대해 처음 들었던 것은 그가 한창 거센 비난의 중심에 서 있던 2002년이었다. 하지만 그가 제시한 과학적 근거는 충분했다.

스타트업에서 일하며 와튼스쿨 MBA 과정을 밟고 있던 나는 절망적인 상황에 빠져 있었다. 내가 할 수 있는 최선을 다해 발버둥치고 있었지만, 커리어는 내리막길이었다. 학교 시험은 간신히 턱걸이하는 수준이었고, 인간관계는 말할 것도 없었다.

에이멘 박사를 만나 내 두뇌에 독성 물질이 가득한 것을 확인했다. 그저 어안이 벙벙했다. 결과를 확인한 에이멘 박사는 이렇게 말했다. "당신인 줄 모르고 이 스캔 영상 결과만 봤다면, 아마도 다리 밑에 사는 중독자의 뇌를 찍은 거라고 생각했을 겁니다." 내 뇌는 약물 중독이나 독성 곰팡이와 같은 환경 독성물질에 노출된 사람의 뇌처럼 활동이 현저히 떨어지는 양상을 보였다. 화학물질로 인한 두뇌 손상이 스캔으로 확인된다고 박사는 설명했다. 내 뇌에는 분명 이상이 있었다.

이상해 보이겠지만 박사의 설명을 듣고 묘한 흥분감이 느껴졌다. 내가 개선할 수 있는 구체적인 문제를 찾았으니 희망이 있다는 의미였다. 나는 겉으로 보기에는 성공한 인생이었지만 내면은 그렇지 못했다. 평생 동안 나약한 사람이고 충분히 노력하지 않는다는 원망에서 자유롭지 못했다. 그러나 SPECT 스캔을 통해 나란 사람의 문제가 아니라 하드웨어 문제란 것이 드러났다. 마음이 홀가분했다.

에이멘 박사의 도움과 끝없는 바이오해킹으로 뇌가 제 기능을 찾은 후 나는 기대했던 것보다 훨씬 높이, 훨씬 멀리 나아갈 수 있었다. 다른 의사들이 환자의 뇌가 어떻게 기능하는지 전혀 상관하지 않고 에이멘 박사를 조롱하는 데 몰두하는 동안에도 박사는 굴하지 않았다. 그가 호기심을 잃지 않은 덕분에 SPECT를 환자 치료에 적용할 수 있었음에 감사할 뿐이다. 만약 내 뇌를 들여다보지 않았다면 무엇을 어떻게 고쳐야 할지 나는 평생 알지 못했을 것이다. 그렇다면 지금 이 자리에 설 수도 없었으리라.

모두가 '예'라고 말해도 아닌 건 아니다

내 인생 행로에 직접적으로 영향을 미치지는 않았어도, 기존의 권력에 맞서 대단한 결과를 이뤄낸 전문가들을 만나고 싶었다. 제럴드 폴락Gerald Pollack 박사의 책《진화하는 물》을 읽은 뒤 그가 말하는 물의 네 번째 상태에 관심이 생겼다.

폴락 박사는 전 세계 모든 생화학자들이 자연의 가장 기본적 요소인 물에서 중요한 부분을 놓쳤다고 주장하며, 세포생물학의 근간을 뒤흔들었다. 당연히 박사를 비판적으로 보는 시각이 존재한다. 하지만 그는 자신의 주장을 뒷받침하는 연구 데이터를 갖고 있다. 그의 연구에 대해 자세한 이야기도 듣고 싶었다. 그가 어떤 계기로 물이라는 별로 새로울 게 없어 보이는 물질을 연구하게 되었는지 궁금했다.

폴락 박사는 워싱턴 대학에서 생명공학을 가르치는 저명한 교수이자 벤처 과학 연구소Institute for Venture Science의 책임자다. 그 외에도 여러 의학 관련 기관의 리더 자리에 있는 바이오해킹계의 거물이다.

폴락 박사는 근육과 근육의 수축에 대해 연구하며 물에 관심을 갖기 시작했다. 일반적으로 분자구조를 바탕으로 근육을 이해할 때 단백질이 어떠한 작용을 일으켜 힘을 발휘하는지에 대해서만 고려한다. 한데 그것이 잘못되었다는 생각이 갑자기 그의 머리를 스쳤다. 근육은 단백질뿐 아니라 물을 함유하고 있다. 실상 부피로 봤을 때 근육의 3분의 2가 수분이다. 물 분자의 수를 고려한다면 심지어 이보다 높은 비율이다. 근육 내 분자 100개 가운데 99개 이상이 물 분자다.

폴락 박사는 과학자들이 근육 운동을 밝히는 과정에서 100개의 분자 가운데 99나 차지하는 분자를 제외시킨다는 사실에 놀랐다. 100개 중 99개의 분자인데, 어떻게 중요하지 않을 수 있는가? 근육 수축에 관해 이미 60년 넘게 학계의 정설로 자리 잡은 이론이 있었다. 그러나 폴락 박사는 현존하는 이론을 뒷받침하는 증거가 잘못되었다는 것을 깨달았다. 놓친 것은 바로 '물'이었다. 널리 알려진 이론과 달리 근육이 기능하는 데는 물 분자가 사실 대단한 역할을 하고 있었다.

이러한 발견 이후 폴락 박사는 근육에 대한 연구를 멈추고 물을 파고들기 시작했다. 그리고 많은 사람들이 불편해할 사실을 찾아냈다. 우리는 물이 고체, 액체, 기체 세 가지 상태로 존재한다고 배웠다. 그러나 폴락 박사는 물에는 고체와 기체 사이의 상태, 생물학적으로 중요한 네 번째 상태가 있음을 발견했다. 물의 네 번째 상태는 꿀처럼 점성이 상당히 높다. 이런 상태의 물을 배타 구역Exclusion Zone, EZ이라고 부른다.

물의 네 번째 상태를 최초로 발견한 것은 폴락 박사지만, 100년도 더 전에 물의 새로운 상태를 예측한 사람들이 있었다. 그 옛날 과학자 몇 명이 네 번째 상태를 발견할 뻔했지만 그들은 엄청난 비난을 받았고 연구를 그만두어야 했다. 그러나 폴락 박사와 그의 동료들은 달랐다. 그들은 물에 대한 호기심 때문에 진행 중이던 근육 수축 연구를 그만두었다. 그리고 새로운 발견을 통해 물에 대한 기존의 학설을 뒤집었다.

물의 네 번째 상태, 즉 EZ 물의 영향력은 방대하다. EZ 물은 세포 내 미토콘드리아 기능을 돕는다. 우리의 혈액 속에 EZ 물이 많이 함유되어 있을수록 세포가 더욱 활발하게 기능한다. 폴락 박사는 적외선, 햇빛, 진동이 네 번째 상태의 물을 더욱 많이 생성한다는 것을 발견했다.

그와 대화를 나눈 후 나는 체내 세포 속 EZ 물의 함량을 높이기 위해 노력했다. 결과는 수행능력으로 나타났다. EZ 물의 함량을 높이자 실제 수행능력이 좋아졌다. 나는 EZ 물이 건강 증진과 수행능력 향상에 기여한다는 사실을 확신한다. 그래서 그의 연구소에서 진행하는 추가 연구에 기금을 지원하기도 했다. 여기서 끝이 아니다. 그가 또 무엇을 발견했는지 아는가? 물에 유지방(일명 '기버터'Ghee Butter라고 일컫는다)을 섞으면 EZ 물의 양이 상당히 많이 생성된다는 것을 발견했다.

이것이 바로 불릿프루프 커피가 지닌 비밀의 열쇠다. 버터를 섭취한 뒤 커피를 마실 때는 커피에 버터를 녹여 먹을 때 느껴지는 의식의 명료함이 찾아오지 않았다. 그 점이 항상 이상했는데 이제 그 원인을 알았다. 커피에 버터를 섞어 마실 때 EZ 물이 만들어지기 때문이다. 폴락

의 획기적인 발견이 또 다른 비밀을 풀어낸 것이다!

EZ 물의 존재를 발견하는 과정에서 박사는 의문을 제기하는 수많은 사람들을 마주했지만 묵묵히 나아갔다. 그 결과 최후의 승자로 미소를 지을 수 있었다. 자신이 옳다는 확신이 든다면 그것을 증명하기까지 수년이 걸릴지라도 끝까지 뜻을 굽히지 않는 것, 이것이 바로 게임 체인저가 하는 일이다.

판을 흔들면서 평온하기를 바랄 수는 없다

불릿프루프 커피를 만들기 위해 연구소 테스트와 특별 공정을 거쳐 신경과민 증상을 유발하지 않고, 곰팡이 균도 없는 커피콩을 제조했지만 수요가 전혀 없었다. 이 커피는 비평가들 입장에선 말도 안 되는 아이디어였다. 커피에 버터를 섞는다는 것은 말할 것도 없이 비평의 대상이었다.

나는 시중에 나와 있는 커피를 마신 뒤 불안, 신경과민, 기능 저하 같은 증상을 느꼈다. 때문에 새로운 방식의 커피를 만들어야겠다는 생각을 떨칠 수 없었다. 특별한 공정으로 커피 볶는 방법을 개발해 시장에 내놓았다. 그로부터 6년이 지난 2018년, 특별한 커피콩으로 만든 불릿프루프 커피가 1억 잔 이상 팔렸다. 기존의 커피를 마실 수 없었던 수천 명의 사람들이 다시 커피를 마실 수 있게 해줘서 고맙다고 감사 인사를 전했다.

여기에 이르기까지 사람들의 비평과 힐난은 점점 더해만 갔다. 내게 가장 큰 인상을 남긴 비평가는 커피 업계의 전문가도 아닌 컴퓨터 해커가 커피 공정을 바꾼다는 것 자체가 말이 안 된다고 했던 한 커피 잡지의 기고가였다. 단지 호기심에서 시작한 일이었다. 수많은 비평에도 불구하고 내 믿음에 따라 행동한 결과, 나는 성공을 거머쥐었다.

자신만의 미션을 갖는 것은 중요하다. 미션을 품어야 자신의 신념을 끝까지 지킬 수 있다. 감사함이 중요한 이유도 여기에 있다(이 부분에 대해서는 제14장에서 더욱 자세히 다룰 예정이다). 당신 머릿속에 울리는 목소리는 '다른 사람들이 비평가들의 말을 믿을지도 모른다'고 걱정할 것이다. 그러나 당신이 하는 일에 대해 누군가 비난을 할 때마다 이렇게 생각을 바꿀 수 있다. 그 사람이 어떤 말을 했든 결국 당신에 대한 더 많은 관심을 불러일으킬 테니 감사한 일이라고. 스스로에게 이렇게 말하며 머릿속 이야기를 바꿔라.

실제로 온라인에서 강한 영향력을 발휘하는 누군가가 과학적 근거에 반하는 비난의 말을 쏟아낼 때마다 불릿프루프의 매출은 상승했다. 나와 같은 신념을 공유하는 사람들이 직접 목소리를 내어 방어막을 펼쳤고, 나는 그 모습에 힘을 얻었다. 나는 인터넷에서 근거 없는 비난의 글을 접할 때마다 조용히 '감사하다'는 인사를 전한다.

당신을 위협하는 사람들에게 감사한 마음을 가져라. 그것은 두려움을 이겨내는 좋은 방법이다. 또한 당신을 비난하는 사람들을 원망하지 않고 오히려 감사함을 느낀다는 것은 상당히 멋진 일이기도 하다.

에이멘 박사와 폴락 박사처럼 자신의 의견을 떳떳하게 밝히고, 자신이 발견해낸 것이 기존의 사실과 반대되는 것임에도 끝까지 연구를 계속한 과학자들에게 우리 모두 굉장한 빚을 진 셈이다. 그들은 그들이 속한 업계를 변화시키기 위해 상상할 수 없는 고난을 극복했다. 또 동료들에게서 갖은 모욕을 받아야 한다는 두려움을 이겨내고 끝까지 해 냈다. 이들이 보여준 호기심과 용기가 없었다면 혁신도 없었을 것이다. 그리고 게임판은 영원히 잘못된 상태로 남아 있었을 것이다.

최강의 TIP

- 당신의 정신력을 흔들려는 세력에 현혹되지 마라. 소셜 미디어에 오른 비난의 글에 시선을 둘 이유가 없다. 그것을 무시하는 데는 1초면 되지만, 그들은 당신에 대한 이야기를 지어내기 위해 훨씬 많은 시간을 들인다. 시간만 따져봐도 승자는 분명하다.

- 비난하는 자들에게 마음속으로 '감사하다'는 인사를 전하자. 적어도 그들은 당신이 하는 일에 관심을 갖고 있다는 증거니까.

- 온라인과 오프라인에서 당신의 일에 진정으로 의구심을 품는 비평가들과 소통할 때 인신공격의 말이 오가지 않도록 조심해야 한다. 당신에게 많은 것을 가르치고 싶어하는 사람들이다. 감사 인사를 잊지 말라.

- 비난의 말에 상처를 입었다면 감정 피라미드(103쪽 참조)를 살펴보길 바란다. 비평은 수치심이나 자존심을 건드린다. 수치심은 슬픔을 내포하고 있고, 슬픔은 분노와 자존심을, 분노와 자존심은 두려움을, 그리고 두려움은 행복을 숨기고 있다. 당신이 진정 두려워하는 것이 무엇인지 깨닫고 당당히 마주하라. 그런 후 비난이 준 아픔이 점차 사라지는 것을 지켜보면 된다.

물을 떠먹이지 말고
목마르게 만들어라

게임 체인저들은 지루함을 느낄 틈이 없다. 이들은 자신의 열정을 깨우고, 아침마다 침대에서 벌떡 일어나고 싶게 만드는 무언가를 찾아 헤맨다. 열정과 목표가 없다면 행복도 없다. 그러니 의미 있는 일을 찾아 평생을 바쳐 좇아라. 돈보다 열정을 따른다면 성공은 알아서 찾아올 것이다. 물론 돈도 무시해서는 안 된다.

─────────── 나빈 자인Naveen Jain의 성공 스토리는 전형적인 아메리칸 드림 사례다. 학생 때 단돈 5달러만 갖고 인도에서 미국으로 온 그는 7개의 기업을 세운 억만장자가 되었다. 정보산업과 우주항공업의 판도를 바꿨고, 이제는 바이옴Viome이란 기업을 통해 인체의 비밀을 풀어줄 새로운 방향을 제시하고 있다.

자인은 24시간이 모자란 사람이다. 그는 장시간의 수면이 필요치 않아 하루에 단 4시간만 잠을 잔다. 60세 가까운 나이에 45세의 나만큼 에너지가 넘친다. 매일 새로운 것을 배울 생각에 들떠 아침마다 벌떡 일어난다. 배움이 없는 날이 바로 우리가 죽음을 맞이하는 날이고, 지루한 나날을 보내는 대부분의 사람들은 이미 죽은 것이나 다름없다는 게 그의 지론이다. 이 세상에는 보고 배울 것이 이토록 많은데 지루할 틈이 어디 있는가? 자인은 두뇌가 성장을 멈추는 순간, 기생충과 다를 바 없다고 믿는다. 더 이상 사회에 기여하는 바가 없기 때문이다. 꿈을 꾸지 않고 지적인 호기심을 잃는 순간 우리는 좀비와 다름없다.

포기하는 때가 바로 실패하는 때다

지적 호기심을 유지하는 것은 우리가 할 수 있는 가장 중요한 일 중 하나라고 자인은 말한다. 그는 사람들이 골프에 대해 이야기 나누는 것을 이해하지 못한다고 했다. 골프장에서 8시간이나 보낼 만큼 인생이 한가하다면 그 삶은 더 이상 의미가 없다는 것이다.

물론 골프에 조예가 깊고 골프를 하며 진정한 기쁨을 느낀다면 이야기는 달라진다. 자인의 말뜻은 우리가 진정으로 관심을 갖고 있는 일, 세상에 어떠한 변화를 가져올 수 있는 일에 집중해야 한다는 의미다. 실상 골프를 통해 커다란 변화를 경험하는 사람들은 그다지 많지 않을 테니까. 당신이 잠을 거를 정도로 파고드는 무언가를 찾아라. 그리고 당신의 모든 것을 바쳐 그것을 좇아야 한다.

깊이 빠질 대상을 찾기 위해서는 우선 당신이 바라는 것을 모두 갖고 있다고 상상해봐야 한다. 수십 억 달러의 돈, 완벽한 가정 등 당신이 원하고 바라는 모든 것을 누리고 있는 상황이다. 자, 이제 무엇을 할 것인가? 모든 것이 충족된 후에도 갈망하는 것, 어떤 구체적인 목표를 달성하기 위한 일이 아니어도 끝까지 놓고 싶지 않은 것. 그것이 바로 당신의 진정한 열정이 향한 곳이다.

자인은 돈을 번다는 것은 절대로 목표가 될 수 없다고 강조한다. 돈은 정말 중요하게 여기는 것을 좇을 때 발생하는 부산물과 같다. 그는 돈을 번다는 것은 오르가슴을 느끼는 것과 비슷하다고 말한다. 그것만 바라보다간 결코 얻을 수 없다는 점에서 말이다. 하지만 과정을 즐긴다면 결국 이르게 된다.

그는 주변 사람들에게 미쳤다는 소리를 들을 만한 큰 꿈을 가져야 한다고 전한다. 사람들이 당신에게 미쳤다고 말하지 않는다면, 아직도 꿈이 작다고 생각해야 한다! 그러기 위해선 실패를 두려워하지 않는 마음을 갖춰야 한다. 실패를 기꺼이 감수하는 것은 실패가 아니다. 우리가 포기할 때가 바로 실패할 때다.

무언가 잘 안 풀릴 때는 변화하고 적응하라. 문제를 기준으로 우회할 수 있고 포기하지 않는다면 당신은 실패한 것이 아니다. 장애물은 더욱 큰 성공을 위한 디딤돌일 뿐이다. 호기심과 배움에 대한 의지를 놓지 않는다면 성공은 모습을 드러내게 마련이다.

자인은 아버지로서 자녀들의 지적 호기심을 키워줄 의무가 있다고 생각했다. 말을 물가로 끌고 갈 수는 있지만 억지로 물을 마시게 할 수는 없다는 말이 있다. 말을 물가로 데려가지 말고, 갈증을 느끼게 해야 한다. 갈증을 느끼는 말이라면 스스로 마실 물을 찾으려 노력한다. 그리고 결국 구하게 될 것이다.

나는 이런 철학이 모든 교육 시스템의 바탕이 되어야 한다고 생각한다. 아이들이 지적 호기심을 갖도록 만든다면 사회에 나가서도 새로운 변화를 이끄는 데 훨씬 열정적인 태도를 취할 수 있다.

따뜻한 태도는 어떻게 성과로 연결되는가

나는 가능한 많은 사람들이 세상에 거대한 파장을 일으키도록 이끄는 방법에 대해 자세히 알아보고 싶었다. 그래서 세계 최고의 CEO들이 성과를 향상시키는 데 도움을 준 매니지먼트 컨설턴트 수비르 초두리Subir Chowdhury를 초대했다. 수행능력을 높이고자 한다면 그가 전하는 메시지에 귀를 기울여야 한다. 특히 열정과 실천의 연결 고리에 대한 그의 조언은 놓쳐선 안 된다.

초두리는 컨설턴트로서 세계에서 가장 영향력 있는 CEO들과 함께했던 경험을 비롯해 다양한 이야기를 들려주었다. 그는 개인의 성과를 높이기 위해 '따뜻한 태도'를 갖추는 것이 중요하다고 강조한다. 이를 토대로 기업에 속한 모든 이들이 서로를 배려하는 마음을 지니게 하는 방법이 무엇인지에 대해 연구하고 있다.

초두리는 트리샤 프라부Trisha Prabhu라는 젊은 여성에 대해 이야기했다. 열세 살이었던 프라부는 열한 살짜리 소녀가 사이버 폭력으로 괴롭힘을 당한 후 자살했다는 소식을 접했다. 이토록 어린 학생이 스스로 목숨을 끊었다는 사실에 깊은 안타까움을 느꼈다. 프라부는 사이버 폭력에 대해 조사하기 시작했고, 수많은 청소년들이 같은 문제로 목숨을 잃었다는 것을 알았다. 그러다 소셜 미디어 사이트에서 문제를 해결하기 위한 노력을 제대로 하지 않고 있다는 데 생각이 미쳤다.

사이버 폭력은 프라부에게 중요한 화두가 되었고, 문제를 해결하기 위해 자신이 나서서 무언가를 해야겠다고 결심했다. 그녀는 리싱크 ReThink라는 앱을 개발했다. 특허 기술을 통해 타인에게 불쾌감을 줄 수 있는 메시지를 골라내고, 작성자에게 글을 포스팅하기 전 다른 사람에게 상처가 될 수도 있으니 다시 생각해보라는 알림을 보내는 앱이다. 10대들에게 본인의 결정을 재고할 시간을 주자 악성글을 게시하지 않기로 결정한 경우가 무려 93퍼센트나 되었다.

초두리가 프라부의 이야기에서 가장 깊은 인상을 받았던 점은 그녀가 어른이나 영향력 있는 사람들에게 도움을 요청하지 않았다는 점이다. 그녀는 문제를 발견했고, 그 문제를 해결하기 위해 직접 나섰다. 그 과정에서 초두리가 말하는 따뜻한 태도에 필요한 인간의 네 가지 단면을 몸소 보여주었다. 그것은 솔직함, 사려, 책임감, 결과 지향적 태도다.

따뜻한 마음을 지닌 사람이 되기 위해서는 이 네 가지 속성을 자신의 삶에 적용할 방법이 무엇인지 스스로에게 물어야 한다. 타인과 소통할 때 더욱 솔직해질 수 있는가? 아주 사소한 행동이라도 자신의 행동이 어떤 영향을 미칠지 생각하는가? 실패와 성공, 둘 다를 인정하는가? 어떠한 결과를 이끌어낼 만큼 의욕을 갖고 임하는가?

어떠한 일이 벌어졌을 때 대부분의 사람들은 그것이 남의 문제라고 여긴다. 프라부 역시 사이버 폭력이 소셜 미디어나 영향력 있는 인물이 해결할 문제라고 넘길 수도 있었다. 하지만 그녀는 달랐다. 책임감을 갖고 직접 나서서 문제를 해결하려 했다.

마더 테레사는 "리더가 해주길 기다리지 말고, 직접 실천하라."고 말했다. 게임 체인저들은 자신이 신경 쓰고 있는 일을 할 때 두려움이 가로막게 두지 않는다. 다른 사람이 해줄 거라며 책임을 미루지도 않는다. 마음을 쓴다면, 열정이 있다면, 두려움이 없다면, 직접 행동할 수 있다. 그리고 그 행동은 실제로 차이를 만들어낸다.

최강의 TIP

- 자신이 직접 해결하고 싶은 문제를 찾아 할 수 있는 만큼 최대한의 시간과 에너지를 쏟아라. 깊이 파고들다 보면 큰 행복을 느낄 것이다.
- 따뜻한 마음, 즉 솔직함, 사려, 책임감, 결과 지향적 태도를 갖도록 노력하라.

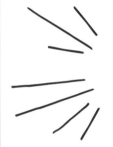

제 4 장

히어로도
휴식이
필요하다

지금쯤이면 게임 체인저가 공유하는 지혜 몇 가지가 당신 마음을 흔들었을 것이다. 열정이 어디로 향하는지 깨닫고, 이 열정을 가로막는 두려움을 떨쳐낼 방법도 얻었을 것이다. 그러나 여기에도 문제는 있다. 일에 대한 열정으로 의미 있는 결과를 만들어내는 데 집중하다 보면 우리 삶 전부를 희생하게 된다.

사회는 탈진하기 직전까지 자신을 밀어붙여야 성공할 수 있다고 종용한다. 그러나 내가 인터뷰했던 게임 체인저 중 상당수는 성공을 일구고 행복한 삶을 누리려면 휴식이 굉장히 중요하다고 답했다. 이들이 높은 수준의 수행능력을 발휘한 것은 여가시간을 따로 마련해둔 덕분이었다. 게임 체인저들은 '회복'을 가장 우선시해서 반드시 시간을 비워둔다.

처음 일을 시작할 당시 나는 실패에 대한 두려움 때문에 몸이 망가질 정도로 일에 매달렸다. 더 열심히 일하고 돈을 더 많이 번다면 행복해지리라 생각했다. 일에 파묻혀 전력질주했다. 나를 살피고 몸과 마음의 건강을 돌봐야 더욱 생산적으로 일할 수 있고, 더 행복한 삶을 누릴 수 있다는 것을 나중에야 깨달았다.

나 자신을 돌보겠다고 결심한 뒤로도 여러 번 벽에 부딪혔다. 숱한 시행착오 끝에 이제는 재충전을 위한 시간을 완벽히 비워둔다. 덧붙여 내 시간을 계획할 때 반드시 지켜야 할 원칙을 하나 만들었다. 불릿프루프 직원들, 특히 내 일정을 관리하는 직원들이 명심했으면 하는 원칙이다. 바로 건강이 최우선이라는 원칙이다. 무슨 일을 하든지 성과를 좌우하는 것은 건강이다. 가족(그리고 가족만큼 가까운 친구)이 두 번째고, 일은 그다음이다. 실제로는 이와 반대로 살고 있는 사람들이 많다. 대부분의 사람들이 일을 최우선시하고, 가족과 인간관계를 두 번째로, 본인은 맨 꼴찌로 미뤄둔다.

당신이 건강과 행복을 우선하지 않는다면 당신이 되고 싶어하는 일꾼도, 배우자도, 부모도, 친구도 될 수 없다. 자, 당신을 위한 시간을 반드시 지켜내라. 그러면 가족에게도 역할을 다할 수 있고, 일터에서도 더욱 효율적으로 업무를 수행할 수 있을 것이다. 비로소 당신이 원하는 삶을 살 수 있다.

자신을 극한까지
몰아붙이지 마라

동물은 굶주리거나 적에게 쫓기고 있을 때만 자신을 극한까지 몰아붙인다. 만약 당신이 회복할 시간도 없이 스스로를 몰아세운다면 몸은 위험한 상황이라고 인식한다. 자율신경계가 활성화되며 생존에 덜 중요한 시스템은 작동을 멈춘다. 노화를 방지하고, 행복을 느끼고, 사고를 주관하는 시스템 말이다. 자신의 몸을 회복하는 데 있어서만큼은 장인이 되어야 한다. 매일 마라톤을 하겠다는 생각을 버려라. 단거리를 전력질주하고 휴식을 취하라. 열심히 일하고 열심히 쉬어라. 그래야 남은 레이스를 완주할 수 있다.

──────────── 이자벨라 웬츠Izabella Wentz 박사는 갑상선 질환을 앓고 있는 수많은 환자들을 위해 게임의 판도를 완벽히 바꾼 인물이다. 그녀는 자신에게 고통을 주는 있는 질환을 수년간 연구한 끝에《하시모토 프로토콜》Hasimoto's Protocol을 출간해 화제를 낳았다. 호르몬 최적화, 외상성 스트레스 극복, 만성감염치료, 영양습관 개선, 디톡스에 중

점을 둔 그녀의 프로토콜을 통해 자가면역 질환을 앓고 있는 수많은 사람들이 병을 이겨내고 건강하고 충만한 삶을 살게 되었다. 나 또한 항체 검사가 음성으로 나오긴 했지만 한때 하시모토병(만성 갑상샘염)을 앓았다. 물론 지금은 아무런 증상이 없는 상태다. 복잡한 몸의 비밀을 꿰뚫고 있는 전문가인 그녀를 초대해 이야기를 나눴다.

과로와 극심한 스트레스가 불러오는 위험

10년간 만성 피로에 시달리던 웬츠 박사는 사실 피로가 아니라 하시모토병에 걸렸음을 뒤늦게 알게 되었다. 어렸을 때 그녀의 별명은 '에너자이저 버니'(에너자이저 건전지 CF에 등장하는 토끼―옮긴이)였다. 항상 발랄하고 기운이 넘쳤으며, 1등이 되기 위해 지나치게 노력하는 A유형 성격(건강심리학에서 심혈관계 질환과 성격의 관계성을 A유형과 B유형으로 분류하는데, A유형은 경쟁적이고 예민하며 성취에 대한 욕구가 높다―옮긴이)의 올 A를 받는 모범생이었다. 그리고 지금 그 모습을 되찾았다.

그러나 대학 신입생 때의 그녀는 달랐다. 모든 에너지가 사라진 상태였다. 너무 피로한 나머지 아침에 일어나지 못해 수업을 놓치기 일쑤였다. 한번은 기말 고사 기간에 공부하던 중 오후 2시에 잠들어 다음 날 아침 9시에 눈을 뜬 적도 있다. 시험은 오전 7시 30분이었다.

몇 년 동안이나 이런 증상이 계속되었다. 웬츠 박사는 한번 잠이 들면 14시간이나 자고 일어났음에도 여전히 피곤했다. 친구들이 20대를 마음껏 즐기고, 자신의 목표를 이루기 위해 나아가는 동안 그녀는 잠만 잤다. 얼마 지나지 않아 다른 증상들도 나타났다. 뇌 혼미, 손목 터널 증후군, 위산 역류, 과민성 대장 증후군에 시달렸다. 후에는 공황 장애와 기억 손실까지 경험했다. 아주 간단한 것조차 기억하지 못해서 뭐든지 기록해야 했다. 그녀는 아무리 노력해도 성과를 낼 수 없었다.

9년 동안 고통 받고 나서야 면역체계가 갑상선을 공격하는 하시모토병을 앓고 있음이 밝혀졌다. 건강을 되찾기까지는 또 몇 년이 걸렸다. 약사가 된 그녀는 하시모토병의 저명한 전문가가 되었고, 그녀가 개발한 프로토콜을 통해 환자들은 2주라는 짧은 기간에 상당한 차도를 보였다.

이 이야기가 휴식을 최우선시하는 것과 어떤 관계가 있는 걸까? 그녀가 치료한 환자들을 포함해 하시모토병을 앓고 있는 환자 수천 명을 인터뷰하고 조사하자 놀라운 결과가 나왔다. 해당 질환에 걸릴 유전자만 보유한 상태인 1기에서 증상이 발현되는 2기로 넘어가는 데 가장 큰 원인이 바로 스트레스였던 것이다. 극심한 스트레스를 겪은 후 하시모토병이 나타났다고 응답한 환자가 70퍼센트였다.

큰 스트레스를 겪을 때 적절히 회복할 기회를 갖지 않으면, 우리 몸은 위험한 상황에 처해 있다고 판단한다. 이때 염증이 발현되고, 백혈구는 갑상선이나 체내 다른 조직을 공격한다. 이렇게 인체의 방어체계가 역으로 몸을 공격하는 증상을 자가면역 반응이라고 한다. 웬츠 박사는 하시모토병(그 외 자가면역 질환까지)을 예방하는 방법은 일상생활에서 인체가 위험한 상황에 놓여 있다고 오인하게 만드는 일을 최소화하는 것이라고 말한다. 이는 보기보다 심각한 문제다. 세계 인구의 20퍼센트가 자가면역 질환을 갖고 있으며, 매년 증가율이 20퍼센트에 달한다. 스트레스를 잘 받는 성격인 A유형의 경우 확률은 더욱 높아진다.

일상생활에서 무엇이 자가면역 질환의 발병을 높일까? 이를 어떻게 피할 수 있을까? 교통 체증, 건강하지 않은 연인관계, 수면 부족, 분노, 계속되는 칼로리 제한으로 인한 영양 부족 등이 일상생활에서 스트레스를 높이는 주요 요인이다. 자신의 삶을 살펴보고 내면의 원시인이 동요할 만한 요소를 모두 제거하자. 안전한 상태라는 신호를 신경계에 보내야 한다. 하시모토병을 앓는 대부분의 환자들은 그녀나 나처럼 자신을 극한까지 몰아붙이는 성향을 지녔다. 이처럼 높은 성취감을 즐기는 A유형의 성격을 지녔다는 것은 결코 우연이 아니라고 웬츠 박사는 말한다. 그녀는 환자들에게 한 달간 스트레스 요소를 줄이는 데만 집중하라고 요청했다. 또 환자들에게 마음 챙김 수행을 알려주었다. 감정적 동요가 일기 전에 잠시 멈춰 마음을 잠재우고 스트레스와 불안을 내려놓도록 돕고, 완벽히 제거할 수 없는 스트레스 요인을 관리하도록 했다.

상사가 강한 분노를 일으키거나 불쾌함을 유발하는 언행을 할 때 어떻게 해야 할까? 즉시 스트레스 반응을 일으키기보다는 잠시 모든 것을 멈추고 상대를 향한 연민의 감정을 깨닫는 것이 중요하다. 그러나 웬츠 박사는 타인에게 연민의 감정을 느끼기 위해서는 우선 자기 자신에게 연민을 느껴야 한다고 지적한다. 옳은 말이다. 모든 것은 나 자신에게서 시작돼야 한다.

A유형 성격의 사람은 보통 자기 자신을 돌보는 일을 하찮다고 생각한다. 하지만 자녀나 반려동물을 돌보는 것과 마찬가지로 자신의 몸과 마음을 돌보는 일은 굉장히 중요하다. 스트레스를 줄이는 것뿐 아니라 자신이 좋아하는 일을 일과에 포함시키는 것도 좋은 방법이다. 아주 단

순하게 생각하자. 우리를 불행하게 만드는 일은 줄이고, 행복하게 만드는 일을 늘리면 된다. 당신의 유전자, 성과, 주변의 사람들을 위해 게임을 당신에게 유리한 쪽으로 바꾸는 것이다. 생각만큼 그리 어렵지 않다.

내 몸의 한계를 존중할 때 더 많은 것을 성취한다

자수성가한 기업인이자 남다른 근육질의 혁신가인 마크 벨Mark Bell은 이렇게 말했다. "당신이 어디에 있든 가장 중요한 사람은 바로 당신 자신이다." 역대 10위 안에 드는 파워 리프트 선수인 벨은 운동선수인 자신의 경력을 바탕으로 사업을 시작했다. 현재 유명한 슈퍼 트레이닝 짐, 슈퍼 트레이닝 프로덕트 등을 운영하고 있다. 그는 목표가 무엇이든 자기 자신을 돌보는 것을 최우선으로 중요하게 여겨야 한다고 조언한다.

항공기 승무원들이 탑승자를 교육할 때 강조하는 것이 있다. 비상시 자녀에게 산소마스크를 씌우기 전에 성인인 부모부터 마스크를 써야 한다는 것이다. 부모가 다치면 자녀를 도울 수 없기 때문이다. 당신이 휴식과 자기 돌봄을 등한시한다면 결국에는 지치거나 다치게 되리라는 것을 잊지 마라.

다른 사람을 도우며 살고 싶다는 목표를 이루기 위해 벨은 자기계발과 성장에 많은 시간을 들인다. 그는 독서하고, 음악과 팟캐스트를 듣고 산책하는 데 상당한 시간을 쏟는다. 심지어 적막함 속에 앉아 아무것도 하지 않으며 시간을 보낼 때도 있다. 언뜻 보기엔 납득하기 어려울지도 모르겠다. 하지만 스스로를 몰아세우는 것보다 채찍질을 멈추고 몸의 한계를 존중할 때 훨씬 많은 것을 성취할 수 있다.

비단 A유형의 성격만 번아웃의 희생양이 되는 것은 아니다. 세계 최고의 치유사와 영성 지도자들마저도 수행에 자신의 모든 에너지를 쏟는 바람에 탈진한다. 자기 자신보다 타인의 요청에만 응한 대가를 치르는 셈이다.

그래서 잭 캔필드는 자기계발의 대가들로만 구성된 회원제 그룹을 만들어 1년에 두 차례씩 리조트에서 스스로를 돌보는 시간을 가질 수 있도록 했다. 나도 영광스럽게 회원으로 초대되어 몇 차례 참여했다. 그곳에는 타인을 돕는다는 열정을 좇느라 자신은 바닥까지 소진되었다고 말하는 자기계발 분야의 전설적 인물들이 너무도 많았다. 그들은 그곳에서만큼은 목숨이 달려 있는 중요한 일처럼 자기 자신을 돌보는 것에만 집중한다. 과장이 아니다.

그중 한 명은 불릿프루프 트레이닝 협회에서 열린 '한계를 넘어서라' 행사 때 초대했던 겐포 로쉬Genpo Roshi다. 그는 선불교의 소토Soto와 린자이Rinzai, 두 가지 학파에 모두 소속된 승려다. 또한 수십 년간 갈고 닦은 깨우침을 빅 마인드Big Mind란 이름으로 정립해 가르침을 전파하며 수천 명의 삶을 바꾼 게임 체인저다.

선불교를 가르친 지 30년 정도 되었던 2011년, 로쉬는 100명의 학생들과 수련을 위해 유럽으로 향했다. 유럽에 도착하자마자 아내에게서 전화가 걸려왔다. 그가 집에 두고 온 블랙베리에서 외도의 상대인 다른 여성과 주고받은 문자를 아내가 찾아낸 것이었다. 인터뷰에서 말하기 힘든 내용이었음에도 로쉬는 숨기지 않고 사실 그대로를 털어놓았다.

처음에 로쉬는 자신의 실수를 인정하지 않고 아내가 오해한 거라고 오히려 화를 냈다. 하지만 이후 자신의 거짓된 행동과 외도에 대해 고백했다. 그간 쌓아온 명성과 삶이 한순간에 무너졌다. 66명의 선불교 스승들은 로쉬가 최소 1년간 스승으로서 가르칠 수 없도록 해야 한다는 청원에 서명했다.

로쉬는 잘못에 대한 책임을 져야 했다. 그는 테라피스트와 여러 멘토의 도움으로 자신이 왜 그런 짓을 했는지를 파악해냈다. 오랜 시간 자신의 모든 것을 바쳐 타인에게 봉사하는 삶을 사느라 많이 지쳐 있었다. 그러다 보니 자신을 위해 재미있는 무언가를 해도 된다는 잘못된 생각에 이르러 충동적이고 무절제하게 행동한 것이다.

나와 인터뷰를 하며 그는 잘못을 정당화하려는 변명을 절대 하지 않았다. 다만 자신이 뼈저리게 후회할 만한 일을 하게 된 원인을 찾았다고 말했다. 실수를 통해 배우고 성장하겠다고 결심한 로쉬는 휴식, 솔직함, 진실함의 중요성에 대해 깊이 고민하며 새로운 사람으로 다시 태어났다.

로쉬는 당시의 시간을, 암을 극복하는 과정과 비슷하게 여겼다. 그는 2003년 암 진단을 받았다. 이제는 자신의 인생에서 가장 멋진 경험 중 하나라고 말할 수 있지만, 그럼에도 다시 겪고 싶지는 않은 일이라고 했다. 그리고 다른 누구도 겪지 않길 바라는 마음이다. 이제 그는 사람들이 자신과 같은 실수를 저지르지 않도록 돕고 있다.

나는 로쉬가 타인을 위해 봉사하는 삶을 살았기 때문에 스스로 재미있는 무언가를 누릴 자격이 있다고 생각했다는 대목이 특히 흥미로웠다. 이는 자기희생에 대한 문화적 해석을 여실히 보여준다. 불교 승려든 일 중독자든 혹은 부모든 간에 우리는 모두 타인을 위해 자신을 바치는 성인과 같은 삶을 미화한다. 희생의 문화와 우리가 그것에 부여하는 가치가 개인의 능력을 오히려 가로막고 있다. 타인을 위한 희생이 정말 아름답기만 할까?

타인을 돌보는 일이 자신의 영적 혹은 직업적 소임이라 할지라도 먼저 자기를 돌보는 것이 중요하다. 그렇지 못할 때 어떤 일이 벌어지는지 로쉬의 이야기를 통해 깨달을 수 있었다.

꽃을 피우려면 잡초부터 뽑아라

자신을 돌보는 방법에 대한 실질적인 조언을 얻기 위해 페드람 쇼자이Pedram Shojai 박사를 만났다. 그는 베스트셀러인 《도시의 수도승》The Urban Monk 과 《시간을 멈추는 기술》의 저자다. 쇼자이 박사는 동양의학 박사이자 정식 수행을 마친 수도승이다. 휴식시간을 가장 우선시하는 습관을 형성하도록 도움을 주는 그는 자신이 가르치는 것을 실천하는 사람이다.

쇼자이 박사는 젊은 시절 침술사로 일하며 사적인 공간에서 영향력 있는 사람들에게 침을 놓았다. 그러면서 최고 성과자들이 밤에 잠을 이루지 못하는 이유가 무엇인지 직접 목격했다. 이들은 가족과 정서적 건강보다 돈과 금전적 성공을 우선시한 탓에 고통 받고 있었다. 그래서 쇼자이 박사는 금전적 부유함을 성공이라 여겼던 자신의 생각을 바꾸기로 했다.

그는 자신에게 가장 중요한 것이 무엇인지 깨달았다면 30일, 60일, 90일 목표를 세우고, 이 목표를 우선시하여 자신의 시간을 안배하라고 조언한다. 목표와 관련한 일이 아니라면 기회가 찾아왔더라도 자기 자신을 위해 거절할 줄 알아야 한다. 무언가 새로운 일을 수락한다면 자신과의 약속은 뒤로 밀릴 것이 뻔하기 때문이다.

거절하지 않으면 과도한 스케줄과 과도한 업무로 스트레스를 받게 된다. 사람들은 압축된 시간 속에서 고군분투하느라 스트레스를 받는다. 스스로를 무리하게 소비한 나머지 시간은 적은데 할 일은 너무나 많다. 요가나 명상처럼 스스로를 환기하고, 업무의 고리를 끊어내는 활동은 전혀 하지 못한다. 대부분의 사람들이 시간을 의식하지 못한 채 부주의하게 사용하고 있다. 하지만 쇼자이 박사가 '마이크로 습관'Microhabit이라고 부르는 작은 변화로 현실을 바꿔나갈 수 있다.

우선 당신에게 가장 중요한 다섯 가지를 생각해보고, 각각 얼마의 시간이 필요한지 확인한다. 그런 뒤 자신이 쓸 수 있는 시간과 비교하자. 당신의 목표와 상관없는 일은 중요한 일이 아니다. 쇼자이 박사는 중요하지 않은 일을 정원에 자란 잡초에 비유한다. 잡초를 제거하고 식물을 가꾼다면 정원은 아름답게 변할 것이다.

자신의 우선순위에 집중하기 위해 포모도로 테크닉Pomodoro Technique을 활용해 마음과 집중력을 환기시키는 것도 좋다. 포모도로 테크닉은 1980년대 프란체스코 시릴로Francesco Cirillo가 개발한 시간 관리 기술이다. 쇼자이 박사는 25분 타이머를 맞추고 집중력을 발휘해 할 일을 한 뒤 5분 동안 휴식을 취한다. 이 휴식시간에는 몸을 움직이고 물을 마신다. 나도 그와 비슷하게 단거리 집중 모드로 일을 처리할 때가 있다. 하지만 휴식시간에는 쇼자이 박사와 달리 전신 진동 플레이트에서 스트레칭을 하며 커피를 마신다. 정해진 휴식 방법은 없다. 각자에게 맞는 것을 하면 된다.

그가 처음 포모도로 테크닉을 적용했을 때는 휴식시간이 너무 잦아 오히려 시간을 낭비하는 게 아닐까 우려했다. 하지만 사내 복지 증진을 위해 수백 개의 기업과 일하면서 직원들에게 공식적인 휴게 시간이 주어졌을 때 상당한 변화가 찾아오는 것을 직접 경험했다. 결근율이 낮아진 반면 생산성과 행복도, 성과는 높아졌다.

이 방법이 쇼자이 박사에게는 효과가 있었지만 당신에게는 그렇지 않을 수 있다. 시도해보기 전에는 알 수 없다. 그러나 자신을 돌보기 위해 반드시 시간 관리 방법을 개선하는 등 스트레스와 번아웃을 줄이기 위한 다양한 전략을 시도해야 한다. 그래야 지나치게 몰아붙이지 않으면서도 자신의 한계치 이상의 능력을 발휘할 수 있다.

최강의 TIP

- 정기적으로 하는 행동 중에 당신의 몸이 위협 상황이라고 인지할 만한 일이 무엇인지 생각해보고, 그 일을 멈춘다. 당신의 삶에서 에너지를 가장 많이 빼앗기는 일 세 가지를 적어본다.
- 삶에 가장 큰 에너지를 주는 일 세 가지를 적어본다.
- 에너지를 앗아가는 일에 몇 퍼센트의 시간을 쓰는가?
- 에너지를 주는 일에 몇 퍼센트의 시간을 쓰는가?
- 에너지를 앗아가면서 당신의 신경계에 위협이 되는 일 세 가지는 무엇인가? 이 가운데 어떤 일을 중단할 수 있는가?
- 당신의 에너지를 앗아가는 일 중 한 가지를 다른 사람에게 부탁할 방법

이 있는가? 있다면 누구에게 부탁할 것인가?

- 다른 사람을 돌보고 있는 중이라도 스스로를 돌보는 시간을 우선시해야 한다. 병원 진료 예약을 하듯 자기 관리 시간을 정해두고 지키도록 하자.

- 하루에 자신을 돌보는 시간을 얼마나 쓸 수 있는가?

- 하루 중 언제가 적당할 것인가?

- 시간이 좀 더 걸리는 회복 프로젝트를 주간, 월간으로 계획하고 앞으로 6개월 동안 반드시 지킨다. 지금 당장 달력에 기록하라.

  - 주간 회복 프로젝트

  - 월간 회복 프로젝트

  - 30일, 60일, 90일 목표를 세우고, 이 목표를 우선시하여 자신의 시간을 안배한다. 목표와 상관없는 일은 과감히 거절한다.

- 일별 목표 기록을 언제부터 시작할 것이며, 어디에 기록할 것인지 정하라.

- 목표 달성에 필요한 시간을 정해두고 일정에서 비워둬라.

법칙
12

기적은
아침에만 일어난다

하루를 어떻게 시작하느냐에 따라 그날 하루가 달라진다. 몇 시에 일어나든 주변에 신경 쓰고 반응하는 것으로 하루를 시작해서는 안 된다. 스트레스와 번아웃, 계획의 실패만 불러들일 뿐이다. 자신을 최우선으로 하는 아침을 보내라. 하루를 위해 몸과 마음을 정비하고, 자신이 해야 할 일의 우선순위를 정하라. 그리고 나서 하루를 당당하게 맞이하라.

───────── 기적에 관해서라면 세계적으로 유명한 베스트셀러 《미라클 모닝》의 저자이자 동기부여 전문가, 성공 코치인 할 엘로드Hal Elrod의 말을 들어야 한다. 그의 조언은 나처럼 아침을 늦게 시작하는 사람들에게도 도움이 된다.

엘로드는 죽을 고비를 한 번도 아니고 두 번이나 넘겼다. 스무 살 때, 시속 110킬로미터로 달리는 음주운전 차량에 치여 실제로 6분 간 사망한 상태였다가 의식을 되찾았다. 그는 의료진의 진단과 달리 건강을 되찾아 다시 걸을 수 있게 되었다. 그뿐인가. 열정과 의지력으로 80킬로미터의 울트라마라톤을 완주하기도 했다. 이후 그는 주방용 칼로 유명한 컷코Cutco에서 최고 매출 기록을 세워 전국 챔피언 영업 매니저의 자리에 올랐고, 베스트셀러 작가로 명성을 날리는 중이다.

부정적 감정을 쏟을 때 5분 타이머를 맞춰라

엘로드는 컷코에서 일할 때 멘토가 알려준 '5분 법칙'Five-Minute Rule 이 자신의 인생을 바꿨다고 말한다. 어떤 일이 생겼을 때 부정적인 감정에 빠져도 된다. 하지만 이 감정을 5분 이상 지속해선 안 된다는 것이 5분 법칙이다. 타이머를 5분으로 설정하라. 이 시간 동안은 당신을 화나게 하는 대상에 대해 욕하고, 불평이나 불만을 터뜨리고, 마음껏 감정을 분출하면 된다. 하지만 5분의 시간이 끝나면 멈춰야 한다. 당신이 바꿀 수 없는 일에 에너지 쏟기를 멈추고, 자신의 목표와 그 목표를 이루기 위해 당신이 할 수 있는 일에 집중한다.

엘로드는 이 법칙을 교통사고로 누워 있을 때도 실천했다. 혼수상태에서 깨어난 1주일 후, 의료진은 부모님을 불러 이렇게 말했다. "엘로드의 상태가 우려스럽습니다. 몸은 잘 이겨내고 있는 듯하나 아드님이 현재의 상황을 부정하고 있는 것 같습니다." 엘로드가 간호사들, 테라피스트들과 항상 웃고 농담하는 것을 의료진은 이해할 수 없었다. 앞으로 걸을 수 없다는 진단을 받은 젊은 청년이 보일 수 없는 반응이었다. 의료진은 엘로드가 너무도 두렵고 고통스러운 나머지 현실을 등지고 망상에 빠졌다고 생각했다.

그러나 엘로드는 망상에 빠진 것이 아니라 5분 법칙에 따라 살아가고 있을 뿐이었다. 그에겐 시간을 되돌릴 방법이 없었다. 사고가 일어나지 않았으면 얼마나 좋았을까를 생각하는 것은 자신에게 전혀 도움이 되지 않는다고 판단했다. 그에게는 두 가지 선택지가 있었다. 의료진의 말대로 다시 걷지 못한다면 그 현실을 받아들일 것이다. 하지만 만약 의료진이 틀렸다면? 그는 의료진의 진단을 받아들일 생각이 없었다.

결과적으로 의료진이 틀렸다. 그는 대퇴골이 반으로 부서지고, 골반이 세 조각난 몸으로 혼수상태에서 깨어났다. 그러나 3주도 안 돼서 첫 걸음을 내디뎠고, 한 달 후 퇴원했다. 의료진의 만류에도 불구하고 다시 직장으로 돌아가 매출 기록을 경신했다. 물론 오로지 걸을 수 있다는 믿음 하나로 다시 걷게 된 것은 아니었다. 긍정적인 사고는 중요하지만, 그것이 마법처럼 모든 문제를 해결해주지는 않는다. 기적의 비밀은 삶에서 최적의 결과를 이끌어내기 위해 정신과 육체, 정서를 가능한 한 최상의 상태로 만드는 데 있다고 엘로드는 전한다.

기적을 만드는 아침 루틴

몸과 마음, 정서를 최상의 상태로 만들기엔 아침 시간이 가장 좋다. 대부분의 사람들은 아침에 일어나야 하기 때문에 일어난다. 어디를 가야 하거나, 무언가를 하거나, 누군가와 한 약속에 응하기 위해 알람을 설정한다. 이렇게 하루를 시작하면 자신이 세운 가치와 목표에 따라 자의적으로 무언가를 행하는 하루가 될 수 없다. 타인의 필요나 눈앞에 주어진 상황에 따라 끌려 다니는 하루를 보내게 된다.

엘로드의 아침은 다르다. 그는 아침 시간 동안 자신에게 집중하고 어제보다 나은 사람이 되기 위해 노력한다. 아침마다 한 시간을 투자해 특별한 자기계발 루틴을 수행하는데, 이 루틴 덕분에 다시 삶을 되찾을 수 있었다고 믿는다. 그의 아침 루틴은 침묵Silence, 확신Affirmations, 시각화Visualizations, 운동Exercise, 독서Reading, 기록Scribing의 앞 글자를 따서 '세이버스'S-A-V-E-R-S라고 부른다. 이는 앞을 가로막은 수많은 장애물에도 불구하고 그가 성공할 수 있도록 해준 산소 마스크이자 미라클 모닝이다. 엘로드의 아침 루틴은 비교적 긴 시간이 필요하지만, 누구나 할 수 있는 5분짜리 짧은 프로그램도 있다.

이 루틴을 아침이 아닌 다른 때에 한다면 효과를 온전히 누리지 못한다. 특히 확신의 말을 명상하는 것과 시각화하는 과정은 우리의 잠재의식에 영향을 미친다. 그리고 우리가 하루 동안 사고하고 행동하고 반응하는 방향을 변화시켜 삶의 질 전반에 큰 영향을 끼친다. 그리고 저녁 시간에는 오늘 하루 자신이 더욱 잘할 수 있었던 일은 무엇이었는지 스스로에게 묻는 시간을 가져야 한다고 말한다. 이 질문은 '완벽하지 않아도 괜찮다'는 생각을 자신에게 심어줄 수 있다. 에고에 상처를 주지 않으면서 더욱 나은 인간으로 나아갈 수 있는 방법이다.

엘로드는 2016년 급성 림프성 백혈병에 걸렸고 또다시 이겨냈다. 두 번째로 죽음을 이겨낼 수 있었던 것 역시 미라클 모닝과 아침 루틴으로 고취된 정신적, 육체적, 정서적 상태 덕분이었다. 혈액암은 그의 자의적 선택이 아니었다. 하지만 병에 어떻게 대응할 것인지는 온전히 자신의 몫이라고 판단했다. 자신이 바꿀 수 없는 일을 수용하고, 자신이 누리고 있는 것에 감사한 마음을 가졌다.

남들에게는 그저 나쁜 경험일 수 있는 일을 겪으며 그는 의미와 목표를 찾아냈다. 모든 역경에는 아주 심오하고, 삶을 변화시키는 깨달음이 있다는 것을 그는 다시 한번 느꼈다. 병마와 싸우는 동안 엘로드가 본능적으로 이 책에 소개된 법칙을 거의 다 실행했을 거라고 확신한다. 엘로드와 같은 사람들은 습관의 중요성을 이미 알고 있으니까!

누구나 역경과 마주한다. 하지만 그것을 어떻게 받아들일 것인지, 어떤 목표와 의미를 찾을 것인지는 온전히 우리 자신에게 달려 있다. 그가 미라클 모닝을 통해 훨씬 많은 기적을 이뤄내리라 믿어 의심치 않는다. 당신도 그렇게 할 수 있다.

최강의 TIP

- 매일 아침에 일어나자마자 의미 있는 일을 하라. 일기를 쓰고, 명상을 하고, 시각화 연습을 하거나 자신의 목표를 적어라. 자신에게 맞는 일이 무엇인지 생각해보길 바란다.
- 불평불만의 감정을 터뜨리고 싶거나 부정적인 생각이 맴돌 때는 가장 먼저 이런 감정을 초래한 상대방을 용서하려고 노력하라. 그럴 수 없다면 5분 타이머를 설정하고 그동안 자신의 감정을 마음껏 쏟아낸다. 5분의 시간이 끝나면, 원래의 생산적인 모드로 돌아간다.

제 2 부

더 빠르게
The Faster

제5 장

당신의
밤을 지켜줄
동물을
찾아라

게임 체인저들은 장애물을 넘어 한계를 확장하는 사람들로 알려져 있다. 하지만 몸과 마음이 소모돼 있다면 진짜 혁신은 이뤄지지 않는다. 내 팟캐스트에 초대된 게스트 가운데 3분의 1 이상이 성과 창출을 위한 중요한 요소로 수면을 꼽은 이유도 여기에 있다. 실제로 양질의 수면은 수행능력을 향상시키는 데 매우 중요하다.

이 장은 개인적으로 내게도 큰 의미를 지닌다. 수면에 대한 내 태도를 고치고 나서 실제로 수행능력이 높아졌기 때문이다. 나는 하루 중 적지 않은 시간을 의식이 없는 상태로 보내야 한다는 사실이 마음에 들지 않았다. 그럼에도 잠자는 것은 해야 할 일이다. 어차피 할 일이라면 제대로 하고 싶었고, 가능한 적은 시간에 최상의 수면을 취하기로 마음먹었다.

늘 그렇듯 수면의 비밀을 파헤치기 시작했다. 세계 최고의 전문가들을 인터뷰하고, 연구 자료를 조사했다. 수년간 120만 명의 수면습관을 분석한 굉장한 연구를 발견했다. 수면시간과 장수의 상관관계를 밝히기에 충분한 데이터였고, 처음이자 세상에 단 하나뿐인 연구였다. 너무도 방대한 자료라 통계 전문가들도 처리하기 어려운 수준이었기에 완벽히 데이터를 분석하기 위해선 첨단 컴퓨팅 기술이 필요했다. 결론부터 말하자면, 연구진은 하루에 6시간 30분을 잔 참가자들이 8시간을 잔 참가자들보다 수명이 길다는 것을 밝혀냈다.

6시간 30분 동안 수면한다면 더욱 장수한다는 결론을 성급하게 내리지는 않겠다. 그리 단순한 문제는 아니기 때문이다. 건강한 사람들은 생각보다 긴 시간의 수면이 필요하지 않은 편이기는 했다. 이와 마찬가지로 수면의 질이 높다면 수면시간이 짧아도 별 문제가 없을 것으로 보인다.

지난 몇 년간 내 수면 상태를 추적했다. 1,726일의 데이터를 바탕으로 종합한 결과, 나는 평균 6시간 5분을 자고, 8시간에서 9시간 정도 자고 일어난 후 가장 컨디션이 좋았다. 《최강의 식사》, 《헤드 스트롱》과 불릿프루프 블로그에서 이미 소개한 수면 해킹법을 이곳에서 다시 반복하며 당신을 지루하게 만들 생각은 없다.

이 책에서는 수면과 건강 분야 최고 전문가들과 의사가 말하는 수면의 새로운 과학에 대해 다루려고 한다. 수면의 질은 행복을 좌우한다. 앞서 봤듯이 행복이 곧 성공으로 이어지기 때문에 이 책의 주제와 상통한다. 전문가들과의 인터뷰를 통해 많은 것을 배운 후 나는 최상의 수면을 취하는 데 몰입했다. 당신도 그러길 바라는 마음이다.

일찍 일어난다고
무조건 좋은 건 아니다

아침에 일찍 일어나거나 저녁 늦게까지 깨어 있는 생활 패턴은 도덕성과 아무 관련이 없다. 일찍 일어나야 부지런한 사람인 건 결코 아니다. 최상의 수면시간을 찾아내고, 자신의 수면시간에 맞춰 삶을 계획하는 것이 중요하다.

———————— 수면에 관해 알아보려면 가장 최고의 전문가부터 시작하는 게 좋지 않을까? 평생 동안 수면 장애 환자들을 치료해온 임상심리학자이자 작가이며, 권위 있는 수면 전문가인 마이클 브레우스Mickael Breus 박사를 인터뷰하는 것부터 시작했다. 처음 수면 장애 환자들을 치료할 당시 최대한 약물을 배제하기로 계획한 브레우스 박사는 천연 보충제와 인지행동치료 등 다양한 방법을 실험했다. 몇몇 환자들에게는 효과가 있었지만 대부분의 경우 거의 혹은 전혀 효과가 없었다. 때문에 브레우스 박사는 수면 해킹을 시작했다.

브레우스 박사는 무엇이 환자들의 수면을 방해하는지 본격적으로 연구했다. 환자들의 수면 패턴과 호르몬 수치를 연구한 끝에 대부분의 경우 환자들의 수면에는 문제가 없음이 밝혀졌다. 문제는 잠자리에 드는 시간과 기상 시간이 잘못되었다는 데 있었다. 대부분의 환자들은 불면증을 겪고 있지 않았다. 이들의 몸은 자연스럽게 6시간 30분에서 7시간까지 깨지 않고 잘 수 있었다. 단지 너무 이르게 혹은 늦게 잠자리에 들었고, 몸이 환자의 시간표를 따라가지 못해서 벌어지는 현상이었다.

우리의 뇌 속에 시교차 상핵Suprachiasmatic Nucleus, SCN이라는 생체 시계가 언제 잠이 들고 깨는지 결정하는 역할을 한다. 하루의 특정한 시간대에 멜라토닌(수면 호르몬)과 같은 호르몬을 분비해 수면을 유도한다. 이 분야의 과학(시간생물학)이 최근 들어 연구가 활발해져, 일주기 리듬이 우리의 건강에 미치는 영향에 관해 매일같이 새로운 발견이 쏟아져 나오고 있다.

실제로 2017년 노벨 의학상은 인간의 체내 시계를 설정하는 새로운 단백질을 발견한 연구자들에게 돌아갔다. 체내 시계가 어떻게 작동하는지 그 원리를 알아가는 중이다. 특히 브레우스 박사와 같은 임상 의사들은 어떤 방법이 수면에 정말 효과가 있는지 바로 확인할 수 있다.

아침형 인간에 대한 시대착오적 맹신

브레우스 박사는 환자들의 일과에 단순한 변화를 주는 것만으로도 양질의 수면이 가능하다고 확신했다. 그래서 환자의 상사에게 전화해 출근 시간을 늦춰준다면 생산성이 더욱 높아질 수 있다며 양해해줄 수 있는지 물었다. 회사에서는 박사의 제안에 동의했고, 이후 환자들이 더욱 잠을 많이 잘 수 있도록 스케줄을 조정했다. 실제로 생산성이 향상되었고 이들은 무척 흥분했다.

이 연구 이후로 브레우스 박사는 '시간의 심리학'에 깊이 빠졌다. 이후 동명의 저서 《WHEN 시간의 심리학》을 출간해 생산성을 최대화하기 위해 자신에게 자연스러운 패턴에 맞춰 하루를 계획해야 한다고 설명했다. 그는 환자들의 일일 호르몬 분비를 분석했고, 환자들이 특정 시간에 특정 행동을 하도록 설계된 체내 시계를 적극 활용할 수 있는 맞춤형 일일 스케줄을 계획하도록 했다.

몇몇 환자들은 비판적인 태도를 보이며 수면 패턴 바꾸는 것을 두려워했다. '아침형 인간'의 중요성과 장점이 우리의 사고방식 속에 깊이 뿌리를 내린 탓이다. "일찍 일어나는 새가 벌레를 잡는다." 어렸을 때부터 들어오던 이야기다. 아침에 일찍 일어나면 벌레도 잡고 생산적인 하루를 시작할 수 있다. 하지만 이런 사고에는 늦게까지 자다가 겨우 일어나는 게으름뱅이들은 아무 짝에도 쓸모없고 잡아먹을 벌레도 없다는 뜻이 담겨 있다. 이것이 지금 이 시대의 우리에게도 꼭 들어맞는 이야기일까? 이는 수렵 사회에서 농경 사회로 진입한 이후 일찍 일어나 농장에서 일하지 않으면 굶어 죽을 수도 있었기 때문에 나온 이야기다. 과거와 달리 지금은 직접 농사를 짓는 사람들이 그리 많지 않다. 당연히 아침형 인간에 대해 다시 생각해봐야 한다.

브레우스 박사는 환자들에게 대자연의 섭리를 거스를 수 없다는 점을 설명했다. 우리의 일주기 리듬은 개인의 선호도로 결정되는 것이 아니라, 유전적으로 이미 정해진 형질이다. SCN에서 나오는 신호가 체내에 있는 여러 개의 소형 생체 시계를 조작한다. 다시 말해 생체 시계의 주요 유전자로 작용하는 mPer3 유전자가 수면을 관장하고, SCN이 일주기 리듬을 만든다. 이러한 유전적 형질을 거스르지 않고 생활한다면 모든 것이 훨씬 수월해진다는 의미다. 이것이 바로 자신의 생물학적 특성을 이해하고 활용해 손쉽게 수행능력을 높이자는 바이오해킹의 핵심 원리 중 하나다.

당신은 어떤 유형의 동물인가?

이러한 연구를 통해 브레우스 박사는 내제된 일주기 리듬의 행동적 발현, 즉 일주기성 인자Chronotype를 네 가지로 분류했다. 그는 '얼리버드(아침형)' 혹은 '올빼미(야행성)' 대신 각각의 일주기성 인자를 포유류로 구분했다. 실제로 mPer3 유전자는 포유류에게서만 발견되고, 인간의 생물학적 본능은 조류보다는 포유류와 공통점이 훨씬 더 많다. 일주기성 인자는 다음의 네 가지로 구분된다.

• 곰

단연 가장 흔한 타입이다. 인구의 50퍼센트가 곰에 속한다. 수면-각성 주기는 햇빛을 따르고, 일반적으로 수면에 별 문제가 없다. 복잡하고 중요한 업무를 처리하기 가장 좋은 때는 오전 중반이고, 오후 중반에는 기력이 조금 떨어진다. 전반적으로 에너지가 꾸준하고, 주어진 일은 끝까지 마친다. 곰에 속하는 사람들은 사회 구성원으로 역할을 다하고, 에너지가 떨어지는 오후에 충전한 뒤 정해진 선 이상으로 에너지를 쓰지 않는다면 하루 종일 생산성을 유지할 수 있는 타입이다.

• 사자

전형적인 '아침형 인간'이다. 해가 뜨기도 전에 이불을 박차고 일어나는 열정가가 여기에 속한다. 이들은 가장 생산적인 시간대인 점심 전까지 커피조차 필요치 않다. 실행력으로 가득 찬 아침을 보낸 터라 저녁에는 정신이 흐릿해지고 일찍 잠자리에 든다. 사자의 일주기성 인자를 지닌 사람은 전체 인구의 15퍼센트가량 된다.

• 늑대

일주기성 인자가 늑대에 속하는 사람들은 하루 중 가장 늦은 시간대에 활동한다. 하루를 늦게 시작해서 세상이 잠들기 시작할 때 생산성이 절정을 이루는 '올빼미' 유형이다. 흥미로운 점은 늑대에 속하는 사람들의 생산성이 정점을 찍는 시기가 하루에 두 번 있다는 것이다. 정오부터 오후 2시, 그리고 다른 사람들이 모두 퇴근하는 시간대다. 이 사람들은 보통 작가, 아티스트, 코디 등 크리에이터 직군에 속해 있다. 대개 내성적이고 혼자만의 시간이 필요한 사람들이 많다. 파티에서 흥을 높이는 쪽과는 거리가 멀다.

인구의 15퍼센트가 속해 있는 늑대형은 아침형 인간을 직원으로 두어 이들이 사냥해온 벌레를 늦은 아침 식사로 삼으면 좋다. 나는 늑대형이다. 지금도 새벽 3시에 글을 쓰고 있으며, 이렇게 작업하는 것이 좋다. 그래도 오늘밤에는 양질의 수면을 6시간 동안 취할 것이다.

• 돌고래

불면증 환자들이다. 정해진 수면 루틴이 있는 사람들도 있고 없는 사람들도 있다. A유형의 성격이 많고, 낮 동안 자신이 원하는 만큼 일을 하지 못한다. 밤에는 그날 하루 일과 중 실수나 실패라고 생각되는 일들을 곱씹으며 뒤척인다. 얕은 잠을 자는 사람들이라 밤에 자주 깨고 한 번 깨면 다시 잠을 청하기 어렵다. 높은 지능과 완벽주의적 성향 때문에 하루에 벌어졌던 일들을 다시 꼼꼼하게 되짚는 데 시간을 많이 들인다. 이들은 오전 중반부터 이른 오후까지 생산성이 가장 높다. 브레우스 박사는 돌고래형 환자들에게 수면 스케줄을 정해주면 높은 생산성을 발휘할 만큼 충분한 수면을 취할 수 있다는 것을 발견했다.

'시간의 심리학' 사이트(www.thepowerofwhenquiz.com)에서 퀴즈를 풀어 자신의 일주기성 인자를 확인해도 되지만, 자신의 유형을 파악할 수 있는 다른 방법들도 많다. 조너선 와이소Jonathan Wisor 박사는 수면과 신경계 기능에 관해서 세계에서 가장 유명한 연구자 중 한 명이다. 그러나 아이러니하게도 와이소 박사는 일주기성 인자를 밝히는 데 상당히 원시적인 방법을 제안한다. 일주일 정도 휴가를 쓰고 자신이 원하는 때 자고 원하는 때 일어나보는 것이다. 와이소 박사는 인간의 일주기 리듬은 상당히 강력한 생물학적 특성이기 때문에 일주일이라는 짧은 시간 안에도 분명하게 드러난다고 말한다.

나는 아주 오랜 시간 동안 '아침형 인간'이란 근거 없는 이야기를 믿었다. 바이오해커가 되기 전까지는 평생 동안 내 일주기 리듬을 거스르고 일찍 일어나려고 노력했다. 억지로 새벽 5시에 일어나 한 시간 동안 명상을 하는 생활을 2년이나 했다. 그렇게 생활해야 성공할 수 있다고 진심으로 믿었다. 결과가 어땠는지 아는가? 그렇게 생활해도 생산성을 높이지 못했다. 더욱 행복해지거나 더욱 나은 사람이 되지도 못했다. 오히려 몸과 마음이 피곤했고 의식은 흐렸으며 창의력은 떨어졌다. 와이소 박사와의 대화로 내가 아침보다 밤에 더욱 에너지가 나는 이유를 명확히 이해할 수 있었다. 나는 완벽한 늑대형 인간이다. 나는 늦은 밤에 가장 창의적이고 생산적이며, 아침 8시 45분까지 잠을 자야 수행능력이 높아진다.

수면 연구의 선두에 선 과학자들은 지금 우리 시대와 어울리지 않는 '얼리버드'의 맹신에 대해 다른 결과들을 제시한다. 아침형 인간에 대한 강박에서 벗어나 사람들이 자신의 생체 리듬을 따를 수 있기를 바란다. CEO로서 나는 직원들이 일찍 일어나 자신의 능력을 100퍼센트 발휘하지 못하는 것보다, 몇 시간 늦게 출근하더라도 훨씬 생산적으로 일하길 바란다. 다른 CEO들도 일주기 리듬이 생산성에 얼마나 중요한지 알게 된다면 나와 같은 생각을 할 것이라 믿는다.

낮에는 적정한 햇빛을! 밤에는 완벽한 어둠을!

한편 두 박사는 생체 리듬을 교란시키고 일주기성 인자를 따르지 못하게 만드는 한 가지 중요한 변수에 대해 경고했다. 바로 불빛이다. 개인의 일주기성 인자는 유전적으로 정해져 있지만, 빛의 노출에 민감하게 반응하는 것은 모든 인간에게 공통된 특징이다.

빛의 노출과 수면에 대해 조금 더 자세히 알아보기 위해 샌디에이고에 있는 소크 생물학 연구소Salk Institute for Biological Studies의 사친 판다Satchin Panda 박사 연구실을 방문했다. 그와 인터뷰를 시작하기 전, 그의 연구를 돕는 대학원생들이 전자현미경을 이용해 일주기 리듬과 관계가 있는 안구 속 특수한 빛 감지 세포(멜라놉신 센서)를 보여주었다. 이 센서가 빛의 파장을 인식하여 시간대에 따라 인체가 호르몬을 분비하도록 메시지를 보낸다. 흥미롭게도 빛은 맹인에게도 같은 반응을 일으킨다. 판다 박사는 체내 중앙 타이밍 시스템을 관장하는 유전자 하나와, 매일 비슷한 시간대에 음식 섭취와 수면이 이뤄지도록 이끄는 유전자 한 쌍을 발견했다.

판다 박사에 의하면 우리의 눈이 (아침에 뜨는 해와 같은) 폭넓은 파장대의 빛에 노출되면 몸에 일어날 준비를 하라고 신호를 보내고, 어두워지면 잘 시간이라는 신호를 보낸다. 밤에 침실을 완전히 어둡게 만드는 것이 중요한 이유도 여기에 있다. 안구 내 빛 센서가 밤 시간에 아주 작은 양의 인공조명이라도 감지한다면 멜라토닌의 분비 속도를 늦춰 수면 패턴을 교란시킨다. 우리의 몸이 자야 한다는 신호를 받지 못한다는 뜻이다. 잠들기 전 우리의 몸이 원하는 신호는 일몰 때 발생하는 빛의 파장인 적색광이다. 나는 잠들기 전, 고성능 적외선 LED 광선요법 기기인 주브Joovv 라이트를 사용해 내 몸에 '일몰 신호'를 증폭시킨다. 가장 간단한 방법은 검은색 테이프를 방 안에서 불빛을 내뿜는 모든 전자기기에 붙여 완벽히 차단하는 것이다. 잠자기 전에 트루다크 안경을 쓰는 것도 좋은 방법이다. 트루다크 안경은 광학 필터를 여러 겹으로 겹쳐 만든 것으로, 블루 라이트만 차단하는 '블루 블로커'Blue Blocker 안경과 달리 수면을 방해하는 모든 파장대의 빛을 차단한다.

낮 동안 적정한 양의 햇볕을 쬐는 것도 무척 중요하다. 햇볕을 쬐면 몸에서는 '행복' 신경전달물질인 세로토닌을 생성한다. 세로토닌은 수면 호르몬인 멜라토닌으로 바뀐다. 낮 시간에 충분한 볕을 쬐지 못하면 밤에 잠을 잘 자는 데 필요한 멜라토닌 역시 충분히 생성되지 못한다. 자신의 일주기성 인자에 맞춰 이상적인 스케줄로 생활한다고 해도 햇볕의 양이 부족하면 일주기 리듬이 망가질 수 있다. 창문, 자동차 유리, 콘택트렌즈, 선글라스는 체내 생체 시계를 조절하는 데 필수적인 빛의 파장을 차단한다. 그러니 매일 몇 차례, 최소한 몇 분씩은 밖으로 나가 햇볕을 쬐어야 한다.

최강의 TIP

- 일주일간 자신이 자고 싶은 시간에 자고, 일어나고 싶을 때 일어나는 생활을 하거나 앞서 소개한 '시간의 심리학' 사이트에서 브레우스 박사의 퀴즈로 자신의 일주기성 인자를 확인해보길 바란다.
- 잠자기 전과 아침에 주브 같은 적색광 LED 치료를 시도해보라.
- 생물학적으로 몸이 준비된 일을 하고 당신에게 유리한 쪽으로 상황을 이끌기 위해 하루 스케줄을 조정할 수 있는 방법을 찾아라.
- 낮 동안 충분한 햇볕을 쬐고, 밤에 인공조명을 완벽히 차단한다면 놀라울 정도로 양질의 효율적인 수면을 취하게 될 것이다.
- 해가 진 뒤에는 금식하라!

수면은 양보다 질이 중요하다

잠을 제대로 자지 못한다면 베개를 베고 누워봤자 아무 소용이 없다. 수면을 중요시 여기지 않아 늘 잠이 부족하다면 당신은 삶을 낭비하고 있는 것과 마찬가지다. 잠은 운동이나 일만큼 중요하다. 세계에서 가장 잠을 잘 자는 사람이 되는 그날까지 수면습관과 장소를 바꾸며 자신의 수면 상태를 확인해야 한다. 그렇지 않으면 당장 내일 아플 수도 있고, 몇 년 후 병원에 있게 될지도 모른다.

――――――― 수면 전문가이자 UCLA 의과대학 임상 정교수인 필립 웨스트브룩Phillip Westbrook 박사와의 인터뷰는 정말 굉장했다. 그는 수면 중 반복적으로 무호흡 증상을 보이는 환자에 대한 글을 접하고는 처음 수면의 과학에 관심을 갖게 되었다. 호흡기내과의사인 웨스트브룩 박사는 수면무호흡이 어떤 이유로 발생하는지 알고 싶었다.

웨스트브룩 박사는 수면 중에 호흡이 멈추는 환자를 들것에 눕혀 아주 기본적인 수면 연구를 시작했다. 마요 클리닉Mayo Clinic 사무실에서 환자가 잠이 드는 동안 온갖 기기를 몸에 연결했다. 환자는 잠에 빠지자마자 숨을 멈추었다. 당시에는 아주 드문 질병으로, 학회에 처음으로 보고되었던 순간이다. 그 환자는 잘 때 호흡이 반복적으로 멈추었다가 재개되는 수면 장애인 수면무호흡증을 앓고 있었다. 아주 단순한 연구 하나가 웨스트브룩 박사의 커리어 방향을 바꿔놓았다.

그는 뇌가 수면 상태에 접어들면 숨을 편안하게 쉬도록 상기도를 확장하는 근육에 신호를 보내지 않는 것을 발견했다. 다른 근육처럼 잠을 자는 동안에는 이 근육 또한 이완되고, 특정 상황에서 기도의 패쇄 혹은 허탈이 발생해 숨을 제대로 쉴 수 없게 된다. 숨을 못 쉬면 사망에 이르게 되므로 우리의 몸은 일시적으로 호흡이 멈출 때마다 자동적으로 잠에서 깨어난다.

당사자는 기억하지 못하지만 아주 사소한 수면 장애로도 매일 밤 수없이 잠에서 깨게 된다. 그러면 수면이 중단되고 질이 떨어져 낮에도 제대로 활동하지 못한다. 수면무호흡증은 고혈압, 심혈관 질환, 2형 당뇨병, 의사결정 능력 등의 집행기능을 포함해 인지능력 저하를 일으키는 주요 위험 요인이기도 하다.

기억하지 못할 뿐 자다 깨는 증상은 꽤 흔하다. 《최강의 식사》 집필을 위해 탄수화물을 제로에 가깝게 줄인 케토시스(지방을 주요 에너지원으로 쓰는 상태) 식단을 실험하던 당시 나도 그랬다. 내가 모르는 새 하룻밤에 열두 번 이상 잠에서 깨어난다는 것이 수면 모니터상으로 확인되었다. 아침에 일어나면 컨디션이 최악이었던 것만은 확실했다. 덕분에 케토시스 상태를 계속 유지하는 것보다 주기적으로 유지하는 것이 좋다는 것을 발견했다. 일주일에 두어 차례 탄수화물을 섭취한 후 수면 장애가 나았고, 훨씬 나은 식단법을 사람들에게 제시할 수 있게 되었다. 나는 수면무호흡 증상이 없는데도 잠에서 자주 깬다는 사실에 깜짝 놀랐다. 본인만 모를 뿐 수면무호흡 증상이 충분히 일어날 수 있다는 사실도 깨달았다. 웨스트브룩 박사는 아마도 이 책을 읽는 독자 가운데 10퍼센트가량이 수면무호흡증을 앓고 있으며, 건강과 일상생활에 영향이 있을 거라고 말한다. 당신은 어떤가? 혹시 여기 해당되는 사람인가?

혁신적인 의료 기술 발전을 이끄는 발명가이자 기업인인 댄 레벤도우스키Dan Levendowski도 웨스트브룩 박사를 만났다. 당시 그는 자신이 수면 질환을 앓고 있음을 알고 있었다. 레벤도우스키는 어렸을 때부터 코골이가 심했다. 40대 초반에 접어들며 코골이는 심각한 수면무호흡 증상으로 이어졌다. 두 사람은 잠자는 동안 이마에 기계를 부착해 수면무호흡 증상을 진단할 수 있는 무호흡 위험 평가 시스템Apnea Risk Evaluation System, ARES이란 기기를 개발했다.

레벤도우스키가 ARES를 사용한 결과, 똑바로 누웠을 때 혈중 산소 수치가 위험할 정도로 떨어지며 한 시간에 무려 일흔 번이나 깬 것으로 드러났다. 모로 누울 때는 문제가 없었다. 한 시간 동안 그가 잠에서 깬 횟수는 충격적이었지만, 수면 자세는 그리 놀랄 만한 일이 아니다. 수면 전문가들은 등을 대고 '반듯이' 누운 자세를 피해야 한다고 강조해왔다. 등을 대고 반듯하게 누우면 중력으로 인해 기도가 좁아질 수 있다. 수면장애 여부와 관계없이 거의 모든 사람들이 등을 대고 누워 잘 때 기도가 좁아지고 혈중 산소포화도가 크게 저하될 위험이 있다. 수면무호흡증이 없는 사람들은 단순히 코를 더 골게 되는 반면, 수면무호흡증이 있는 사람들은 이 자세로 잘 때 호흡이 멈출 가능성이 훨씬 높다.

절대 똑바로 누워서 자면 안 되는 이유

의사들은 이 문제에 대해 오래전부터 인식하고 있었지만 실제적인 치료방법을 찾지 못했다. 수면 전문 의료진은 환자들에게 테니스공을 잠옷의 등 부분에 부착해 반듯이 누운 자세에 불편함을 느끼도록 하는 방법을 권했다. 직접 공을 옷 안에 꿰매야 했던 당시 환자들의 참여도는 당연히 낮았다. 웨스트브룩 박사와 댄은 환자들이 적극적으로 활용할 수 있는 효과적인 방법을 찾고 싶었다.

두 사람은 환자들이 목에 부착하는 나이트 시프트Night Shift라는 기기를 개발했다. 똑바로 등을 대고 누울 때 약한 진동이 목으로 전달돼 자세를 바꾸도록 하는 기기다. 그렇다고 잠을 깨우거나 수면 패턴을 방해하지는 않는다. 단지 누운 자세에 변동이 없을 때만 진동의 강도가 세졌다. 나이트 시프트에는 얼마나 자주 등을 대고 눕는 자세를 취하는지, 기기의 진동에 얼마나 빨리 반응해 자세를 바꾸는지 등 밤 동안 수면 상태가 기록되는 기능도 있다.

수면의 질을 높이는 방법을 파헤치던 중 나는 기도를 확보하려면 턱관절이 중요한 역할을 한다는 점도 깨달았다. 십수 년 전 나는 아래턱의 위치를 교정하는 턱관절 스플린트(투명 마우스피스)를 맞춤 제작해 착용했다. 그 후로 수면의 질이 향상되었고 코골이도 사라졌다. 드와이트 제닝스Dwight Jennings 박사가 고안한 장치인데, 그는 이 장치로 턱관절을 치료해 수천 명의 인생을 바꿔놓았다. 인터뷰 동안 제닝스 박사는 턱관절 치료를 통해 단순히 무호흡증뿐 아니라 신경계 기능, 스트레스 관리, 이명, 심지어 만성 질환까지 크게 나아질 수 있다고 설명했다. 제닝스 박사가 내 부정 교합을 고쳐준 후 두뇌 기능이 훨씬 향상되기도 했다.

미국 국립보건연구소에서 댄과 웨스트브룩 박사에게 수면무호흡증을 구강 장치로 치료하는 연구에 보조금을 지원했다. 두 사람은 환자들이 개인 맞춤용 기기를 구매하기 전에 효과가 있는지 살펴볼 수 있는 임시용 장치를 개발했다. 이들은 치과의사와 병원에 기기를 보내 수면무호흡증을 진단받지 않았지만, 만약 그럴 경우 합병증의 위험이 큰 전신마취 환자들에게 사용하도록 했다.

그렇다면 수면무호흡 증상이 있는지 어떻게 알 수 있을까? 가장 일반적인 증상은 코골이다. 잠을 자는 동안 기도가 좁아져 숨을 들이마실 때 공기의 흐름이 방해를 받을 경우 코골이가 발생한다. 코골이 소리가 정말 심하다면 수면무호흡의 위험이 크다는 의미다. 배우자나 가족 등 함께 생활하는 누군가가, 당신이 자는 동안 숨을 쉬지 않는다고 말한다면 이는 심각한 증상이다. 가장 눈여겨볼 증상은 낮 시간에 졸음이 쏟아지는 것이다. TV를 보거나 지루한 책을 읽을 때 졸린 정도가 아니라, 잘 생각이 없었는데 잠에 빠졌다면 훨씬 위험한 상황이다. 만약 이런 증상이 있다면 반드시 병원에 가서 검사를 받아야 한다. 그리고 밤에는 잘 자고 낮에는 활력 넘치는 생활을 되찾아야 한다.

코골이가 없다 해도 마우스 가드에 투자하는 것은 좋은 생각이다. 이를 간다면 수면의 질이 떨어지는 것은 물론이고 만성 두통과 구강 건강 문제도 생길 수 있다. 내 경우 마우스 가드 없이 자는 것은 꿈도 못 꾼다. 마우스 가드는 수면의 질을 높여줄 아주 간단한 방법이다.

양질의 수면에 도움을 주는 방법들

사미나SAMINA 매트리스를 만든 군터 아만-옌슨 박사Gunther W. Amann-Jennson는 수면무호흡증과 그 외 건강 문제에 대한 해결책을 예상치도 못한 장소에서 찾아냈다. 바로 자연이다. 인간을 포함해 200종 이상의 영장류가 근골격계 질환을 겪는다. 영장류 중에서도 인간은 땅에서 잠을 자는 숲속 거주자들보다 훨씬 많은 질환에 노출되어 있다. 우리는 매트리스가 아닌 바닥에서 잠을 잘 때 하부 요통, 무릎 통증, 무지외반증 등을 초래하는 근골격계의 불균형을 바로잡는 자세를 본능적으로 취하게 된다. 단순하게 말해 매트리스보다 바닥이 좋다.

산림 표면은 '자연의 지압사'이다. 흉부를 고정시키고, 척추를 바르게 세우며, 관절을 부드럽게 한다. 그렇다면 침대를 버리고 바닥에서 자야 하는 걸까? 그렇게까지 하라는 건 아니다. 다만 잠을 자는 자세에 신경을 써야 한다는 의미다. 수면 자세는 밤 동안의 수면의 질뿐 아니라 낮 동안의 정신 건강과 생산성에도 영향을 미친다.

이 사실을 알고 난 후부터 나는 바닥에 2.5센티미터 두께의 딱딱한 패드를 놓고 잠을 자기 시작했다. 몇 주간의 힘겨운 적응을 마친 뒤에는 아주 곤히 잠들어 조금의 통증이나 불편함 없이 잠에서 깼다. 일주일에 나흘 밤을 패드 위에서 자는 덕분에 몸의 기능이 향상되었다. 나머지 사흘은 사미나 매트리스 위에서 잔다. 일정이 긴 출장을 다니며 지나치게 푹신한 침대가 놓인 호텔 방에 머물 때는 바닥에서 잠을 청한다. 짧은 시간에도 양질의 수면이 가능하다는 이유 하나 때문이다.

홀륭한 매트리스나 딱딱한 바닥 외에도 양질의 수면을 가능케 하는 방법에는 여러 가지가 있다. 옌슨 박사는 야생 동물과 가축들이 본능적으로 머리를 살짝 높은 곳에 두고 잠을 잔다는 사실에 집중했다. 이를 근거로 중력이 우리의 수면에 미치는 영향에 대해 연구하기 시작했다. 잠을 자지 않고 있을 때, 우리의 머리는 심장 위쪽에 위치하고 혈액은 중력을 거슬러 심장에서 머리로 흐른다.

하지만 잠을 잘 때는 몸을 수평으로 눕혀 심장과 머리가 같은 위치에 자리하기 때문에 중력이 뇌 순환에 미치는 영향 내에서 벗어나게 되고, 두개골 내 압력이 높아진다. 아만-옌슨 박사는 밤 동안 두개골 내 압력이 높아지면 뇌, 뇌실, 뉴런에 과도하게 수분이 축적될 수 있다고 지적한다. 그렇게 되면 뇌가 부어오르는 뇌부종으로 이어질 수 있다. 몸을 수평으로 하고 잠을 잘 때 뇌부종뿐 아니라 안구와 귀, 얼굴, 부비강, 심지어 잇몸에까지도 지속적인 압력이 발생한다. 두개골 내 높아진 압력으로 결국 머리 전체가 혹사를 당하는 상황이 생긴다.

질 좋은 수면은 질 좋은 삶으로 연결된다

인체 생리학에 중력이 미치는 영향을 집중적으로 연구해 상당한 진척을 이룬 의학 분야가 실제로 존재한다. 바로 '우주 의학'이다. 우주비행사야말로 바이오해킹의 선두에 서 있다. 비행사들이 우주에 나가 있을 때는 머리, 즉 뇌에 과다한 수분이 축적되어 두개골 내 압력으로 편두통과 녹내장, 메니에르병(현기증과 청력 저하, 이명 등을 경험하는 내이 질환―옮긴이) 등 다양한 증상을 겪는다. 이것으로 짐작컨대 건강한 수면을 위해서는 중력이 필요하고, 야생 동물처럼 머리를 심장보다 높게 두고 자야 한다는 결론에 이른다.

의료 인류학자인 시드니 로스 싱어 Sydney Ross Singer 박사는 편두통 환자들을 대상으로 잠잘 때 각도가 미치는 영향에 대해 연구했다. 그는 100명의 환자에게 10도에서 30도가량 머리를 높이 하고 수면을 취하도록 했다. 며칠 후 증상이 크게 완화되었다고 보고한 환자가 대다수였다. 이뿐 아니라 많은 환자들이 수면의 질이 높아졌고 코가 막히는 증상이 줄어들었다고 말했다.

아만-엔슨 박사는 머리를 조금 높이 하고 잘 때 편두통과 코막힘이 개선될 뿐 아니라 혈압이 내려가고 수분 정체 현상이 줄어든다고 말한다. 이를 통해 하지정맥류 증상이 개선되고, 알츠하이머 질환을 예방하는 데도 도움이 된다. 알츠하이머를 일으키는 원인 중 하나가 뇌충혈과 머리에 전해지는 과다한 압력이라고 보는 연구자들도 있다. 실제로 알츠하이머 환자들에게서 뇌실이 확대되는 증상이 잦은 것을 발견할수 있다. 이로 미루어보건대 만성적인 뇌실 압력과 알츠하이머 환자의 뇌 조직 내 뇌실을 따라 발생하는 병변 간에 상관관계가 있다고 판단할 수 있다.

더욱 깊은 연구가 진행되어야 할 분야지만, 만약 당신에게 두통과 만성 코막힘, 수면무호흡증과 같은 증상이 있다면 잠을 잘 때 머리의 위치를 어떻게 할 것인지 고민해보도록 하자. 침대에서 머리를 두는 부분에 나무판을 하나 깔아놓는 것은 쉽고도 저렴한 방법 아닌가. 나는 몇 년째 침대 경사를 달리해 누워 잔다. 그리고 주문제작한 마우스 가드와 다양한 수면 추적기기, 완벽한 빛의 차단, 그 외 여러 장치들을 동원해 수면의 질을 높여왔다.

당신 자신뿐 아니라 주변 사람들을 위해서라도 자신에게 맞는 방법을 찾아 수면 환경을 업그레이드해야 한다. 내 경우 전반적인 수면의 질이 크게 향상되었다. 어쩌면 이 덕분에 더욱 건강하게 오래 살면서 높은 수행능력을 발휘할 수도 있을 것이다. 특히 좋은 것은 앞서 말한 방법들 대부분이 지속적인 노력을 필요로 하지 않다는 점이다. 그저 단 한 번의 변화를 삶에 적용하기만 하면 된다. 쉽지 않은가.

최강의 TIP

- 자신도 모르는 동안 잠이 깨는 것은 아닌지 장비를 이용해 수면 상태를 추적하라.
- 머리가 10에서 30도가량 높이 있도록 침대 기울기를 조정하라.
- 한 달간 얇고 딱딱한 패드 위에서 자보길 바란다.
- 턱관절의 위치를 바로잡아주는 마우스 가드를 시험적으로 사용해기 바란다.
- 우선은 반듯하게 누워서 자는 것부터 멈춰라!

경고음이 울리기 전
잠이 들어야 한다

최고의 성과를 내기 위해 극심한 압박을 느끼는 이들은 잠을 등한시하는 성향이
두드러진다. 결국 이들은 그에 따르는 잔혹한 대가를 치른다. 몸이 피곤한 상태
에서는 자신의 실력을 발휘할 수 없다. 잠은 선택의 문제가 아니다. 잠은 필수다.

베스트셀러 작가이자 영향력 있는 기업인인 〈허핑턴
포스트〉의 창립자 아리아나 허핑턴과 두 차례나 즐거운 인터뷰를 했
다. 첫 인터뷰는 허핑턴이 〈허핑턴 포스트〉의 스튜디오로 나를 초대해
서 이뤄졌는데, 우리는 만나자마자 친해졌다. 그녀는 이단아 기질이 다
분했다. 2011년 《타임》은 '세계에서 가장 영향력 있는 100인'으로 허핑
턴을 선정했다. 허핑턴은 그 자리에 오르기까지 굉장히 노력했지만, 결
국 잠을 희생시키며 자신의 커리어를 쌓은 대가를 치러야 했다.

2007년 허핑턴은 서재에서 일하던 중 기절했다. 쓰러지며 머리를 책

상에 부딪혀 광대뼈가 부러지고 눈가가 찢어졌다. 그녀는 피 웅덩이 속에서 정신을 차렸다. 어떤 병 때문에 기절을 한 것인지 원인을 찾기 위해 수많은 의사를 찾아다녔으나 별 다른 이상을 발견하지 못했다. 결국 과로와 수면 부족이 원인이었다.

성공을 위해 행복을 희생시키는 어리석음

당시의 사고로 허핑턴은 자신의 삶을 되돌아보고, 성공이 어떤 의미인지 다시 생각해보는 큰 전환점을 맞이했다. 사고가 나기 2년 전 〈허핑턴 포스트〉를 설립한 이후 회사는 무서운 속도로 성장했다. 그녀는 일주일 내내 하루 18시간 일했고, 노력에 상응하는 성과를 거두었다. 외부에서 보기에 그녀는 말 그대로 성공적인 삶을 누리고 있었다. 여러 잡지의 커버를 장식했고, 회사는 호황을 맞았다. 모든 것이 완벽하고 순조롭게 나아가고 있었다.

그러나 사고 이후 그녀는 이렇게 사는 것이 진정한 성공인지 스스로에게 묻기 시작했다. 많은 사람들이 성공을 부와 권력이라고 정의하지만 그녀는 생각이 달랐다. 이 두 가지는 성공을 측정하는 일부 요소일뿐 성공적인 삶을 단 두 가지 기준으로 판단하는 것은 다리가 2개뿐인 의자에 앉는 것과 같다는 생각이 들었다. 다리가 2개인 의자에 앉다가는 계속 엉덩방아를 찧게 된다.

그렇다면 다른 요소는 무엇일까? 성공을 측정하는 세 번째 요소로 허핑턴은 '웰빙'을 꼽았다. 그녀가 말하는 웰빙이란 적절한 휴식을 취하고, 재충전을 통해 새로운 사람으로 거듭나며, 목적의식과 내면의 깨달음을 되새기는 것이다.

그날 이후 그녀는 라이프 스타일에 많은 변화를 주었다. 가장 두드러진 변화는 수면습관이었다. 결과는 그녀 자신도 놀랄 정도였다. 수면시간을 늘렸음에도 커리어가 주춤하기는커녕, 넘치는 활력 덕분에 새로운 차원의 성공을 거머쥐었다. 2011년 〈허핑턴 포스트〉를 매각한 뒤, 그녀는 건강과 행복에 대한 콘텐츠와 트레이닝을 제공하는 새로운 스타트업, 스라이브 글로벌Thrive Global을 세웠다. 그리고 우버 이사회 멤버로 참여하며 조직 문화를 개선하는 데 힘쓰고 있다.

내면의 목소리에 귀를 기울이고 자기 자신을 살피는 것을 우선시할수록 더욱 생산적이고 성공적인 삶을 살 수 있음을 그녀는 큰 대가를 치르고서야 깨달았다. 허핑턴은 하루에 7시간에서 9시간을 자고, 매일 명상과 산책, 요가하는 시간을 비워둔다. 그녀는 휴식 없이 자신을 몰아붙일 때보다 충분한 휴식을 취하는 현재 더욱 많은 것을 성취하고 있다고 확신한다.

그녀는 세 번째 성공 기준인 웰빙에서 멀어질 수 없을 만큼 멀어진 뒤에야 그 중요성을 깨달았다. 자신이 쓰러지던 날 아침에 누군가 자신에게 컨디션이 어떤지 물었다면 무척 좋다고 대답했을 거라고 말한다. 형식적인 대답이 아니라 실제로 그렇게 생각했을 거라는 말이다. 다른 수많은 사람들과 마찬가지로 그녀 또한 사업을 위해선 희생이 필요하고, 그만한 가치가 있다고 믿었다. 이제 그녀는 그것이 착각이었다는 것을 깨달았다. 그런 희생은 절대 가치 있지 않다. 성공을 위해 행복을 희생할 이유가 없다. 오히려 자신의 행복을 우선시할수록 우리는 성공에 더욱 가까워진다.

휴식이야말로 최고의 에너지원이다

허핑턴은 성공하기 위해서 탈진할 정도로 열심히 일하고, 자신을 몰아붙여야 한다는 생각이 완전히 잘못됐다고 말한다. 그건 과거의 사람들이 지구가 평평하다거나 지구를 중심으로 태양이 돌고 있다고 믿었던 것과 같은 수준의 착각이라고 단언한다. 스라이브 글로벌을 통해 그녀가 성취하고픈 목표는 이 잘못된 믿음을 산산이 부수는 것이다. 실제로 많은 사람들의 생각을 바꾸는 데 일조하고 있다. 그녀와 파트너십을 맺은 JP모건의 중역진은 직원들이 수면과 재충전에 시간을 쏟고, 감사한 마음을 갖고 마음 챙김에 힘쓸 때 회사 수익에 긍정적인 영향을 끼친다는 것을 직접 경험했다.

허핑턴처럼 인생의 전환점을 맞이했던 사람들이 많다. 우리는 뭐든지 가장 열심히 하는 사람을 뽑는 대회에 참가한 것처럼 지쳐 나가떨어질 때까지 스스로를 몰아붙이고 또 몰아붙인다. 그러나 이런 사고로는 불릿프루프가 될 수 없다. 이것은 자기 학대에 불과하다.

이런 사실을 깨닫기 전, 나는 기조연설을 위해 샌프란시스코에서 출발해 중국엘 다녀온 적이 있었다. 그다음 날 나는 다시 비행기를 타고 또 다른 기조연설을 하기 위해 플로리다로 향했다. 그다음 날 아침 5시, 커피는커녕 물도 마시지 못한 채 비행기를 탔다. 그리고 얼마 지나지 않아 통로에서 의식을 잃었다. 기절하던 순간은 기억나지 않지만, 생애 최고로 달콤한 잠을 자고 있는 나를 누군가 흔들어 깨웠던 것은 기억이 난다.

극심한 피로에 탈수증상이 겹쳐 쓰러졌던 것이다. 언젠가 이런 상황이 닥칠 것을 예상했어야 했다. 정신을 차리고 보니 비행기에 탑승한 의사를 찾는 승무원의 흥분한 목소리가 기내 방송으로 울려 퍼졌다. 또 다른 승무원은 내게 오렌지 주스를 먹이려 하고 있었다. "됐어요." 혼미한 의식으로 거부의사를 밝혔다. "케토시스 식단 중이라고요!" 다행히도 기절하면서 머리를 부딪히거나 몸을 다치는 등 건강상의 이상은 없었다. 이 경험으로 인해 경각심이 생겼다. 정말 큰일 치르기 전에 미리 잠을 자야 한다는 것 말이다.

내 목표는 짧은 수면시간 동안 양질의 수면을 취하는 것이다. 반면 허핑턴은 수면시간을 늘리는 데 중점을 두고 있다. 우리 두 사람의 접근법에는 약간의 차이가 있었지만, 결과는 놀라울 정도로 같았다. 충분히 휴식을 취하고 재충전이 되었을 때 나는 좋은 남편이자 아빠, CEO가 될 수 있었다.

허핑턴도 나도 정신을 잃고 쓰러진다면 아무것도 할 수가 없다! 세상 누구라도 마찬가지다. 허핑턴은 과로에 시달리다 큰 전환점을 맞이하는 사람들이 너무도 많다고 전하며, 사람들이 우리의 실수를 통해 무언가를 깨닫기를 바란다고 했다. 그리고 자신의 웰빙에 힘써 그녀처럼 진정한 의미의 성공을 쟁취하길 바란다고 당부했다.

요즘 나는 수면시간을 확보하기 위해 어시스턴트와 함께 일정을 조율하고, 주중에 매일 최소 30분간의 '업그레이드 시간'을 일정표에 넣는다. 이런 시간을 공식적인 일정으로 잡아두지 않으면, 그다지 중요하지 않은 누군가 혹은 일이 그 시간을 채우게 된다. 반드시 자신만의 시간을 확보해둬라. 그렇지 않으면 언젠가 대가를 치르게 될 것이다.

- 일주일 동안 원래보다 한 시간 일찍 잠자리에 들고 다음 날 컨디션이 얼마나 나아지는지 확인해보자.
- 먼저 일정표를 본 뒤, 그다지 중요하지 않거나 반드시 참석하지 않아도 되는 미팅과 일정을 과감하게 취소한다.
- 취소된 일정은 재충전과 회복을 위한 개인 시간으로 삼는다.

제 6 장

운동은
열심히가 아니라
제대로
해야 한다

성공을 하거나 최고의 수준으로 성과를 내려면 한계 너머까지 노력해야 한다고 생각하기 쉽다. 그러나 이미 확인했듯 몸이 지칠 때까지 몰아세우는 것은 반드시 질 수밖에 없는 전략이다. 적당한 휴식은 고성과의 필수적인 요소다. 앞서 나왔던, 명상, 요가, 호흡법, 산책 등을 위해 시간을 비워두는 것 역시 중요하다.

운동은 건강에 좋고, 운동을 하며 행복을 느끼는 사람도 많다. 실제로 게임 체인저들은 운동을 중요한 요소로 꼽았다. 다만, 많은 사람들이 '운동'에만 너무 치중한 나머지 움직임은 중요하게 생각하지 않는 게 문제다. 인간의 몸은 움직이도록 설계되어 있는데, 대부분의 사람들이 필요한 만큼 충분히 움직이지 않고 있다. 운동도 기본적으로 몸을 움직이는 것이기는 하지만, 짧은 시간 동안 강렬하게 몸을 쓰는 형태다. 지속적이고 기능적인 움직임과는 분명 다르다.

내가 인터뷰한 게스트 대다수가 운동을 가장 중요한 것 중 하나로 꼽았다. 하지만 나는 이들의 이야기를 살짝 비틀어 움직임을 중점적으로 다룰 생각이다. 사람들이 운동에 지나치게 집착해 시간과 노력을 낭비하는 모습을 자주 목격했다. 나 역시 130킬로그램 넘게 나갔을 당시 운동으로 살을 빼겠다고 다짐했었다. 18개월 동안 하루에 90분씩, 주 6일 하루도 빠짐 없이 운동했다. 결론적으로 나는 '아주 건강한 비만인'이 되었다. 그야말로 사기가 팍 꺾이는 결과다.

CEO, 헤지펀드 매니저 등 내가 코칭했던 고성과자들 역시 기업을 경영하며 과도하게 운동을 하거나 철인 3종 경기 출전을 준비하는 부류의 사람들이다. 결과는 불 보듯 뻔하다. 성욕, 성호르몬, 수면의 질이 저하되고, 부상과 감염으로 만성 통증이 생긴다. 그로 인해 아이러니하게도 운동을 줄여야 하는 상황에 이른다. 소수의 사람들만 이런 운동을 계속할 수 있고, 일반적으로는 이런 식의 운동을 꾸준히 지속하기 어렵다. 몸에 너무 무리가 가기 때문이다.

근육과 관절이 허용하는 선까지만 운동을 한다면 훨씬 건강해지고 컨디션도 좋아진다. 허리를 구부리지 않고 하루 종일 당당한 자세를 유지할 수 있다. 또한 아무런 부상 없이 몇 년 동안 지치지 않고 효율적으로 운동을 지속할 수 있다.

정확하게 움직일 줄 아는 능력은 종류를 가리지 않고 모든 운동의 기본이 된다. 세상에 그 어떤 운동도 기능적 움직임을 필요로 하지 않는 운동은 없다. 따라서 이번 장은 움직임의 중요성에 대해서 다루고, 어떻게 운동해야 뛰어난 결과를 도출할 수 있는지 전문가들의 이야기를 들어보려 한다.

달리기 전에 먼저
제대로 걸어라

달리기를 포함해 위험성이 높은 스포츠를 한다고 더 나은 인간이 되는 것은 아니다. 이런 운동으로 얻은 부상은 인간으로서 하는 모든 일에 걸림돌만 될 뿐이다. 몸을 잘 움직이도록 신경계를 재설계한다면 위험성이 높은 운동도 덜 위험해질 수 있다. 또한 잘못된 움직임으로 낭비되던 에너지를 필요한 곳에 제대로 쓸 수 있게 된다. 운동을 위한 운동은 시간 낭비일 뿐 아니라 잘못할 경우에는 당신에게도 나쁜 영향만 미친다.

─────────── 영화 〈매트릭스〉에서 네오는 진정한 해커의 눈에만 보이는 0과 1의 세상을 봤던 것을 기억하는가? 그것과 마찬가지로, 몇몇 전문가들은 당신이 서 있는 자세, 걷거나 몸을 움직이는 자세만 봐도 당신이 예상하는 것보다 훨씬 많은 것을 읽어낼 수 있다. 켈리 스타렛Kelly Starrett이 바로 그런 전문가 중 한 명이다. 그는 크로스핏 업계에서는 세계적으로 손꼽히는 사람이며, 세계 최고 선수들과 영향력 있는

기업인들에게 몸을 잘 움직이는 방법을 전수하고 있다.

몸을 제대로 움직이는 법부터 배워라

스타렛은 달리기와 몸의 움직임에 대한 사람들의 인식을 바꾸기 위해 노력 중이다. 러닝 애호가들은 러닝이 건강하고 현명한 운동이자, 인간의 본질에 가장 가까운 운동이라고 생각한다. 이것이 사실일까? 인간의 몸은 정말 달리기에 최적화되어 있을까? 스타렛은 고등학교 때 축구를 하다 무릎에 통증이 생겼고, 이후 몇 년이나 고생했다고 말했다. 나중에야 잘못된 러닝 자세 때문에 통증이 생겼음을 깨달았다. 그의 발은 약한 편이었고, 달리기를 하기에는 관절 가동 범위가 적합하지 않았기 때문에 결국 무릎이 대가를 치러야 했다.

이는 스타렛만의 문제가 아니다. 일주일에 최소 세 번 이상 달리기를 하는 사람들 가운데 한 해에 부상을 당하는 비율이 무려 80퍼센트나 된다. 충격적인 수치지만, 달리기 자체가 위험한 운동인 탓은 아니다. 안전하게 달리는 데 필요한 운동 제어 능력과 가동성이 떨어지기 때문에 생기는 문제다. 요가, 필라테스, 크로스핏, 러닝 등 무슨 운동을 하든 몸이 정확한 동작을 수행할 수 있는 선까지만 해야 한다.

그러기 위해선 먼저 기초와 기본으로 돌아가야 한다. 간단한 움직임이지만 앉아서 생활하는 현대 생활습관으로 인해 힘들어진 동작을 정확한 자세로 수행하는 법부터 배우는 것이다. 쉽게 말해 운동을 시작하기에 앞서 몸을 제대로 움직이는 법을 깨우쳐야 한다. 상당히 많은 사람들이 몸을 제대로 움직이는 법조차 모르면서 무리한 운동으로 자신의 몸을 혹사시키고 있다.

움직임을 연습하려면 무엇부터 시작해야 할까? 1995년, 물리치료사인 그레이 쿡과 리 버턴은 부상을 방지하기 위해 통계 데이터를 모아 연구를 시작했다. 기능적 움직임 시스템Functional Movement Systems은 움직임 패턴에 대한 연구에서 파생된 것인데, 적절하게 몸을 움직이는 능력을 평가하는 기준으로 쓰인다. 우리 신체는 가동 범위의 한계가 분명히 드러날 때도 있지만, 그렇지 않은 경우도 많은 탓에 정확하게 파악하기 어려운 면이 있었다. 기능적 움직임 검사는 모빌리티를 측정하고 신체의 한계를 확인할 수 있는 표준화된 프로그램이라 이를 보완한다. 운동을 정확하게 하는 데 필요한 기술을 깨우칠 수만 있다면 부상의 위험 없이 달리기를 할 수 있고, 다른 운동을 즐길 수 있다.

스타렛의 말에 따르면 우리 몸은 다행히 제대로 움직이는 법을 한 번 익히면 이후에도 꾸준히 자가 수정을 할 수 있다고 한다. 바른 몸의 정렬상태는 이미 우리 안에 내재되어 있어서 제대로 된 자세를 연습하면 금방 정렬 스위치가 켜진다. 스타렛과 같은 치료사들은 환자들에게 정확한 움직임 패턴을 심어주는 과정을 이미 매립된 배관 안에 전선을 주입하는 것과 비슷하다고 설명한다. 우리는 본래 경직된 근육과 유연성 없는 뻣뻣한 몸을 타고나지 않았다. 오래된 나쁜 습관 때문에 생긴 문제이기에 충분히 고칠 수 있다.

스타렛의 환자들이 겪는 신체적 문제의 가장 큰 원인은 너무 오래 앉아 있는 습관이다. 장시간 앉아서 생활하는 일반인뿐 아니라 놀랍게도 운동선수들에게도 해당되는 이야기다. 이런 생활습관은 '운동'을 한다는 개념에서도 문제가 된다. 사람들은 아침이나 저녁 시간에 운동을 해치운 후 나머지 시간은 온종일 의자에 앉아 있다. 하루에 고작 45분 정도 움직이고는 스스로 굉장히 건강하고 도덕적인 생활을 한다고 착각하는 것이다.

스타렛이 관리하고 있는 프로 축구 선수들의 일일 움직임 패턴을 분석하는 과정에서 그는 선수들이 하루에 14시간에서 16시간을 앉아 있다는 것을 발견했다. 프로 선수들인데도 말이다! 당연히 이들 중 대다수가 경기력에 부정적인 영향을 미치는 만성적인 무릎 통증과 허리 통증에 시달리고 있었다. 스타렛은 이들의 문제가 부상이 아니라 움직임이 부족해서 생겨난 것임을 깨달았다.

자세만 바로잡아도 우리 몸은 완전히 달라진다

보스턴 레드삭스의 첫 번째 체력관리 트레이너였던 비제이 베이커[BJ Baker]는 거의 모든 스포츠 종목의 프로 선수들의 트레이닝, 영양 카운슬링, 부상 회복을 도왔다. 그는 하루에 6시간에서 8시간 앉아 있다면 1~2시간의 운동 효과는 무효가 되는 셈이라고 전한다.

베이커의 환자들 대부분이 그저 정확하게 움직이는 법만 배웠을 뿐인데도 굉장한 효과를 보았다. 높은 콜레스테롤 수치로 스타틴과 혈압약을 처방받고 있던 빌은 18킬로그램 과체중에, 나쁜 자세로 척추가 굽어 키가 5센티미터나 줄어든 상태였다. 베이커는 빌의 움직임을 바로잡고 자세를 교정했으며, 식단에 작은 변화를 주었고, 약물을 모두 끊게 했다. 그 결과 8개월 만에 18킬로그램을 감량했으며 키가 3.8센티미터나 커졌다. 자세를 고치고, 코어 근력을 강화하고, 짧아진 근육 조직을 늘린 것만으로도 이렇듯 큰 변화가 찾아왔다.

나는 13년간 열정적으로 축구를 했고 항상 통증에 시달렸지만 당연한 것이라 잘못 알고 있었다. 5년 동안 전문가에게 요가를 배우며 몸을 움직이는 방식에 약간의 변화를 준 후 통증 대부분이 사라졌고 부상도 훨씬 줄었다. 동시에 내 움직임을 평가해 앉는 자세, 걷는 자세를 바로잡아주는 전문가들에게서 기능적인 움직임을 배웠고, 그 후 평생 동안 내 몸에 각인될 새로운 차원의 자유를 경험했다.

몸을 제대로 움직이는 법을 배운다면 당신도 이런 결과를 얻을 수 있다. 달리기, 수영, 중량 운동이든, 혹은 발을 목 뒤에 거는 요가 자세나 춤이든 그게 어떤 운동이든 간에 정확한 자세로만 한다면 몸과 건강은 달라질 것이다. 건강한 몸을 갖춘다면 게임의 판도를 뒤흔드는 능력 또한 높아질 수 있다.

최강의 TIP

- 잘못된 움직임 패턴을 고치기 위해서는 기능적 움직임 코치와 함께해야 한다.
- 높이 조절이 가능한 스탠딩 책상을 사용한다면 자유자재로 앉았다 섰다 할 수 있다.
- 자세를 개선하고 통증을 최소화하며 수행능력을 높이는 데 탁월한 에고스큐Egoscue 운동(www.egoscue.com)을 시작한다.

강한 근육은 나를
더 똑똑하고 젊게 만든다

마라톤을 하면 왠지 더 나은 인간이 된 듯 느껴진다. 처음으로 마라톤을 한 날에는 의지력이 강해지기 때문에 실제로 그런 기분을 느낄 수밖에 없다. 하지만 마라톤은 자제하라. 사실을 말하자면 지나친 유산소 운동은 몸에 무리가 가고 결과를 내기까지 시간이 너무 오래 걸린다. 고성과자들은 효율적으로 운동한다. 즉, 적당한 때 적절한 계획에 따라 알맞은 호르몬을 분비하는 운동을 한다.

──────────── 찰스 폴리퀸Charles Poliquin은 내가 바이오해킹이란 개념을 소개하기 훨씬 오래전부터 활동한 첫 바이오해커 중 한 사람이다. 그는 세계 엘리트 운동선수들이 수백 개의 메달을 따고, 승리를 거머쥐고, 개인 최고 기록을 달성하는 데 일조한 세계적인 체력관리 교육자이자 코치다. 폴리퀸은 우리가 근육에 보내는 신호가 몸에 어떤 변화를 불러오는지 수십 년간 연구했다. 누가 뭐라고 하든 신경 쓰지 않고 자신이 발견한 지식을 널리 전파했다. 다른 사람들이 받아들이지 못하

는 것들을 수년 앞서 이해하는 선지자였기 때문에 많은 프로 선수들이 그의 가르침을 받고 싶어했다.

마라톤을 하면 빨리 늙는다?

폴리퀸은 장거리 유산소 운동은 두뇌를 노화시키고, 근력 강화 운동이 두뇌 건강에는 훨씬 이롭다는 결론에 도달했다. 그의 의견에 몇몇 사람들(지구력 운동선수)이 분개했으나 최근 의학 연구에 따르면 폴리퀸의 말이 사실인 것으로 밝혀졌다. 당신도 지구력 운동을 좋아하는 사람 중 한 명이라 언짢아지고 있다면, 조금만 더 인내심을 가져주길 바란다. 당신이 가장 좋아하는 운동을 당장 그만두라는 말을 하려는 게 아니니까. 핵심은 근력 운동도 병행해야 한다는 것이다.

2013년, 과학자들은 파킨슨병을 앓고 있는 환자들에게 가장 도움이 되는 운동이 무엇인지 연구했다. 이들은 저강도 트레드밀 운동(걷기), 고강도 트레드밀 운동(달리기), 스트레칭과 저항 운동(웨이트) 병행, 이렇게 세 가지 종류의 운동으로 임상 실험을 했다. 연구를 시작하기 전 그는 과학자들에게 유산소 운동이 환자들의 상태를 악화시킬 거라고 조언했다. 실제 결과도 그의 예상대로 나왔다. 폴리퀸은 '결과가 너무도 뻔한' 연구라고 말했다. 그가 예측한 대로 스트레칭과 웨이트 운동을 병행한 환자의 결과가 가장 좋았고, 트레드밀 위에서 저강도 걷기 운동을 하며 좋은 결과를 얻은 환자도 몇 있었다.

이 연구 결과가 파킨슨병을 앓고 있지 않은 사람에게도 적용될 수 있을까? 폴리퀸은 그렇다고 답했다. 유산소 운동은 혈압이 높은 사람이나 비만인 사람, 오래 앉아 있는 사람, 내장 지방이 심한 사람에게 도움이 되지만, 장시간의 유산소 운동에 부정적인 측면이 있다. 단지 많은 사람들이 그것을 깨닫지 못할 뿐 분명한 사실이라는 것이다.

우선, 유산소 운동은 스트레스 호르몬인 코르티솔 수치를 높여 염증을 일으키고 노화를 앞당긴다. 코르티솔 수치가 높으면 체내 산화 물질의 양이 증가한다. 산화 물질은 뇌와 심장, 위장 및 다른 장기에 염증이 생길 가능성을 높인다. 물론 저항 운동도 코르티솔 수치를 높인다. 하지만 저항 운동을 할 때는 유산소 운동에서 분비되지 않는 유익한 호르몬이 함께 분비되어 높아진 코르티솔 수치를 상쇄한다.

2010년에 진행된 한 연구에서 300명이 넘는 지구력 운동선수(장거리 달리기 선수, 철인 3종 경기 선수, 사이클 선수)의 코르티솔 수치를 취합해 일반인 대조군과 비교했다. 유산소 운동선수들의 코르티솔 수치가 대조군에 비해 확연히 높았으며, 코르티솔 수치와 운동량에 상관관계가 있음이 드러났다. 연구진은 '데이터를 바탕으로 고강도 운동에서 비롯된 반복적인 육체 피로와 시합이 장기적으로 지구력 운동선수들의 코르티솔 상승과 관련이 있다고 해석할 수 있다'고 결론 내렸다.

2011년, 또 다른 연구에서 건강하고 활동적인 젊은 남성들을 대상으로 사이클링의 효과를 분석했다. 역시 코르티솔 수치와 염증 지표 물질이 크게 증가했다. 만성 염증은 심혈관계 질환, 암, 당뇨, 알츠하이머 등 생명을 위협하는 질병의 근원이므로 결코 가볍게 여길 수 없는 문제다. 염증은 인지력 및 기력 저하에 훨씬 뚜렷한 관계성을 보이고 있다. 또한 유산소 운동으로 호흡이 증가해 산소량이 많아지면 우리의 몸은 독성물질인 활성산소를 생성시킨다. 활성산소는 산화스트레스를 발생시키는데, 이렇게 되면 체내에서 중화작용을 하는 산화방지제보다 활성산소의 양이 급격히 많아진다. 산화스트레스는 노화의 주범이다. 과도한 유산소 운동이 산화스트레스를 발생시킨다는 사실은 과학적으로 이미 입증되었다.

유산소 운동으로 가속되는 노화작용을 방지하기 위해 나는 산화방지제와 프로바이오틱스 섭취를 추천하지만, 폴리퀸은 생각이 다르다. 그는 운동 루틴에 저항 운동을 추가하는 것이 훨씬 효율적이라고 말한다. 근력 운동을 할 때 촉진되는 단백동화 호르몬은 산화스트레스를 낮추고, 근육과 뼈, 결합 조직을 생성시킬 뿐 아니라 유산소 운동을 더욱 많이 해도 손상을 적게 받을 수 있도록 해준다. 골밀도가 낮아지는 골감소증을 예방하는 데 근력 운동이 상당히 중요한 역할을 하지만, 유산소 운동은 뼈의 미네랄 밀도를 낮춰 골감소증의 위험을 높인다는 것도 널리 알려진 사실이다.

폴리퀸은 1980년대 터프츠 대학교에서 노화의 예측 인자를 분석한 연구에 대해 언급했다. 연구에서 밝혀진 가장 중요한 인자는 근육량이었고, 두 번째가 근력이었다. 이 두 가지 표지자는 콜레스테롤 수치, 혈압, 안정시 심장 박동 수, 최고 심장 박동 수 등 건강한 신체 노화를 예측하는 다른 인자보다 높은 순위를 차지했다.

서른 살부터 10년마다 3퍼센트에서 5퍼센트의 근육량이 줄어든다. 이러한 퇴행성 근손실을 근감소증Sarcopenia이라 부른다. 어쩔 수 없는 현상이지만 충분히 되돌릴 수 있다. 움직임과 웨이트 트레이닝을 병행하며 근육과 신경계를 함께 자극하는 것이 그 방법이다. 줄어든 근육을 재건하고, 염증과 산화스트레스도 줄어들며, 근력과 골밀도를 높이는 것은 물론 노화 과정을 늦출 수 있다. 얼마나 매력적인 일인가!

적당한 움직임은 우리를 행복하게 한다

마크 시손Mark Sisson은 건강과 피트니스 전문가다. 10년도 더 전에 '만성 유산소 운동'Chronic Cardio이라는 용어를 처음으로 사용해 지구력 운동선수가 훈련하는 방식을 설명한 인물이다. 만성 유산소 운동이란 최고 심장 박동 수의 75퍼센트에서 80퍼센트 정도로 장기간 운동하는 것을 뜻한다. 시손 역시 과거 이렇게 운동을 했다. 전직 장거리 달리기 선수이자 철인 3종 경기 선수이기도 한 그는 지구력 운동을 위해 많은 양의 탄수화물을 섭취했다. 염증을 일으키는 식품을 과다 섭취하고 지나친 훈련을 지속한 결과 골관절염, 과민성 대장 증후군에 시달렸고 결국 진로를 바꿀 수밖에 없었다.

코치로 전향한 그는 선수들이 자신과 비슷한 문제를 겪고 있음을 알게 되었다. 선수들은 과거의 그처럼 지나치게 힘든 운동을 매우 오래했지만 바라는 결과를 내지 못하는 상태였다. 그는 과다한 운동을 하지 않고도 지구력을 높이는 방법을 연구한 끝에 효과가 큰 한 가지 방법을 찾았다. 활동성이 낮은 움직임을 늘리고, 무거운 중량 운동은 가끔씩만 하며, 단거리 전력질주는 일주일에 한 번만 하는 운동방법이었다.

그의 말에 따르면 지구력 훈련의 핵심은 저강도 훈련을 기본으로 하되 가끔씩 전력을 다하는 운동을 병행하는 것이다. 이는 우리의 선조들이 해온 방식이다. 선조들은 한 번에 한 시간 이상 달리지 않았다. 대신 저강도로 끊임없이 움직여 체내 지방을 태웠고, 위험한 상황이나 사냥을 할 때만 가끔씩 전력을 다해 움직였다.

현대사회에서는 이런 패턴으로 몸을 쓸 수 없기 때문에 시손은 빨리 걷기, 하이킹, 사이클링과 같은 저강도, 중강도의 유산소 운동을 30분에서 1시간 정도 하는 것이 좋다고 말한다. 매일 할 필요는 없지만 적어도 일주일에 두세 번은 해야 한다. 이때 지방을 연소시킬 정도의 심장 박동을 유지하는 것이 중요하다. 운동으로 단련된 사람들은 최고 심장 박동 수의 70퍼센트에서 80퍼센트, 일반인들은 60퍼센트에서 70퍼센트 수준을 유지하는 것이다. 지방을 태우고, 모세혈관망을 확장시키며 혈압을 낮추고 심장병을 포함해 퇴행성 질환의 위험을 낮추는 데 이상적인 심장 박동이다. 매일 20분간 민첩하게 걷는 정도의 움직임만으로도 앞서 말한 긍정적인 효과 대부분을 누릴 수 있다.

또한 시손은 저강도 운동에 일주에 한두 번의 무산소 인터벌 운동을 추가하는 것을 추천한다. 체중 부하 무산소 운동은 근육을 키우는 데 가장 좋은 방법이다. 염증을 낮추고 건강을 회복하기 위해서는 지방이 적은 근육형 몸으로 단련해야 한다. 저강도 운동에 가끔씩 무산소 인터벌을 병행할 때 유산소 능력이 향상되고, 성장 호르몬 분비가 증가하며, 인슐린 감수성이 높아진다.

시어스 박사가 강연으로 싱가포르에 머물 당시 방문했던 한 온실은 최고의 환경과 보살핌에도 불구하고 나무와 식물들이 급속도로 죽어가고 있었다. 온실 관리자들은 나무가 조금도 움직이지 않는다는 것을 깨닫고 온실 내부에 여러 대의 선풍기를 설치했다. 식물들이 조금씩 흔들리자 마침내 잘 자라기 시작했다. 시어스 박사는 이때 목격한 것을 인간의 건강에 비유했다. 식물과 마찬가지로 인간은 음식과 물, 햇볕만으로는 충분하지 않다. 움직일 수 있는 환경이 조성되어야 한다.

어떤 종류든 의식적 움직임은 신경발생(새로운 뉴런 생성), 신경세포 보호, 세포의 생존, 시냅스 가소성, 새로운 기억의 형성과 보존을 촉진한다. 또한 몸을 움직일 때 엔돌핀이 생성되어 행복해지는 기분이 든다. 갤럽 셰어케어 웰빙 지수Gallup-Sharecare Well-Being Index에 따르면 일주일에 최소 2일 운동하는 사람들은 그렇지 않은 사람들에 비해 행복지수가 높고 스트레스를 덜 받는다고 한다.

세대도 다르고 완벽히 다른 이력을 지녔음에도 스타렛과 시어스 박사가 주장하는 핵심은 같다. 스타렛은 인지기능이 신경계와 밀접한 연관이 있다고 주장했다. 인지기능을 높이고 싶다면 움직임을 증가시켜야 한다. 얼마나 움직여야 하는가에 대해서는 이견이 있을지라도 본질은 다르지 않다.

최강의 TIP

- 너무 오래 앉아 있으면 시들어 죽게 된다. 자연스럽고 자유롭게 움직여야 생기 넘치는 건강을 얻을 수 있다.
- 무거운 중량 운동은 일주일에 한 번만 한다.
- 스트레칭은 일주일에 두 번만 한다.
- 단거리 전력질주는 일주일에 한 번만 한다.
- 일주일에 3회에서 6회, 20분에서 60분 동안 걷거나 느린 유산소 운동을 한다.

유연함을 키우며 내면을 단련한다

스트레칭은 눈에 띄는 변화를 가져오지는 않지만, 몸을 움직이고 수행하는 방식을 바꿔놓는 운동이다. 고성과자의 필수 요소인 회복력은 스트레칭, 요가 등의 움직임을 통해 몸과 마음을 하나로 연결할 때 얻을 수 있다.

———————— 엘리트를 논할 때 미 해군 소속 특수부대인 네이비실Navy SEAL을 빼놓을 수 없다. 네이비실 퇴역군인인 마크 디바인Mark Divine을 〈불릿프루프 라디오〉에 초대해 그가 어떻게 자신의 분야에서 세계 최고 중 한 명이 될 수 있었는지 비결을 들었다. 엘리트 전사를 이끄는 대신 이제 그는 수많은 중역들을 대상으로 강연을 한다. 군인으로서 대단한 업적을 남기는 데 중요하게 작용했던 강력한 의식, 집중력, 강인함, 침착함을 유지하는 방법을 가르치고 있다. 침착하고 온화한 성품의 디바인은 내가 '마크'란 이름이 스트리퍼에 잘 어울린다고 농담을

했을 때도 나를 바닥에 내리꽂기는커녕 웃어넘겨주었다.

네이비 실 군인이 왜 요가를 할까?

그는 자신의 분야에서 두각을 나타내는 데 가장 큰 기여를 한 것 중 하나로 아쉬탕가Ashtanga 요가 수행을 언급했다. 아쉬탕가 요가에는 그가 수련한 무술 훈련과 공통점이 있다. 그는 아쉬탕가 요가의 동작을 모두 외워 순차적으로 연마하며, 무술에서 상급 띠를 땄던 것처럼 요가 시리즈를 차례대로 마스터했다. 요가 시리즈를 단계별로 익히는 과정이 목표 지향적이고 전투적으로 느껴졌는데, 그 점이 아쉬탕가 요가의 특징이기도 했다. 물론 아쉬탕가보다 훨씬 부드러운 요가도 있다.

당시 예비역 장교였던 디바인은 2004년에 이라크로 떠나야 했다. 그러나 떠나기 얼마 전, 민간 군사 기업인 블랙워터Blackwater 요원 네 명이 팔루자에서 반군에게 습격을 당한 사건이 벌어졌다. 디바인의 친구인 스테판 '스콧'(닉네임―옮긴이) 헬벤스톤Stephen 'Scott' Helvenston도 그중 한 명이었다. 스콧을 포함해 네 명의 군인이 잔인하게 살해당했다. 목숨을 잃은 군인들의 모습을 보도한 장면을 보고 디바인은 큰 충격을 받았다. 그리고 얼마 후 디바인은 친구가 끔찍하게 죽음을 맞이한 바로 그 장소에 가야만 하는 상황에 놓였다. 그가 이라크로 배치되기 며칠 전, 테러리스트 단체는 미국 펜실베이니아 출신의 방송탑 정비기사인 닉 버그를 참수하는 영상을 공개했다.

바그다드로 향하는 내내 디바인은 태어나서 처음 느껴보는 극심한 긴장감에 떨었다. 자신에게 극단적인 일이 벌어질 수 있다는 생각에 신경이 곤두서고 경계심이 높아졌다. 가만히 앉아 있을 수 없었던 디바인은 비행기 뒤편으로 가서 요가를 시작했고, 점차 마음의 평온을 찾았다. 덕분에 어느 정도 감정을 통제할 수 있게 되었다. 비행기가 이라크의 사막으로 향할 때쯤 그는 한결 안정되었다. 바그다드에 도착했을 때는 조금 더 평온해졌다. 전투지역임을 감안하면 비교적 평온한 마음 상태였고, 앞으로 벌어질 일에 대해 어느 정도 준비가 되어 있었다.

그가 도착 전에 마음의 안정을 찾아 다행이었다. 왜냐하면 디바인이 비행기에서 내린 지 채 15분도 안 돼서 포탄이 떨어졌기 때문이다. 누군가 외쳤다. "포탄이 날아온다!" 바람 소리와 함께 그를 향해 박격포가 날아왔고 불과 400미터 거리에 포탄이 떨어졌다. 그러나 마음의 안정을 찾은 덕분에 그는 그 상황에서도 침착함을 유지할 수 있었다.

이후 실SEAL 팀원 몇 명이 디바인을 태워 사담 후세인이 전에 머물던 궁전 중 한 곳에 자리한 기지로 안내했다. 그곳에는 운동을 할 만한 공간이 없었다. 그러나 야간 전투 임무 수행 중에도 몸을 단련할 방법을 어떻게든 마련한다고 했다. 가장 가까운 헬스 시설은 빅토리 기지에 있었고, 그곳까지 가려면 장갑차 험비를 타고 전투지역을 거쳐야 했다. 시간을 들이고, 위험을 감수하면서까지 운동을 하러 갈 수는 없었다. 그래서 디바인은 기지 주변을 돌며 5킬로미터를 달렸고 맨몸 근력 운동을 시작했다. 요가가 하고 싶어 견딜 수 없었지만 바그다드는 물론 이라크 전역 어디에도 요가 수업을 들을 만한 곳은 없었다. 그는 그간 배웠던 핫 요가, 파워 요가, 아쉬탕가 요가를 바탕으로 자신의 직관에 따라 혼자서 요가 수행을 하기로 마음먹었다.

기지 주변의 호수 옆에 마련된 작은 집에서 자신만의 요가 수련원을 열었다. 머릿속에 떠오르는 그림처럼 멋있는 곳은 아니었다. 그곳 사정을 잘 모르는 사람들을 위해 설명하자면, 집 안의 벽에는 총격전으로 움푹 패인 구멍이 가득했다. 그렇지만 나무 몇 그루가 드리워져 사막의 열기를 막아주었고, 기지에서 제법 떨어져 있어 다른 병사들의 시선에서 자유로울 수 있었다. 그는 매일 아침 식사를 거르고 새로 발견한 수련 장소에서 위안을 찾았다. 요가와 기능적 인터벌 운동, 호신술 동작, 호흡법, 시각화 훈련 등을 조합해 자신만의 운동 루틴을 만들어나갔다. 수련 후에는 놀라울 정도로 의식이 명징해지고 마음이 차분해진다는 사실을 깨달았다.

가장 유연한 것이 가장 강한 이유

디바인은 이미 다양한 운동을 적절하게 결합할 수 있을 정도로 몸의 움직임과 호흡법에 대한 지식을 충분히 갖추고 있었다. 회복이 필요하다고 생각되면 기운을 되찾고 전쟁 스트레스를 떨치게 해주는 요가 동작과 호흡법, 시각화 훈련을 선별해 수행했다. 체력 단련이 필요할 때는 조금 더 진취적인 요가 자세로 워밍업을 한 후 맨몸 근력 운동을 했고, 그 뒤 앉아서 하는 요가 동작과 집중력 훈련으로 마무리했다. 수련은 전쟁의 한가운데서 그를 버티게 해주는 힘이었다. 이라크 전쟁이 한창일 때에도 그는 평온한 마음으로 자신의 감정을 통제할 수 있었다. 온전히 현재에 집중한 의식과 에너지 넘치는 정신과 자신에게 주어진 임무에 완벽히 준비된 자세로 하루를 열었다. 누구나 도달하고 싶어하는 경지였다.

시간이 흐르면서 디바인은 자신의 루틴을 누구나 할 수 있는 운동 형태로 바꿔나갔고, 네이비실 대원들의 훈련에도 적용했다. 그 과정에서 그는 요가가 딱딱한 체력 단련 운동을 대체할 수는 없지만, 부족한 부분을 완벽하게 보완해주는 운동이라고 생각했다. 웨이트 트레이닝 운동 몇 가지와 병행한다면 요가는 호르몬의 균형을 유지하고, 근력과 유연성을 동시에 향상시켜줄 것이다. 또 세포 생성과 재생에 필수적인 성장 호르몬의 분비를 촉진시키는 데 탁월한 효과가 있는 균형 잡힌 운동이 될 수 있었다.

디바인의 훈련은 호흡법과 정신력 훈련(집중력, 시각화, 명상), 기능적 움직임이 모두 합쳐진 형태다. 전통 요가 자세와 크로스핏, 케틀벨 스윙 등 그 순간, 공간 속에서 자신의 몸에 대한 집중력을 높이고, 호흡과 움직임을 하나로 연결하는 운동이 한데 어우러져 있다. 꾸준한 수행을 통해 그는 자신의 내면을 가꾸고, 생각과 감정을 다스리며, 전사의 정신에 진정으로 가까워지고 있음을 느꼈다. 자신의 요가에 무사의 정신을 뜻하는 일본어를 차용해 '코코로'Kokoro 요가라는 이름을 붙였다.

내면에 집중하는 운동을 통해 디바인의 신체 회복력은 높아졌다. 정체기나 번아웃, 부상 없이 몸을 단련하는 스킬을 점진적으로 향상시킬 수 있었다. 디바인은 자신이 고안한 운동의 가장 큰 장점이 척추를 건강하게 만들어주는 것이라고 했다. 척추 사이에 공간을 확장해 혈류와 에너지의 흐름이 원활해지는 것이다. 그는 척추가 건강하면 신경계도 건강해지고, 그 결과 온몸에 긍정적인 효과가 나타난다고 말했다.

코코로 요가의 또 다른 장점은 해독작용이다. 몸을 비트는 동작은 내부 장기를, 정신 훈련은 마음과 정서를 해독해 집중력이 높아진다.

세 번째 장점은 관절과 근육이 유연해지는 것이다. 그렇다고 해서 코코로 요가에 머리 뒤로 다리를 거는 동작이나 프레즐처럼 몸을 꼬는 동작이 있는 것은 아니다. 사실 그와 정반대다. 디바인은 이런 과시용 동작을 두고 하등 쓸모없는 '교묘한 속임수'라고 말한다.

그의 말도 일리가 있긴 하다. 하지만 나는 몇 년간 요가를 통해 정확한 움직임을 배운 뒤, 마흔 다섯 살의 나이에 195센티미터의 키, 제법 근육이 잡힌 몸으로 다리를 목 뒤로 넘기는 '교묘한 속임수'를 할 수 있어서 기쁘게 생각한다.

이 이야기의 핵심은 뭘까? 게임 체인저가 되려면 무조건 요가를 배워야 한다는 말일까? 꼭 그런 뜻은 아니다. 그저 요가가 체력과 유연성을 기르는 동시에 평온한 정신과 명징한 의식을 깨우칠 수 있는 가장 효과적인 운동 중 하나임을 말하는 것이다. 온라인 영상을 통해서도 요가를 배울 수 있다. 하지만 훌륭한 강사가 직접 가르쳐주는 섬세한 움직임에는 비할 수가 없다. 기회가 된다면 요가를 접해볼 것을 권한다.

제 7 장

음식이
아웃풋을
결정한다

지금쯤이면 게임 체인저들이 가장 중요하게 생각하는 것이 무엇인지 궁금해질 것이다. 아마도 더 이상은 두뇌 훈련이나 비밀스런 닌자 파워를 기르는 비법이 나오질 않길 바라는 마음이 들지도 모르겠다. 그렇다면 좋은 소식을 하나 안겨줄 수 있을 것 같다. 내가 인터뷰한 고성과자의 75퍼센트가 성과의 가장 중요한 요소로 꼽은 것은 우리가 매일 마주하는 것, 즐거워하며 기꺼이 마주하는 것, 바로 '음식'이다.

게임 체인저 4분의 3이 자신이 무엇을 먹고 또 무엇을 먹지 않는지가 수행능력의 가장 중요한 요소라고 답했다. 명상이나 운동보다 더 말이다! 음식을 세상 그무엇보다 중요한 요소로 꼽았다. 혹시 의학과 영양학 분야의 세계 최고 전문가들과 인터뷰를 했기 때문에 편향된 결론이 나온 것은 아닌가 하는 의구심이 들수도 있다. 더 나은 인간이 되기 위한 방법을 찾던 나는 음식이 모든 일에 영향을 미친다는 사실을 깨달았다. 그 깨달음 때문에 음식을 잘 알고 제대로 이해하는 사람들을 인터뷰하기 시작했으니 틀린 말은 아니다.

내가 만난 전문가들 중에는 음식에 대한 사람들의 인식을 변화시키는 데 앞장선 인물도 있다. 건강 분야와는 조금도 연관이 없는 게스트들이 자신의 분야에서 리더로 우뚝 서는 데 필수적이었던 에너지, 집중력, 지적 능력이 모두 음식에 그 원천이 있다고 밝혔다. 좋은 음식을 선별해 몸과 두뇌에 훌륭한 연료를 공급했기에 가능했다는 것이다.

물론 인간에게 좋은 음식이란 무엇인가에 대한 논쟁은 뜨겁다. 내가 생각하는 좋은 음식은 무엇이고, 또 그렇게 생각하는 이유가 무엇인지 궁금하다면 《최강의 식사》를 참고하기 바란다. 하지만 이번 장에서는 우리가 무엇을 먹어야 하는지를 살펴보려는 게 아니다. 자신의 분야에서 최고의 자리에 오른 사람들이 왜 음식을 가장 중요한 요소로 꼽았고, 왜 우리도 음식에 신경 써야 하는지를 다룰 예정이다. 한 가지 약속할 수 있는 것은, 이번 장에 소개되는 어떤 법칙에서도 커피에 버터를 넣어 먹으라는 말은 없다는 것이다!

배가 고픈 것인가
다른 무엇이 고픈 것인가

사람들은 결핍을 느낄 때 음식을 먹는다. 음식에 대한 결핍일 수도 있고, 에너지나 수면이 부족해서일 수도 있다. 그러나 사랑과 유대감, 마음의 안정이 부족한 경우가 훨씬 많다. 정말 자신에게 필요한 것이 음식인지 진심으로 되짚어봐야 한다. 만약 음식의 결핍이 아니라면 마음속 허전함을 채울 수 있는 방법을 반드시 찾아야 한다.

신시아 파스퀠라-가르시아Cynthia Pasquella-Garcia는 영양 전문가이자, 영성 지도자, 모델, 방송인, 베스트셀러 작가다. 그녀는 영양학, 심리학, 영성을 기반으로 한 혁신적 영양 협회Institute of Transformational Nutrition의 창립자이자 디렉터로 활동하고 있다. 또 영역을 확장해 원하는 몸매, 건강, 삶을 가로막는 장애물에 대해 이야기하는 온라인 동영상 시리즈 〈당신에게 정말 필요한 것〉What You're Really Hungry For의 진행자로 활약하고 있다.

식습관 뒤에 숨겨진 '진짜' 문제

파스퀠라-가르시아는 모델인 동시에 TV 진행자로 엔터테인먼트 업계에서 일하며 전형적인 할리우드 라이프 스타일을 따르고 있었다. 근무 시간이 길었고, 잠이 부족했으며, 너무 많은 파티에 참석했고, 술을 많이 마셨다. 이런 생활이 결국 그녀의 발목을 잡았다. 여드름투성이에 11킬로그램이나 살이 쪘다. 머리카락이 툭툭 끊기면서 계속 빠졌고, 지방이 쌓일 거라고 생각지도 못했던 부위 곳곳에 셀룰라이트가 가득한 몸으로 변했다. 그러나 비단 몸의 변화만이 아니었다.

그녀는 자신이 우울증과 싸우고 있음을 공석에서 여러 차례 밝혔다. 하지만 건강하지 않은 라이프 스타일 때문에 새로운 문제가 또 발생했다. 만성 피로증후군이란 진단을 받았다. 잠을 아무리 많이 자도 피곤한 병이었다. 아침에 일어나는 순간부터 밤에 잠자리에 누울 때까지 피로함을 느꼈고, 단기 기억상실증으로 고통 받기 시작했다.

여러 의사들을 찾아다녔고, 영양 전문가들과 트레이너들을 만났다. 영적 의식과 에너지 치료도 받았다. 약을 삼키고, 온갖 종류의 셰이크도 마셨지만 효과가 없었다. 어느 날 아침, LA에 있는 작은 아파트에서 눈을 뜬 그녀의 한쪽 가슴에서 멍울이 만져졌다. 다른 쪽 가슴도 마찬가지였다. 더 이상 살 의욕이 없는 듯 바닥에 망연자실 쓰러졌다. 왜 자신에게 나쁜 일들이 연달아 일어나는지 자문했다.

이렇게 큰 고통이 그녀에게 닥친 것은 처음이 아니다. 어려운 가정 형편 아래 자란 터라 음식과 생필품을 살 돈이 항상 부족했다. 어린 시절 가정 폭력과 성적 학대를 당한 기억은 무의식 깊은 곳에 정서적 상흔을 남겼고, 성인이 된 후에도 끈질기게 그녀의 발목을 잡았다. 가슴에 혹을 발견한 아침, 더 이상은 싸워나갈 의욕이 없었다고 내게 고백했다. 평생 동안 삶을 향한 싸움을 계속했지만 더는 못하겠다는 생각이 들었다. 자신에게만 끔찍한 일이 연이어 벌어지는 현실에 분노했다.

그 순간, 그녀의 내면에서 목소리가 들려왔다. 그 목소리는 그녀에게 감사함을 느껴야 한다고 말했다. '이 일들은 네게 벌어진 일이 아니라 네게 일어난 일'이라고. 그때야 비로소 정신이 번쩍 들었고, 자신이 '피해자' 역할을 자처했음을 깨달았다. 그녀는 자신과 비슷한 고통을 겪은 뒤 절망에 빠지고 패배감에 사로잡힌 사람들이 많음을 알게 되었다. 그녀는 혼자가 아니었다. 자신과 비슷한 처지의 사람들에게 힘이 되어야겠다고 결심했다.

하지만 그러기 위해서는 우선 그녀 자신부터 마음을 다잡아야 했다. 파스퀠라-가르시아는 자신이 겪고 있는 증상들에 대해 조사를 시작했고, 영양학을 낱낱이 파고들었다. 건강과 심리학을 공부했다. 명상과 허브에 대해서도 배웠다. 그 덕분에 음식과민증과 체중감소저항증을 알게 되었고, 몸을 올바르게 해독하고 치유하는 방법을 깨달았다. 영적 수행에도 참여하며 몸과 마음이 어떻게 연결되어 있는지 경험한 그녀는 자신이 배운 것들을 삶에 적용하기 시작했다. 단번에 눈에 띄는 결과가 나오지는 않았다. 하지만 꾸준히 생활습관을 바꾸자 몸의 증상들이 조금씩 줄어들다가 완전히 사라졌다.

그녀는 과학, 심리학, 영적 수행을 바탕으로 자신과 비슷한 아픔을 겪는 사람들에게 도움을 주었고, 자신의 도움으로 사람들이 변하는 것을 직접 목격했다. 체중을 감량하고 피부가 좋아지고 활력을 얻는 것뿐 아니라 옳지 않은 관계에서 벗어났다. 자신이 원치 않는 직업을 과감하게 포기했고, 자신이 어떤 사람인지 기억해냈다. 스스로 멋진 삶을 살 수 있다며 용기를 불어넣었다. 음식은 그저 일부분일 뿐이었다.

감정과 정서까지 고려한 맞춤형 영양 솔루션

파스퀠라-가르시아처럼 몸무게와 씨름하고 있는 사람들 대부분의 문제는 사실 음식에 있지 않았다. 문제는 마음이었다. 식습관에 변화가 필요한 것이 아니라, 심리적이고 정신적인 수련을 통해 마음속에 자리한 깊은 허전함을 채워야 했다. 그녀는 자신의 프로그램을 '혁신적 영양'이라고 부른다. 그저 단순한 식습관의 변화가 아니라 인생 전체를 혁신적으로 바꾸는 방법이기 때문이다. 그녀는 혁신적 영양 협회에서 코치들을 양성하며 개인의 욕구에 따라 맞춤형 솔루션을 제공하는 방법을 가르친다.

나는 '맞춤형 영양'이라는 아이디어가 특히 좋았다. 각 개인의 문제가 음식 때문인지 혹시 다른 이유가 있는 것인지 원인을 찾아갈 수 있는 방법이었기 때문이다. 나는 오래전부터 같은 방법도 사람에 따라 다른 결과를 만든다는 사실을 알고 있었다. 《최강의 식사》에서 한 카테고리를 '수상쩍은 음식'Suspect Food에 할애한 것도 그런 이유에서다. 어떤 음식이 몇몇 사람들에게는 좋지만, 어떤 사람들에게는 맞지 않는다. 파스퀠라-가르시아는 여기서 한 발짝 더 나아가 개인의 심리적, 정신적 측면을 고려해 맞춤형 방법을 고안했다. 이것을 가리켜 사람들에게 변화를 불러일으키는 마법이라고 그녀는 말했다.

그녀의 이야기를 과장이라고 생각하는가? 실제로 많은 사람들이 기쁨, 분노, 지루함, 슬픔 등의 정서적 원인 때문에 음식을 먹곤 한다. 감정적 식사는 우리 문화 곳곳에서 너무도 흔한 문제라 사람들은 자신이 감정적 식사를 하고 있다는 사실조차 깨닫지 못한다. 파스켈라-가르시아는 감정적 원인으로 음식을 섭취하고 있는지 여부를 쉽게 알 수 있는 방법이 있다고 한다. 배가 고파서가 아닌 다른 이유로 음식을 먹는다면 바로 감정적 식사를 하는 것이다. 기쁜 일이 있을 때 가장 좋아하는 음식을 먹으며 축하해서는 안 된다는 말이 아니다. 몸에 맞지 않는 음식이나 과식이 문제라는 뜻이다. 그녀는 감정적 식사일 때 드러나는 몇 가지 신호를 알려주었다.

- 배가 고프지 않은데도 두 번째 조각을 집어 든다.
- 기분 좋은 소식을 들으면, 무언가를 먹으면서 기쁨을 만끽해야 한다는 생각이 가장 먼저 든다.
- 심심하고 지루할 때 가장 좋은 방법은 음식을 먹는 것이다.
- 음식을 먹으며 마음의 안정을 얻는다.
- 친구나 사랑하는 사람 때문에 마음 상하는 일이 생길 때 빠르게 기분을 회복할 방법은 고칼로리 음식을 먹는 것이다.
- 스트레스를 받거나 감당할 수 없는 상황이 닥치면 음식에서 위안을 찾는다.
- 다이어트 식단을 지키지 못해 속상할 때면 가장 좋아하는 음식을 마음껏 먹으며 우울감을 떨친다.
- 음식을 다 먹은 후 무슨 맛이었는지 기억이 나지 않는다.

아래에 나온 리스트 또한 가르시아가 말하는 신호에 포함되지만 내 경험상 감정적 식사의 신호에만 해당되는 건 아니다. 자신의 몸에 맞지 않는 잘못된 음식을 먹었거나 음식 혹은 환경의 독소, MSG와 같은 화학조미료로 인한 증상일 수도 있다. 만약 아래의 내용만 해당된다면 정서적인 부분이 아닌 생물학적인 부분에 원인이 있다. 두 가지 신호 리스트에 모두 해당 사항이 있다면 양쪽 원인을 모두 살펴야 한다.

- '허기'가 갑자기 찾아오고 음식에 대한 열망을 참을 수 없다.
- 음식을 먹은 후에도 허기가 진다.
- 특정 음식이 먹고 싶다.

최강의 TIP

- 정서적 불편함을 느낄 때 어떤 음식을 먹는지 주의 깊게 살핀다.
- 칼로리를 계산하는 기능이 없는 앱을 선택해 자신이 먹는 음식을 기록한다. 스스로 감정적 식사를 하고 있다고 생각한다면, 음식과 감정을 모두 기록할 수 있는 '라이즈 업+리커버'Rise Up+Recover 가 적합하다.
- 가르시아의 프로그램 등 자신에게 와 닿는 자기계발 프로그램을 찾아 들어본다.
- 본인의 굶주림이 무엇에서 비롯된 것인지 정확히 알 수 없다면 테라피스트를 고려해보는 것도 좋다.

할머니가 주신 음식을
기억하라

고대의 지혜에 따라 선조들은 무엇을, 어떻게, 언제 섭취해야 하는지 잘 알고 있었다. 거대 식품 산업은 우리 안에 내제된 지혜를 앗아가고 대신 값싼 패스트푸드를 그 자리에 밀어 넣었다. 역사를 거슬러 올라가 몇 세대 전 '당신의 조상'이 어떤 음식을 먹었는지 곰곰이 생각해보길 바란다. 유전적 배경으로 어떤 음식이 당신에게 잘 맞는지 이미 결정되어 있을지도 모른다. 어쩌면 수백 년 전에 이미 자리 잡은 식성이 있을 수도 있다. 그렇다면 따라야 한다.

───────── 생화학자인 배리 시어즈Barry Sears 박사는 영양학 분야의 권위자다. 1995년 첫 책 《존 다이어트》The Zone Diet를 출간해 항염 작용에 대한 관심을 처음으로 끌어냈으며 여러 권의 책을 써서 큰 반향을 불러일으켰다. 시어즈 박사는 비영리 단체인 항염 연구 재단의 설립자이자 이사장이기도 하다. 그는 당뇨병, 심혈관계, 신경계 질환을 치료하는 새로운 식이법을 연구하고 있다.

할머니의 식단에 건강이 들어 있다

시어즈 박사는 할머니야말로 21세기 생명공학의 최첨단에 서 있었다고 말한다. 선조 대대로 전해진 천년의 지혜를 통해 할머니 세대는 어떤 음식이 몸에 이롭고 해로운지를 알고 있었다. 그러나 세계 2차 대전 이후 우리는 이 귀한 지혜를 외면하기 시작했다. 음식은 하나의 거대한 사업으로 변모했다. 전쟁 이후 기업들은 음식 생산을 기계화·산업화하며 소비자들에게 기업에서 만든 '음식'이 몸에 좋을 뿐 아니라 굉장히 맛있고 저렴하다고 선전했다.

그 후 수십 년 동안 공장에서 생산된 음식이 우리의 몸에 어떤 문제를 일으킬지 생각조차 하지 않은 채 맛과 가격을 음식의 기준으로 삼아 소비했다. 그 결과 오늘날 비만과 질병이 기록적인 수준으로 치닫고 있고, 유전자 구조의 변이까지 발생했다. 지금 당신이 섭취하는 음식이 몇 년 후 자손의 유전자에 영향을 미친다. 그러니 당신의 할머니 혹은 증조할머니처럼 음식을 섭취해야 한다. 위태로운 것은 비단 당신의 건강만이 아니다. 다음 세대 역시 당신의 손에 달려 있다.

영양학 분야에서 뛰어난 영향력을 지닌 연구소인 'LA레이커스'의 영양 컨설턴트로 활약하고 있는 캐서린 섀너핸Catherine Shanahan 박사를 만났다. 섀너핸 박사는 코넬 대학에서 생화학과 유전학을 공부한 뒤 가정 주치의 면허를 획득했다. 영양학에 대한 연구를 계속해온 섀너핸 박사는 할머니 세대의 음식을 먹어야 한다는 시어즈 박사의 의견에 동의하며,《왜 우리는 전통 음식을 먹어야 하는가》라는 책을 펴냈다.

몸이 아픈 이유는 유전자의 기대가 여러 번이나 충족되지 못한 결과라고 설명했다. 유전학 입장에서 건강을 이해하려면 어제 혹은 지난 주에 먹은 음식이나 생활습관을 되돌아보는 것이 아니라고 한다. 지난 몇 년간의 음식과 생활습관, 나이가 있는 경우라면 지난 몇 십 년 동안 의 선택은 물론 우리 부모 세대와 조부모 세대까지 거슬러 올라가야 한다.

섀너핸 박사가 함께하는 스타 선수들은 완벽한 체형에 최고의 기량 을 펼치지만 하루에도 수십 개의 초코바를 먹는 사람들이었다. 그녀는 이런 식습관은 지금 당장은 아닐지라도 나중에 어떤 식으로든 대가를 지불하게 된다고 말했다. 이런 선수들은 수 세대 동안 충분한 영양 공 급을 받았고, 현재의 나쁜 식습관에도 굳건한 건강을 지켜낼 수 있는 유전자를 타고났다. 반대로 영양 상태가 안 좋거나 기근에 시달렸던 조 상을 두었다면 유전자에 약간의 손상만 가해져도 몸이 훨씬 예민하게 반응하게 된다. 다시 말해, 당신이 현재 겪고 있는 모든 문제가 어쩌면 부모나 조상의 과오로 빚어진 결과일 수 있다는 의미다.

섀너핸 박사는 도미노 피자와 도리토스 과자를 먹는 식습관을 유지 한다면 결국 당신에게도 그에 따른 결과가 나타날 것이라고 말한다. 아 니 더 정확히 말해 당신의 손자손녀에게 그 결과가 나타날 것이다.

마크 하이만Mark Hyman 박사는 11권의 책을 낸 베스트셀러 작가이자 명성 높은 클리블랜드 클리닉Cleveland Clinic의 기능의학 센터장이다. 그 는 '음식은 그저 칼로리가 아니라 정보'라는 명언을 전했다. 음식은 우 리 몸의 모든 세포와 유전자에 메시지를 전달하고 동시에 유전자 발현 에도 영향을 미친다. 우리가 섭취하는 음식의 질이 중요한 이유가 여기 에 있다. 원시인처럼 식사를 할 필요는 없지만, 진짜 음식을 먹어야 할 필요는 있다.

시어즈 박사와 섀너핸 박사, 하이만 박사와의 인터뷰를 바탕으로 내용을 정리하니 또렷한 게 보였다. 우리의 할머니들이 한 말 중에 네 가지 현명한 가르침이 있었다는 것 말이다.

• 공복과 소식

할머니는 공복 시간을 길게 유지하고 음식을 적게 먹어야 한다고 말했다. 할머니 세대에는 음식이 아주 비싸고 귀했기 때문에 자연스레 그럴 수밖에 없기도 했다. 시어즈 박사는 자신이 올바른 식습관을 갖고 있는지 확인하는 가장 좋은 방법은 식사하고 얼마 후에 배가 고픈지 살펴보는 것이라고 했다. 식사 후 5시간 동안 허기를 느끼지 않는다면, 신진 대사가 원활하다는 뜻이다. 또 섭취한 음식이 생리작용과 유전자에 호르몬상 올바른 음식이었다는 증거다.

인류가 수천 년간 해왔듯이 장시간 공복 상태를 유지하는 것이 건강에 이롭다. 단식 시간이 길어지면 몸은 저장된 지방을 쓰기 시작하는데, 지방산을 연료로 쓸 때 간에서 수용성 분자인 케톤이 생성된다. 그렇게 되면 가짜 허기를 느끼게 하는 나쁜 화학 물질과 식욕이 사라져 음식의 진정한 가치를 음미할 수 있게 된다.

항상 배가 고픈 것이 당연한 줄 알았던 나는 그 상태에서 벗어난 뒤에야 몸이 불릿프루프 상태가 된다는 것이 어떤 의미인지 깨달았다. 생애 처음으로, 6시간 동안 최고의 수행능력을 발휘하고는 '지금 당장 뭔가를 먹지 않으면 죽을지도 몰라!'가 아닌 '뭘 먹을 수 있을 것 같아'라는 생각이 들었다. 시어즈 박사에 의하면 이러한 현상은 내 신진대사가 치유되고 있으며, 내 유전자와 몸에 맞는 올바른 음식을 먹고 있다는 방증이라고 했다. 나는 허기의 족쇄에서 벗어났을 때 비로소 얼마나 큰 능력을 발휘할 수 있는지 깨달았다.

• 적당한 단백질 섭취

할머니는 단백질을, 정확히는 아미노산 류신이 풍부한 단백질을 섭취해야 한다고 말했다. 물론 할머니가 그렇게 어려운 용어를 써서 말한 것은 아니다. 20개의 아미노산 중 오직 류신만이 포유류라파마이신표적$_{mTOR}$이라는 유전자 전사 인자를 활성화시킨다. 그래서 근육의 단백질 합성을 도와 근육을 생성하고, 나이가 들면서 생기는 근육 손실을 막는다.

류신이 함유된 식품은 유제품, 소고기, 닭고기, 돼지고기, 생선, 해산물, 견과류, 씨앗류다. 앞 장에서 노화에 따른 근육 손실을 줄이는 것이 중요하다는 사실을 우리는 이미 확인했다. 어쨌든 식물이나 동물의 단백질을 너무 많이 섭취하는 것 또한 너무 적게 섭취하는 것만큼이나 건강에 안 좋다.

• 채소와 폴리페놀

할머니는 접시에 담긴 채소를 모두 먹기 전에는 식탁에서 벗어나지 못하게 했다. 왜였을까? 허브, 향신료, 커피, 초콜릿, 차, 채소에는 세포의 기능을 극대화시키는 폴리페놀 혼합물질이 들어 있다. 폴리페놀은 소량 섭취만으로도 항산화 유전자를 활성화시키는데, 이 유전자가 항산화 효소의 활성을 증가시킨다. 대부분의 항산화제는 하나의 유리기Free Radical만 제거하고 작용을 멈춘다. 그러나 항산화 효소는 수천 개의 유리기를 계속해서 파괴하는 힘이 있다. 일명 유리기 청소기다.

폴리페놀을 많이 섭취하면 염증 반응을 일으키는 핵심 유전자인 핵인자 카파 B의 활동을 억제하는 항염증성 유전자가 활성화된다. 폴리페놀을 더욱 많이 섭취할 때 노화방지 유전자인 SIRT1이 촉진되어 세포가 더욱 건강하고 젊게 유지된다. 폴리페놀에는 발효성 섬유질이 함유되어 있는데, 이 발효성 섬유질은 장내 유익균의 먹이가 된다. 그래서 시어즈 박사는 폴리페놀을 가리켜 '장의 일류 조각가'라고 불렀다.

하루 1그램의 폴리페놀을 섭취해야 항염증성 유전자를 활성화시킬 수 있다. 와인을 마시며 폴리페놀을 섭취한다고 믿고 싶은 사람들이 많지만 권하고 싶지 않다. 몸에 실제로 작용할 정도로 폴리페놀을 섭취하려면 하루에 레드 와인 11잔, 화이트 와인 100잔 이상을 마셔야 한다. 이렇게 와인을 마신다면 폴리페놀이 주는 득보다 실이 더욱 클 것이다. 와인보다는 폴리페놀이 가득 들어 있는 음식을 먹어야 한다고 시어즈 박사는 강조한다. 블루베리, 포도 그리고 파란색, 붉은색, 오렌지색 음식은 물론 다크 초콜릿과 내가 가장 선호하는 식품인 커피에 다량 함유되어 있다.

시어즈 박사와 인터뷰를 나누고 《헤드 스트롱》 집필을 위해 조사를 하며 아무리 많이 먹는다 해도 채소만으로는 건강을 최적화할 만큼의 폴리페놀을 섭취할 수 없다는 사실을 배웠다. 나는 하루에 최소 4그램의 폴리페놀을 섭취하기로 결심했다. 그래서 음식에 많은 양의 허브와 향신료(카레 가루, 생강, 쿠민, 시나몬, 오레가노, 세이지, 로즈메리, 타임, 파슬리는 훌륭한 공급원이다)를 추가했고, 오후에는 디카페인 커피를 마셨다.

뿐만 아니라 고함량 폴리페놀 보충제, 폴리페노메놀Polyphenomenol을 직접 생산했다.

폴리페놀이 유해 박테리아를 억제하고 염증을 낮췄으며, 생애 가장 날씬하고 건강한 몸을 만들어주었다. 인간의 신체 특성상 음식만으로는 장에 긍정적인 영향을 줄 만큼의 폴리페놀을 섭취할 수 없다. 위장이 감당할 수 없을 정도로 많은 양의 야채를 섭취해야 하니까! 그러니 우선은 할머니의 말씀대로 접시 위에 놓인 채소만이라도 다 먹어야 한다. 그러고 난 뒤 장 내부의 환경을 더욱 건강하게 만들고 싶다면 추가로 폴리페놀을 섭취하자.

• 오메가3와 오메가6의 균형 맞추기

할머니는 대구 간유 한 티스푼을 삼키기 전에는 집 밖을 나갈 수 없다고 했다. 물론 이렇게 말씀하신 이유는 정제어유 EPA와 DHA 혹은 그보다 좋은 크릴 오일을 구할 수 없어서다. 시어즈 박사의 전문 연구 분야는 오메가3 지방산이다. 오메가3는 우리에게 필요하지만 몸에서 생성되지 않는 불포화 지방산 중 하나다. 또 다른 하나는 오메가6 지방산이다. 우리가 섭취하는 음식에는 오메가3보다 오메가6가 훨씬 많다. 오메가6는 염증성 호르몬의 구성요소이고, 오메가3는 항염증성 호르몬의 구성요소이다. 이 두 가지 지방산 모두 건강을 위해 적정량이 필요하다.

오메가6와 오메가3 지방산의 이상적인 비율은 1 대 1.5에서 3 대 1 사이다. 즉 오메가6를 3그램씩 섭취할 때마다 오메가3를 1~2그램 정도 함께 복용해야 한다는 의미다. 시어즈 박사는 이 비율로 두 가지 산을 섭취해야 항염 반응을 높일 수 있다고 말하지만, 전형적인 미국 식습관을 따르는 대부분의 사람들은 18 대 1에 가까운 비율로 두 지방산을 섭취한다. 정크 푸드를 먹은 후 수행능력이 떨어지는 이유가 궁금한가? 오메가6의 섭취량을 살피면 된다.

액체로 된 저승사자 '식물성 기름'

할머니 세대에 비해 사회적으로 염증성 질환이 급격히 늘었다. 시어즈 박사는 비만, 당뇨, 심장병, 암, 알츠하이머와 같이 현대사회의 문제로 대두되는 질환은 모두 염증 반응 때문이라고 말한다. 그럼에도 우리는 식단에 점점 더 많은 오메가6를 추가하며 불을 지피고 있다.

가격이 저렴한 지방 공급원이란 이유로 사람들이 식물성 기름을 지나치게 많이 먹는 탓에 오메가6의 섭취량도 덩달아 늘었다. 너무 극단적으로 들리겠지만, 섀너핸 박사는 식물성 기름을 '액체로 된 저승사자'라고 불렀다. 식물성 기름은 화학적으로 불안정하고, 체내 DNA에 직접적으로 해를 가하는 유리기의 형성을 촉진해 방사선에 노출되었을 때와 비슷한 영향을 미친다. 그는 식물성 기름을 섭취하는 것은 몸 안에 방사선을 집어넣는 것과 비슷하다고 강조했다.

그러나 역사상 지금은 식물성 기름을 가장 많이 먹는 시대다. 미국에서 두 번째로 소비가 많은 카놀라유는 1985년 전까지만 해도 존재하지 않았다. 미국인의 몸에는 과거 어느 때보다 식물성 기름이 많이 축적되어 있다. 섀너핸 박사는 현대인의 지방 조직을 검사하면 50년 전의 지방 조직과는 분명 다르다고 말한다. 과거에 비해 조직에 훨씬 많이 함유된 액체 지방은 건강을 저하시키고 염증 발생의 확률을 높인다.

아직도 식물성 기름의 위험성을 인식하지 못했다면, 두뇌가 50퍼센트의 지방으로 구성되어 있다는 것을 생각해보자. 건강한 지방을 섭취할 수 없을 때 몸은 두뇌를 형성하기 위해 우리가 먹는 지방을 가리지 않고 끌어다 쓴다. 집을 짓는데, 좋은 벽돌을 구하지 못해 그 대신 스티로폼 조각을 끼워 넣는 꼴이다. 우리의 몸은 필요한 재료가 없을 때 그와 비슷한 재료를 활용해 어떻게든 대체해보려고 한다. 만약 두뇌가 염증성 기름으로 만들어진다면 어떻겠는가? 최고의 능력을 발휘할 수 없는 것은 당연하다. 티셔츠 위로 불룩 튀어나온 뱃살이 뇌에 생기는 것과 같다!

섀너핸 박사는 건강한 지방으로 뇌를 새로 만들고 나서야 진정한 자신을 찾을 수 있다고 말한다. 환자들이 본래의 뇌를 다시 찾았다고 느끼기까지 보통 2개월에서 6개월 정도 걸린다고 하는데, 나 역시 그랬다. 식단에 깨끗한 지방을 더하고, 버터와 아보카도, 코코넛, 브레인 옥테인Brain Octane 오일, 목초를 먹인 소에서 얻은 기 버터를 통해 안정된 지방을 추가했다. 그러자 내 안에 내재되어 있는 줄 몰랐던 엄청난 에너지와 회복력을 활용할 수 있게 되었다.

니나 타이숄스Nina Teicholz는 사회 깊숙이 뿌리내린 식물성 기름의 사용에 반기를 든, 또 다른 인물이다. 탐사보도 저널리스트인 타이숄스는 〈뉴욕 타임스〉, 《뉴요커》, 《이코노미스트》 등 여러 매체에 글을 기고하고 있으며, 베스트셀러 《지방의 역설》의 저자이기도 하다. 정말 마음에 꼭 드는 제목이다.

타이숄스는 내게 미국 심장 협회의 역사에 대해 이야기했다. 1940년대, 하인즈, 베스트 푸드Best Foods, 스탠다드 푸드Standard Foods 등 식품 제조사들이 몸집을 키워나가며 큰 영향력을 발휘하기 시작할 무렵, 미국 심장 협회는 지루하고 별 볼 일 없는 심장 전문의 모임에 불과했다. 1948년, 라디오 콘테스트를 후원하던 프록터 앤드 갬블은 콘테스트에 모금되는 기금의 수혜자로 심장 협회를 선정했다. 순식간에 미국 심장 협회 금고로 200만 달러의 금액이 흘러들었다. 협회는 갑자기 미국 전역에 지부를 세우며 두둑한 연구 자금을 지원했고, 이때 이후로 현재의 영향력과 명성을 쌓아가기 시작했다. 1961년, 심장 협회에서 펴낸 첫 번째 영양 가이드라인에는 포화지방을 식물성 기름 등의 불포화지방으로 바꿔야 한다는 내용이 담겨 있었다. 공교롭게도 식물성 기름으로 만든 경화유인 크리스코Crisco는 프록터 앤드 갬블의 주요 상품 중 하나였다.

그러나 우리의 몸과 뇌에는 포화지방이 필요하다. 포화지방은 고밀도지질단백질High-density Lipoprotein, HDL이며 콜레스테롤을 높이는 유일한 지방이자 호르몬을 구성하는 성분으로, 가장 안정된 지방이다. 산소와 반응하는 이중결합 형태가 아니라 실온에서 고체 상태로 유지된다. 즉, 열이 가해져도 독성 물질인 산화부산물을 생성하지 않는다는 뜻이다. 반면 식물성 기름은 다가불포화 지방으로 산소와 반응하는 이중결합이 많은 구조다. 고열에 훨씬 반응성이 높고, 특히나 고열에 장시간 노출되었을 때 산화되기 쉽다. '업소용 튀김기'가 떠오르는가?

식품 업계는 이 문제를 해결하고자 식물성 오일을 고체화시킨 트랜스 지방을 내세워 열에 대한 안정성을 높이고 포화지방과 비슷한 효과를 내고자 했다. 맥도날드와 같은 기업은 과거 동물성 포화 지방(탤로)

으로 감자를 튀겼으나, 비용 절감을 위해 식물성 경화유(트랜스 지방)를 사용하기 시작했다. 그러다 2007년 무렵 트랜스 지방이 몸에 해롭다는 사실이 알려진 후 음식점들은 일반 식물성 기름을 쓰고 있다.

식물성 기름이 가열되면 염증을 일으키는 것도 문제지만, 불에 대한 안정성이 낮아 화재를 일으킨다는 점에서도 위험성이 무척 크다. 이는 사실이다. 타이숄스와 인터뷰를 한 거대 오일 회사 부사장은 주요 패스트푸드 체인 업체가 식물성 기름으로 튀김유를 교체한 뒤 겪고 있는 끔찍한 문제에 대해 언급했다. 온갖 찌꺼기가 주방 벽면과 하수구를 더럽힌다. 식물성 기름으로 뒤덮인 유니폼을 세척하기 위해 트럭 뒤편에 걸어두면 자연발화가 일어날 정도라고 한다.

그러면 실내 온도에서 고체로 안정된 상태를 유지하고 조리할 때도 산화되지 않는 훌륭한 요리용 지방은 무엇일까? 바로 포화지방이다. 할머니 세대는 요리할 때 라드나 버터를 썼다. 두 종류 모두 건강하고 맛있을 뿐 아니라 주방이 연기로 가득 찰 일도 없다. 이는 고대 서구 문명에서부터 써오던 기름이다. 배리 박사의 말이 옳았다. 할머니들은 우리의 생각보다 훨씬 더 현명했다.

최강의 TIP

• 콩, 옥수수, 카놀라 등의 식물성 기름을 섭취해선 안 된다. 특히 식물성 기름을 사용하는 음식점은 더더욱 피해야 한다. 버터, 라드, 기, 코코넛

오일, 브레인 옥테인 오일, MCT 오일과 같은 포화지방을 섭취하라. 올리브 오일은 완성된 요리에 풍미를 더하기 위해 추가하는 것이지 조리용이 아니다.

- 식사 후 5시간 이내 허기를 느낀다면 식단을 고쳐야 한다.

- 오메가3와 생선 기름의 섭취를 늘리되 견과류는 피하는 것이 좋다.

- 건강한 동물이나 류신 함량이 높은 식물을 통해 적정량의 단백질을 섭취한다. 체중 1킬로그램당 1그램의 단백질을 섭취하는 것이 좋고, 근육을 만드는 중이라면 1.6그램이 적당하다.

- 폴리페놀 섭취량을 늘리기 위해 허브, 향신료, 커피, 차, 초콜릿, 색깔이 있는 채소를 많이 먹어야 한다. 고함량 보충제로 폴리페놀을 더욱 많이 섭취하는 것도 고려해보길 바란다.

장 속 미생물을
제대로 대접하라

장내 박테리아는 당신이 생각하는 것보다 몸에 대한 통제력이 크다. 살을 찌우고, 피곤하고 둔해지게 만들 수도 있으며, 새로운 능력을 생성할 에너지를 줄 수도 있다. 심지어 우울하게 만들 수도 있다. 결정권을 쥐고 있는 장내 박테리아를 소홀히 대하지 마라. 자칫 잘못하면 수행능력이 바닥으로 뚝 떨어질 수도 있다. 박테리아를 제대로 대접한다면 분명 큰 보답을 받을 것이다. 당신의 뜻대로 박테리아를 조종하는 법을 배워보자.

———————— 베스트셀러 《그레인 브레인》의 저자 데이비드 펄머터David Perlmutter 박사는 두뇌와 음식의 관계에 대한 사람들의 인식을 바꿔놓은 분야 최고의 의사다. 신경과 전문의사가 미국 영양 학회의 회원인 경우는 무척 드물다. 여튼 그는 두 분야의 전문가로 활동하고 있다.

펄머터 박사는 마이크로바이옴microbiome, 즉 수백만 년 동안 이어져 내려온 장내 박테리아, 바이러스, 균체, 미생물 군집이 형성한 복잡한 생태계와 인간의 관계를 아름답고, 자급자족적이며, 상리공생적이라고 표현한다. 박테리아는 아주 오래전부터 우리의 몸에 함께했으나 최근에서야 비밀이 하나씩 풀리고 있다. 펄머터 박사에 의하면 마이크로바이옴에 대한 논문 90퍼센트가 최근 5년 동안 발표된 것이라고 한다.

왜 장내 박테리아를 홀대하는가

왜 갑자기 마이크로바이옴에 대한 관심이 커졌을까?

첫째, 최신 과학 분야이기 때문이다. 미국 국립보건연구소가 마이크로바이옴의 매핑을 끝낸 것이 겨우 5년 전이다. 둘째, 오늘날 대부분의 질병의 원인이 인체와 장내 박테리아의 공생관계가 무너진 탓이라는 것을 깨달아가고 있기 때문이다. 펄머터 박사는 항생제의 과용으로 장내 미생물이 파괴되어 마이크로바이옴에 악영향을 미친다고 주장한다. 일시적인 현상일수도 있지만, 장내 미생물 저하와 현재 만연하고 있는 비만, 특히 소아 비만에 연관성이 있다는 것이 연구를 통해 분명해지고 있다.

항생제가 체중 증가에 관여한다는 것은 이미 오래전에 알려진 사실이다. 1950년대, 항생제를 먹인 동물의 몸집이 커진다는 사실을 확인했다. 미국 내에서 제조되는 항생제의 75퍼센트가 정확히 같은 이유로 소에게 투여된다. 도축업자의 배를 불리고, 농민은 사료비를 절감한다. 같은 칼로리의 사료를 섭취해도 항생제를 맞은 동물들의 몸무게가 더욱 많이 나간다.

만약 칼로리를 줄여야 살이 빠진다거나, '칼로리는 그저 숫자일 뿐이다'라는 통념이 옳다면, 똑같은 칼로리를 섭취한 소 혹은 사람이 항생제 여부로 체중이 증가한다는 것은 불가능할 것이다. 짤막하게 하나 덧붙이자면, 인공감미료 역시 장내 박테리아의 다양성을 급격히 감소시킨다. 칼로리가 낮은 다이어트 음료를 마신 사람들이 비만이 될 확률이 높은 이유가 여기에 있다. 간단히 말해, 중요한 것은 칼로리가 아니라 마이크로바이옴이다.

장 건강은 심혈관 건강과도 관련이 있다. 쥐를 대상으로 한 여러 연구를 통해, 운동을 한 쥐는 움직임이 적은 쥐에 비해 장내 박테리아의 다양성이 훨씬 높은 것으로 밝혀졌다. 인간도 마찬가지다.

2016년에 연령, BMI지수(몸무게를 키의 제곱으로 나눠서 얻은 값), 식습관이 거의 비슷하지만 심폐지구력에 차이를 보이는 39명의 건강한 참가자들의 분변 미생물(대변)을 분석하는 연구가 진행되었다. 연구진들은 심폐지구력 수치가 높은 참가자들의 경우 장내 미생물다양성 또한 높은 것을 발견했다. 이들은 특히나 낙산염을 생성하는 세 가지 박테리아를 많이 보유하고 있었다. 낙산염은 풀을 먹인 소의 버터에서 얻을 수 있는 단쇄지방산으로 두뇌 건강에 필수적인 요소다. 바이옴 테스트 결과 장내 박테리아는 평균에 비해 1.5배 많은 낙산염을 생성하고 있는 것으로 밝혀졌다. 다시 말해 풀을 먹인 소에서 얻은 버터를 많이 섭취해야 한다는 의미다.

또 한 가지 연구를 통해 심장병을 앓고 있는 사람들의 경우, 거의 모든 지방성 덩어리Plaque가 장내 미생물에서 만들어지고 있다는 결과가 밝혀졌다. 깜짝 놀랄 만한 일이다. 이들이 먹는 지방을 통해 형성되는 것이 아니었다.

이런 이유로 항생제를 쓰거나 곡물을 먹이지 않고 풀만 먹여 키운 고기를 섭취하는 것이 중요하다. 특히나 글리포세이트(라운드업 Roundup 제초제의 주성분)를 뿌려서 키운 곡물을 섭취하지 않은 가축을 소비하는 것이 중요하다. 왜냐하면 글리포세이트가 바로 항생제이기 때문이다. 이 물질은 인간의 마이크로바이옴을 변화시켜 비타민 D 결핍과 소화불량의 원인이 된다.

지금껏 86억 킬로그램에 가까운 글리포세이트가 환경에 배출되었다. 86억 킬로그램의 글리포세이트가 얼마나 위험한지 실감하려면 펄머터 박사의 이야기를 들어보자. 그는 단 1~2주 동안 항생제를 복용하는 것만으로도 장내 마이크로바이옴이 영영 바뀌게 된다고 설명한다.

펄머터 박사는 체중 증가 뿐 아니라 항생제의 남용으로 인해 항생제 저항력을 갖춘 '슈퍼버그'의 출현을 지적하고 있다. 세계보건기구는 향후 10년 동안 지구의 건강에 가장 위험한 세 가지 중 하나로 슈퍼버그를 꼽았다. 지구에 위협이 되는 수많은 요인들과 더불어 슈퍼버그의 출현은 상당히 무서운 이야기다.

《최강의 식사》와 《헤드 스트롱》을 위해 조사를 하며 우리가 정말 신경 써야 하는 것은 장내 박테리아라는 확신을 갖게 되었다. 장내 미생물의 균형은 신진대사, 피부, 소화, 체중 등 생리작용을 관장하는 데 큰 역할을 한다. 지난 몇 년간, 연구진은 장내 박테리아가 마인드 컨트롤에도 영향을 미친다는 것을 발견했다. 장-뇌 연결축 Gut-brain Axis 을 통해 두 기관이 지속적으로 소통하고, 실제로 몇몇 장내 박테리아는 신경전달물질을 분비해 두뇌 활동에 직접적인 영향을 미치기도 한다.

우리가 먹는 음식이 우리를 만든다

그럼 이제 어떻게 해야 할까? 할머니도 당시에는 모르고 한 말이겠지만, 할머니의 말씀을 듣는 것이 장 마이크로바이옴에 유익하다. 먼저 가공 식품, 공장식 축산물, 곡류를 먹인 가축, 유전자 변형 식품을 피해야 한다. 그리고 정말 필요할 때만 항생제를 먹고, 장내에 건강한 박테리아를 늘려주는 음식을 섭취하기 위해 노력해야 한다. 여기에는 폴리페놀과 장내 박테리아의 먹이가 되는 프리바이오틱 섬유라는 이름의 특별한 섬유가 포함된다.

퍼머터 박사는 프리바이오틱 섬유가 건강의 핵심이라고 주장한다. 이는 예루살렘 아티초크, 히카마, 민들레 잎, 양파, 마늘, 리크, 라디키오와 같은 식품에 많이 함유되어 있다. 찬밥에도 장내 미생물의 먹이가 되는 저항성 전분이 어느 정도 들어 있다. 자, 우리 모두 초밥을 먹으러 갈 때다!

발효 음식도 장에 무척 중요한 역할을 한다. 다시 한번 선조의 지혜가 떠오르는 순간이다. 무엇보다 발효 음식은 식단에서 빠질 수 없다. 음식이 발효되는 과정에서 박테리아가 급증하기 때문에 장내 미생물이 증식되는 효과가 있다. 김치, 종균을 배양해 만든 요구르트, 사워크라우트, 콤부차는 건강한 박테리아가 많이 함유된 발효식품이다. 식도락가나 건강에 지나치게 집착하는 사람들만 먹는 음식은 아니다. 자기 분야에서 탁월한 성과를 내는 이들도 이 음식을 먹는다.

마크 하이만 박사는 입에 들어가는 모든 음식이 장내 마이크로바이옴에 영향을 미친다고 말하며, 장의 건강이 곧 신체의 건강으로 이어진다고 경고한다. 음식을 먹을 때 우리는 말 그대로 정원을 가꾸는 것과 다름없다. 마이크로바이옴이 바로 우리의 정원이다. 좋은 음식으로 정원에 영양분을 공급한다면 건강한 '식물'이 자라날 것이다.

하이만 박사는 환자들의 삶과 건강을 변화시키기 위해 장 환경을 개선하는 일을 가장 중요하게 여긴다. 그는 영양이 알맞게 공급되고 장이 건강해지면 환자의 증상 90퍼센트가 사라진다고 말했다. 굉장한 사실이다. 하이만 박사의 식습관 원칙은 아주 간단하다. 바코드나 영양소 함유표시가 없는 식품을 먹으면 된다. 아보카도, 아몬드, 목초를 먹인 고기, 다량의 채소 등 진짜 음식을 먹어야 한다는 의미다.

우리 선조들의 지혜를 따라 음식을 섭취하자. 건강하게 살고 싶다면, 당신의 할머니가 먹었던 것처럼 먹어야 한다.

최강의 TIP

- 끼니마다 섬유질 혹은 저항성 전분과 다량의 채소를 섭취한다.
- 가공되지 않은 유기농의 건강한 음식을 섭취하고, 유기농 사료 혹은 풀을 먹인 가축에서 얻은 고기가 아니라면 멀리 한다.
- 항생제뿐 아니라 항생제를 먹인 가축에서 나온 고기와 식품을 가급적 피한다.
- 자신과 잘 맞는 발효 식품을 찾아 섭취한다.

환경이 내뿜는 독을
보충제로 치유하라

우리는 행복함을 느끼며, 좋은 식량이 충분하다면 자손을 낳을 수 있을 때까지는 수명을 누릴 수 있는 깨끗한 환경에서 진화했다. 그러나 이런 시대는 갔다. 이제 오염된 공기와 음식, 물을 이겨내기 위해서는 영양소가 충분한 음식을 섭취하는 것 이상의 노력을 해야 한다. 최고의 수행능력을 자랑하는 사람들은 더욱 능력을 높이고 장수하기 위해 보충제를 섭취한다. 당신도 비타민을 먹어야 할 때다.

──────── 건강보조제의 중요성을 언급한 게임 체인저가 얼마나 되는지 데이터를 살펴봤다. 업계 최고로 손꼽히는 이들은 그저 비타민을 먹는 것에 그치지 않는다. 이들은 높은 위치까지 올라갈 수 있었던 활력의 원천으로 보충제를 꼽기도 했다. 나 역시 그렇다.

빌 앤드루스Bill Andrews의 이야기를 들어보자. 그는 노화 치료법을 발견하기 위해 인생을 바치고 있다. 시에라 사이언스Sierra Sciences의 CEO인 그는 노화에 관한 세계 최고 전문가 중 한 명이다.

노화의 핵심 스위치, 텔로미어와 텔로머레이스

셀 수 없이 많은 물질을 연구한 빌은 '텔로미어'Telomere를 파고들었다. 텔로미어는 DNA 말단에 자리해 캡처럼 DNA를 보호하며 염색체가 세포분열 과정에서 손상되는 것을 방지한다. 나이가 들수록 텔로미어가 짧아지고 DNA를 방어하는 능력도 떨어진다. 결국 유전자 코드가 닳아 없어지면 질병과 조기 사망의 위험이 커진다. 1993년, 빌은 세월의 흐름에 따라 짧아지는 텔로미어가 노화의 원인일 수 있다는 데 생각이 미친 후 한 가지 연구에 몰두했다. 텔로미어의 길이가 짧아지지 않는 방법과 짧아진 텔로미어를 다시 늘리는 방법을 찾는 데 헌신했다. 그의 기업인 시에라 사이언스의 목표 역시 마찬가지다.

텔로머레이스Telomerase 유전자는 텔로미어를 관리하는 역할을 한다. 빌은 체내 모든 유전자가 전등 스위치처럼 꺼지거나 켜질 수 있는데, 이 스위치를 작동시키는 것은 주로 유전자와 염색체에 인접한 단백질이라고 설명했다. 그는 텔로머레이스 스위치를 7년 동안 찾았으나, 그는 물론이고 전 세계 누구도 아직 발견하지 못했다.

그는 이 연구를 잠시 중단하고 플랜 B를 시작했다. 세포에 더해졌을 때 스위치를 작동시키는 합성 화학물질(약물)을 검사하는 것이었다. 이러한 약물이 그가 찾고 있는 단백질과 연결되어 있다고 예상했다. 약물이 일종의 낚싯대 역할을 해 텔로머레이스의 스위치 단백질을 수면 위로 끌어 올리는 동시에 텔로미어의 길이를 늘리고 수명을 연장하는 기능을 수행할 수 있을 거라 생각한 것이다.

빌과 그의 연구팀은 플랜 B 접근법으로 상당한 발견을 하며 성과를 거두었다. 그러나 처음 그가 시작할 때만 해도 전 세계 과학자들이 이 연구는 불가능한 연구이며, 텔로머레이스 유전자를 활성화하는 분자를 절대로 찾을 수 없을 거라고 장담했다. 어떤 결과가 나왔을까? 현재 그는 텔로머레이스 유전자의 스위치를 올리는 화학물질을 900개 가까이 찾아냈다. 게임 체인저답지 않은가.

엘리사 에펠Elissa Epel 박사는 텔로미어와 텔로머레이스를 발견해 노벨상을 수상한 엘리자베스 블랙번 박사와 《늙지 않는 비밀》을 함께 저술했다. 에펠 박사는 〈불릿프루프 라디오〉에 나와 텔로미어와 스트레스의 관계를 설명했고, 이후 우리는 노화 방지에 건강보조제가 영향을 미치는지 이야기를 나눴다. 그녀의 답변을 짧게 옮기자면 '아마도 영향이 있을 것이다'인데 그보다는 생활방식과 스트레스가 더 중요할 것이라고 답했다.

빌과 에펠 박사 모두 텔로미어를 길게 만들거나 길이가 짧아지는 확률을 줄이는 것이 노화뿐 아니라 세포분열과 연관이 있는 모든 질환을 치료하는 열쇠가 될 거라고 믿고 있다. 암, 심장병, 알츠하이머, 골다공증, 근위축증, 면역질환 등 셀 수 없이 많은 질병을 치료할 수 있다. 에이즈나 퇴행성 질환을 앓는 환자들도 텔로미어의 길이를 늘려주는 약물을 복용하면 호전될 수 있다. 에이즈의 주요 합병증은 면역세포 내 텔로미어의 길이가 급격히 짧아지는 게 원인이다. 때문에 에이즈 바이러스에 감염된 환자의 경우 면역 세포인 T-세포가 파괴된다.

고도로 특화된 기능성을 갖춘 건강보조제의 가격이 현재는 무척 비싸다. 하지만 언제까지나 비싼 가격대를 유지할 수는 없을 것이다. 1985년 2만 5,000달러였던 핸드폰을 오늘날에는 거의 무료로 구할 수 있는 것처럼, 면역체계의 향상과 노화 방지에 대한 인식이 높아짐에 따라 기능성 영양제의 가격도 낮아질 것이 분명하다.

비타민 K2의 잠재력

죽음을 피하는 데 있어서는 마음이 조급할 수밖에 없다. 누구라도 그럴 것이다. 영양 결핍에 관한 전문가들을 서둘러 만나 몸을 더욱 건강하게 만들고, 건강을 더욱 오래 유지할 수 있는 방법을 물었다. 케이트 레이움-블뢰Kate Rheaume-Bleue 박사는 의학, 생물학 지식을 모두 쏟아 지난 10년간 비타민 K2의 역할을 밝혀내는 데 몰두했고, 잘 알려지지 않았지만 굉장히 강력한 이 물질을 전 세계적으로 알리고 있다.

레이움-블뢰 박사가 처음 비타민 K2에 관심을 갖게 된 것은 2007년 치과의사인 웨스턴 프라이스Weston Price의 《영양과 퇴행성 질환》Nutrition and Physical Degeneration을 읽은 후였다. 1939년에 출간된 이 책은 아메리카 원주민, 피그미족, 오스트레일리아 원주민 등 원주민 부족이 산업화된 음식을 섭취한 후 건강이 악화되었다는 내용을 담고 있다. 출간 당시 많은 사람들에게 큰 충격을 안겨주었다. 몇 달 후, 레이움-블뢰 박사는 비타민 K2를 조사하는 과정에서 비타민 K2의 효과와 프라이스의 책 내용에 굉장한 유사점을 발견했다.

1930년대, 웨스턴 프라이스는 스위스부터 아프리카까지 전 세계를 여행하던 중, 치아가 무척 건강한 사람들을 만났다. 놀랍게도 이들은 양치를 하거나 치실을 쓰지도 않을뿐더러 치과마저 없는 마을에 살고 있었다. 그런데도 사람들은 충치 하나 없이 하얗게 빛나는 아름다운

건치를 자랑했다. 이들은 굉장히 다양한 음식을 섭취했고, 미네랄과 비타민, 그중에서도 지용성 비타민이 상당히 많이 함유된 식생활을 하고 있었다. 이들의 식단에는 비타민 A와 비타민 D가 많았고, 프라이스가 한 번도 본 적 없는 새로운 지용성 비타민도 섭취하고 있었다. 그는 처음 보는 물질에 '활성체 X'라는 이름을 붙였다. 식단에 함유된 여러 종류의 비타민과 미네랄이 체내에 긍정적인 작용을 하도록 만드는 DNA를 이 물질이 활성화시킨다는 것을 발견했기 때문이었다.

프라이스가 활성체 X를 연구한 결과, 비타민 A, D와 함께 작용할 때 충치를 개선하는 효과가 있음이 밝혀졌다. 이후 그는 환자들의 치아에 구멍을 뚫고 때우는 치료를 멈추고, 새로운 식단을 제안하기 시작했다. 이후 충치로 가득했던 환자의 치아가 완벽히 치료된 비포 애프터 사진을 발표하기도 했다. 그는 치아가 저절로 치유될 수 있다는 것을 깨달았다. 치아는 필요한 영양소만 제대로 공급된다면 자가 치유가 가능한 부위였다. 프라이스는 몇몇 식품에 활성체 X가 다량 함유되어 있음을 발견했는데, 그중에서도 내가 가장 좋아하는 공급원은 목초를 먹인 소에서 얻은 버터다.

활성체 X의 정체는 몇 년 동안 의학계와 영양학계의 궁금증이자 논쟁거리였다. 2008년 과학자들은 활성체 X가 비타민 K2라는 것을 밝혀냈다. 칼슘 보조제가 심장마비와 뇌졸중의 위험을 높인다는 연구 결과가 앞다투어 발표될 때였다. 레이움-블뢰 박사는 칼슘 그 자체는 안전하거나 위험한 성질이 아니라고 말했다. 단지 칼슘이 혈관 내에 쌓이지 않고 필요한 곳에 안전하게 쓰일 수 있는 방법을 찾아야 한다는 것이다. 그리고 이것이 바로 비타민 K2가 하는 일이다.

체내에서 칼슘이 가장 필요한 부위도, 그리고 부족한 부위도 뼈와 치아다. 몸에 칼슘이 결핍될 때 뼈나 치아에서 미네랄을 끌어 쓰게 되어 이 부위에 작은 구멍이 남는다. 골다공증과 충치가 생기는 원인이다. 또 한 가지, 골다공증과 충치가 생긴 사람들은 칼슘이 쌓여서는 안 되는 부위, 즉 혈관, 신장, 발뒤꿈치, 유방 조직에 칼슘이 쌓인다. 우리의 몸은 칼슘이 필요하지만 잘못된 곳에 생성되면 위험에 처하는 역설적 상황이다. 칼슘이 항상 필요한 곳에 공급되도록 하는 것이 비타민 K2의 역할로 드러났다. 비타민을 섭취하는 것만으로 뼈와 치아 건강을 지킬 뿐 아니라 심장도 건강하게 관리할 수 있다.

성과를 높이고 싶다면 건강 보조제의 도움을 받아라

지난 몇 년간 비타민 K2의 굉장한 능력을 절감했고, 이 외에도 여러 보충제를 통해 내 몸을 디톡스하며 상당한 효과를 봤다. 건강보조제를 적극 활용하기 시작한 후 윌리엄 월시William J. Walsh 박사를 인터뷰했다. 그는 영양과 건강의 상관관계를 연구하는 분야 최고 권위자로, 영양 결핍과 정신 질환에 연관성이 있음을 밝혀낸 사람이기도 하다. 지난 30년간 월시 박사는 행동 장애, 주의력 결핍 장애, 자폐, 임상 우울증, 조울증, 조현병, 알츠하이머 환자들을 위한 생화학적 치료법을 개발하는 데 매진했다.

35년 전, 시카고 등지의 교도소에서 자원봉사를 했던 월시 박사가 공격적 성향을 지닌 범죄자의 생화학적 측면을 들여다보게 된 것으로 연구는 시작되었다. 공격적인 범죄자와 전과자 다수의 혈액에서 높은 수준의 미량 금속 Trace Metal(동물과 식물의 세포와 조직에서 적지만 측정 가능한 양으로 존재하는, 영양과 생리학에서 필수 요소인 금속—옮긴이)이 발견되었다. 이후 연구를 통해 구리와 같은 금속은 신경전달물질 수치에 직접적인 영향이 있다는 것이 밝혀졌다. 월시 박사는 영양 요법을 통해 범죄자들을 치료할 수 있었다. 그때 이후로 월시 박사는 앞서 언급된 정신 질환 환자들에게도 유사한 방법으로 치료를 시작했다.

위 이야기는 건강보조제 치료법을 굉장히 적극적으로 수용하고 활용한 사례다. 그러니 극단적으로 받아들일 필요는 없다. 정신 질환이 없더라도, 알맞은 보조제를 섭취한다면 성과를 향상시키는 데 도움이 된다. 나는 지난 10년간 비영리 노화방지 연구에 자원 봉사로 참여한 덕분에 보조제가 성과에 중요한 역할을 한다는 사실을 일찍 깨달았다. 그 결과 내 인지능력은 물론 남편과 아빠, 기업인으로서의 능력도 크게 향상되었다. 지난 10년간 엘리트 퍼포머 Elite Performers가 영양 섭취를 보완하기 위해 보조제를 사용하는 개념에 대한 인식이 크게 변화했다. 운동선수들뿐 아니라 모든 업계의 엘리트 인력은 보충제의 도움을 받고 있다.

얼마 전, 자수성가해 500억 달러의 가치를 창출하는 자리에 오른 댄 페나 Dan Pena와 만나는 행운을 누렸다. 불릿프루프 콘퍼런스에 모습을 드러냈을 때 그의 나이 절반인 사람들보다 생기 넘치고 에너지가 충만했다. 나는 비교할 수도 없을 만큼 활력이 가득했다. 스코틀랜드에 자리한 그의 성에서 저녁 식사를 함께 하며 그의 비법이 무엇인지 알게 되었다.

식사 때 영양제 가방에서 각종 알약을 한 움큼 꺼내는 나를 보면 사람들은 대개 웃음을 터뜨린다. 하지만 댄은 "내 가방이 더 크다오."라며 자신의 가방을 보여주었다. 그러고 난 후 영양제 복용 일지를 기록하는 스프레드시트도 보여주었다. 놀랐지만, 사실 그리 놀랄 만한 일은 아니다. 어떤 업계든 최고의 성과자라면 영양제에 투자하는 것이 당연하다. 그만큼 보상이 크기 때문이다. 아직 보충제를 챙기지 않고 있다면 당신은 아직 자신의 능력을 100퍼센트 활용하지 못하고 있는 셈이다.

만약 몸이 보조제를 제대로 써먹지 못하고 모두 소변으로 배출될까 걱정스럽다면 안심하길 바란다. 그렇다면 내 소변보다 비싼 소변은 없을 테니까.

최강의 TIP

- 비타민 D3, 비타민 K2, 비타민 A, 마그네슘, 크릴 오일, 오메가3, 구리, 아연, 요오드, 타이로신 그리고 메틸 비타민 B12와 함께 메틸 엽산을 보조제로 챙겨 만반의 채비를 한다.
- 식물에서 추출된 폴리페놀 보충제를 섭취한다.
- 기능 의학 의사에게서 체내 영양 상태를 검사받는다.

제 8 장

지금 당장
몸을
해킹하라

자신의 몸에 직접 실험을 하는 일은 특출나게 성공한 450명의 사람들이 가장 중요하게 생각하는 것 중 하나였다. 사회 각층에서 최고의 자리에 선 사람들이 그곳까지 오를 수 있었던 이유는 자신의 수행능력을 높일 방법을 찾기 위해 노력한 덕분이다. 이러한 노력에는 두 가지 단계가 필요하다. 첫째로 자신의 현재 몸 상태를 수치화하는 것이고, 둘째로 변화를 이끌어내기 위해 무언가를 실천하는 것이다.

여러 과학적 증거에도 불구하고, 몸이 정신력에 영향을 끼친다는 사실을 믿지 않는 사람들은 여전히 바이오해킹을 회의적인 시선으로 보고 있다. 이런 사람들에게 흥겨운 밤을 보낸 후 그다음 날 아침 어려운 문제를 풀어보라고 하고 싶다. 내가 무슨 말을 하려는지 이해하겠는가? 당신의 수행능력, 즉 당신의 정서적·인지적인 능력은 몸의 상태를 여실히 드러낸다. 우리의 몸을 수치화하고 측정하는 것이 중요한 이유다.

그러나 측정만으로 끝낸다면 가지각색의 짝이 안 맞는 단추를 모으는 것과 같다. 데이터는 활용할 때만 의미가 있다. 바이오해킹은 지식과 실천이 함께해야 한다. 이 과정에서 아주 간편한 바이오피드백Biofeedback(심장 활동, 체온, 뇌파,

근육 등의 정보를 제공—옮긴이) 기능을 하는 센서가 몸 안에서 작동한다. '느낌'이라는 센서는 과학기술로 추적하기 어려운 상황에서 실시간 데이터를 전달해줄 수 있다. 내가 그간 전했던 영양에 대한 조언을 모두 실천했지만 기분이 엉망이라면 굳이 전문 기관에서 테스트를 해볼 것도 없이 무언가 당신에게 맞지 않는다는 증거다.

실제 데이터가 무슨 이야기를 하든 스스로 기분이 엉망이라면 자신의 능력을 펼칠 수 없는 반면, 컨디션이 좋을 때는 세상을 바꿀 수 있는 능력을 발휘할 수 있다. 여기에 상세한 생물학적 데이터가 있다면 더 좋지 않겠는가. 왜 기분이 나쁜지 그 원인을 정확히 파악하고, 당신이 상상도 하지 못했던 새로운 상태에 진입할 수 있는 방법도 찾을 수 있다. 특정 결과를 이끄는 요소들을 적극 활용해 이익을 취할 수 있다. 머신러닝이 영양, 보충제, 수면, 명상 등 90퍼센트의 사람에게 긍정적인 효과를 불러온 요소가 무엇인지만 찾아낸다면, 우리는 굳이 현상의 원인을 밝혀낼 필요 없이 취하기만 하면 된다.

몸을 해킹하려면
상태 추적부터 하라

이제는 어느 수준까지 자신의 수행능력을 높이고 싶은지 직접 선택해 목표로 삼을 수 있다. 무엇을 바꾸고 싶은지 결정하고, 현재 자신의 위치를 측정한 뒤 시작하면 된다. 지금 우리는 엄청나게 많은 양의 데이터를 얻고 누릴 수 있다. 우리는 그 어느 때보다 평등한 경기를 할 수 있게 되었고, 방향을 전환해야 할 때는 언제든지 과학기술의 도움을 받을 수 있다.

────────── 심장 전문의인 윌리엄 데이비스William Davis 박사는 곡물에 대한 위험성을 알리며 영양과 건강에 대한 사람들의 인식을 바꿔놓았다. 곡물을 배제한 라이프 스타일을 추구하는 그는 그 유명한《밀가루 똥배》시리즈물의 저자이자 '진료거부'Undoctored(데이비스 박사가 창안한 건강 프로그램으로 동명의 저서를 출간하기도 했다─옮긴이)를 세상에 소개한 인물이다.

그는 의사 중 처음으로 글루텐의 위험에 대해 경종을 울린 사람 가운데 한 명이다. 의료계에서 높이 인정받는 인물이 본인의 커리어를 걸고 미국의 전통적인 식습관을 비난하는 일은 결코 흔하지 않다. 그러나 데이비스 박사는 그렇게 했다. 왜냐하면 게임 체인저이기 때문이다.

내 건강을 남의 손에 맡기지 마라

인터뷰에서 데이비스 박사는 사람들이 건강을 관리하는 방식에 커다란 변화가 찾아온 것을 온몸으로 체감하는 중이라고 밝혔다. 의학 연구와 자료에 대한 접근성이 높아지고, 건강 트래킹 장치(심장 박동부터 피트니스, 수면, 기초 체온 등을 모니터 할 수 있는 기기)가 시중에 많이 나와 있다. 덕분에 사람들은 더 이상 의사의 진단에만 의존하지 않고 스스로 건강을 관리한다. 데이비스 박사는 주류 헬스 케어 시스템이 제 역할을 못하고 있다고 보기 때문에 일반인들의 이런 변화를 무척 긍정적으로 생각한다.

오늘날 단 몇 번의 클릭만으로 방대한 자료에 접근이 가능해졌다는 것은 분명 반가운 소식이다. 이제는 의사만이 의학정보에 접근할 수 있고 이해할 수 있는 시대가 아니다. 데이비스 박사는 향후 5년 동안, 과학기술을 이용해 본인의 건강을 직접 케어하고 '진료를 거부'하는 사람들이 점점 더 늘어날 것이라고 예상한다.

데이비스 박사는 경험상 자기 몸 건강에 대해 공부하고 스스로 돌보는 환자들이 무조건 의사의 말과 조언을 따르는 환자들보다 예후가 좋은 편이라고 전한다. 자신의 건강 데이터를 직접 관리할 경우, 특정 음식이나 보조제가 혈압 혹은 염증 수치에 어떤 영향을 미치는지 다른 사람은 할 수 없는 관찰이 가능한 덕분이다. 또한 몸에 내장된 센서, 말하자면 무언가 잘못된 것 같다는 기분을 전해주는 센서를 예민하게 유지한다면 건강을 향상시키는 데 적극 활용할 수 있다.

자신의 건강 상태를 진단하는 가장 손쉬운 방법은 아침에 일어나자마자 체온을 확인하는 것이다. 체온은 갑상선 기능을 확인할 수 있는 지표로, 체온이 너무 낮다는 것은 갑상선의 기능이 떨어져 있다(갑상선기능저하증)는 의미다. 한번은 데이비스 박사의 이웃이 박사에게 갑상선기능저하증으로 의심될 만한 증상을 털어놨다. 아침 체온이 34.7도로 갑상선의 기능이 떨어졌음이 분명했다.

데이비스 박사는 그에게 "요오드 결핍인 것 같아요. 요오드를 섭취하셔야 합니다."라고 조언했다. 요오드는 갑상선 호르몬을 생성하는 데 필요하다. 요오드 수치가 낮을 때 가장 위험한 것이 갑상선기능저하증으로, 이 병에 걸렸을 때 두드러진 증상이 체온 변화다. 데이비스 박사의 이웃은 요오드를 섭취한 지 2주가 채 안 돼 아침 체온이 35.8도로 올랐고, 마침내 36.3도라는 건강 범주 안에 진입했다.

내 경우에는 요오드로 효과를 보지 못했기 때문에 중앙 제어를 통해 체온을 다시 조정하는 방법을 택했다. 온종일 뜨거운 물을 마시고, 히터 앞에서도 양털 재킷을 입고, T3 갑상선 호르몬을 높이는 약을 먹었다. 그렇게 일주일 동안이나 뜨거운 물에 삶은 랍스터처럼 지냈다. 다행히 효과가 있어 체온이 올랐고, 그 상태를 계속 유지했다. 그러나 이런 방식은 의학적 지식이나 의사의 조언 없이 함부로 따라 해선 안 된다. 특히나 갑상선 호르몬 약을 다량 복용하고 있다면 위험하다. 목숨을 잃을 수도 있다.

최신 기기든, 구형 체온계든 무엇을 쓰느냐는 크게 중요치 않다. 중요한 것은 자신의 건강을 남의 손에 맡기지 않고 직접 관리한다는 것이다. 그 자체로 굉장한 권리와 힘이 생긴다. 나는 건강 트래커 기기를 몇 년 동안 사용한 덕분에 이와 관련해 상당한 지식을 갖추게 되었다. 수년 전, 세계 최초로 인터넷이 연결된 부착형 심장 모니터 기기의 데이터 시스템을 설계했다. 이후 인텔이 매입한, 손목 밴드형 스마트 트래커 기업의 기술 담당 최고 책임자의 자리에 있었다. 지금도 온갖 건강 관리 트래커가 서랍 한가득 있지만, 어떤 기기는 1~2주 이상 차고 다니기가 어려웠다. 데이터의 효용성이 낮았고, 디자인 또한 투박하고 불편했기 때문이다.

생물학적 데이터 똑똑하게 활용하기

다행스럽게도 그런 시대는 끝났다. 이제는 내 수면 상태와 심장 박동, 심장 박동 변이도(최대 심장 박동 수와 최저 심장 박동 수의 범위), 체온, 호흡률, 활동 수준 등 여러 데이터를 알려주는 오우라Oura 반지(불면증을 치료하는 신개념 웨어러블 기기—옮긴이)를 끼고 잠자리에 든다. 일반 반지처럼 생긴 터라 이 반지를 껴도 사이보그처럼 보이지 않는다. 내 몸의 상태를 파악하는 데 필요한 모든 정보를 제공하고, 나는 생물학적 데이터를 바탕으로 내가 해야 할 일을 선택한다.

필요에 따라 인풋을 조정하는 능력은 성공적인 바이오해킹을 위해 가장 중요한 요소다. 물론 하루의 루틴을 정하거나 옷과 아침 식사의 선택을 '자동화'하는 것이 유용할 때가 많지만, 루틴에도 위험은 따른다. 무언가를 자동적으로 행하다 보면 체내 센서가 전해주는 중요한 신호를 놓칠 수 있기 때문이다.

우리의 몸은 셀 수 없이 많은 변수에 따라 매일같이 상태가 달라지는 복잡하고 역동적인 유기체다. 무언가 잘못되었을 때 우리의 몸은 신호를 보낸다. 원할 때 언제든지 몸 상태를 확인할 수 있는 과학기술을 활용한다면, 과거의 내 몸에 효과가 있었던 무언가가 아니라 지금 현재 내 몸에 필요한 인풋을 제공할 수 있다. 예를 들어 간밤에 몸을 회복할 만큼 깊은 수면을 취하지 못했다는 사실을 반지가 알려준다고 하자. 그러면 나는 오늘 하루 운동을 거르고 몸이 회복할 수 있도록 각별히 신경 쓰게 된다. 심장 박동 변이도 수치가 낮다는 것은 내 몸이 투쟁-도피 반응의 스트레스 상태에 있다는 의미다. 이럴 때는 휴식을 취하거나 명상, 요가 등을 하며 하루를 준비할 것이다.

심장 박동 변이도가 상승해 내 몸이 충분한 휴식을 취했음을 확인했다면, 이제 높은 수행능력을 펼칠 준비가 되어 있다는 뜻이다. 그러면 자신감을 갖고 오늘은 어려운 문제를 해결하기로 마음먹을 것이다. 무엇보다 가장 좋은 것은 오우라 반지에서 얻은 데이터와 내 현재의 기분을 비교해볼 수 있다는 점이다. 내 신경계에서 전하는 신호(기분이나 느낌) 가운데 어떤 것을 주의 깊게 살펴야 하는지 데이터를 통해 배울 수 있다.

스트레스는 본질적으로 나쁘지도 좋지도 않다. 하지만 몸이 견딜 수 있는 선을 넘으면 건강에 나쁜 영향을 끼치기 시작한다. 스트레스에는 다양한 종류가 있지만 심리적, 정서적, 신체적, 환경적 스트레스가 주된 네 가지로 꼽힌다. 이들이 모두 동일한 작용을 하는 것은 아니지만, 몸에 영향을 끼친다는 점은 같다. 예컨대 심리적 스트레스는 몸의 기능을 저하시킨다. 때문에 결별의 아픔을 극복하기 위해 헬스장에서 극심한 운동을 하거나 온종일 굶으며 몸을 혹사시키는 것은 좋은 방법이 아니다. 몸이 원하는 대로 하는 것이 가장 좋다. 이불을 머리끝까지 뒤집어쓰고 눕는 것 말이다.

스트레스를 인식하지 못할 경우가 있으므로, 몸에 이미 가해진 무의식적 스트레스를 파악해야 추가로 스트레스를 더하는 상황을 피할 수 있다. 컨디션이 괜찮다고 느껴져도 데이터상 운동을 피하는 것이 좋다고 나온다면 그것을 따르는 편이 낫다. 만약 만성적으로 심장 박동 변이도가 낮다면, 몸이 무의식적인 스트레스 상태에 놓여 있다는 반증이다. 그 원인을 찾아야 한다.

자신이 꾸준히 하거나 혹은 하지 않는 활동 가운데 무엇이 몸을 나약하게 만들고 있는가? 어쩌면 미약한 감염 증세가 나타난 것일 수도 있고, 늘 먹는 음식에 민감하게 반응하는 것일 수도 있다. 또는 생활환경에서 무언가가 당신의 건강에 영향을 미치는 것일 수도 있다. 자신의 루틴에 일정 부분을 계속 달리 하며 몸의 변화를 살펴야 한다.

물론 건강 트래커 기기를 반대의 용도로 활용할 수도 있다. 자신이 새롭게 시도하는 것들이 몸에 어떤 영향을 끼치고 있는지 확인하는 것이다. 간헐적 단식을 너무 자주 해서 몸이 투쟁-도피 상태에 진입한 것은 아닐까? 더 이상 궁금해하거나 걱정하지 않아도 된다. 간헐적 단식기간 동안 심장 박동 변이도를 확인하는 것으로 해결할 수 있다. 오후늦게 마시는 커피 때문에 수면의 질이 떨어지는 것 같은가? 다음 날 수면 리포트로 확인할 수 있다. 생명학적 데이터를 바탕으로 취할 수 있는 선택은 거의 무한할 정도다.

데이비스 박사가 지적한 대로 체온 변화는 질환의 신호가 될 수도 있다. 체온이 비정상적으로 낮다면, 곡물을 너무 많이 섭취하거나 환경 내 곰팡이 독성에 노출되는 등 갑상선 질환을 야기하는 요인이 없는지 살펴야 한다. 여성의 경우 자신의 체온 변화를 알고 있는 것이 배란 주기를 관리하는 데 도움이 된다. 배란기의 여성은 0.5도 가량 체온이 상승한다. 기초 체온을 알고 있다면 언제 임신 확률이 가장 높은지 파악할 수 있어 가족계획이 있는 여성과 피임을 원하는 여성 모두에게 필수적인 정보다.

우리에게는 자신의 몸을 해킹할 의무가 있다

머신러닝 기술을 바탕으로 체내 변화를 해독하는 또 다른 기업은 바로 바이옴이다. 이 기업에서는 장내 건강을 모니터할 수 있는 키트를 출시했다. 심장 박동 수나 체온 등 매일 기록하는 수치가 아니라 대변을 검사하는 방식이다. 그렇다. 바이옴은 생물 무기를 순식간에 감지하는 20억짜리 과학기술을 이용해 장내 박테리아, 균류, 바이러스를 전에 없이 상세한 수준으로 판별해낸다. 가장 재미있는 부분은, 바이옴에서는 머신러닝을 활용해 다른 사람들의 장내 환경과도 비교분석해준다는 점이다. 이를 통해 자신의 장내 미생물이 건강에 어떤 영향을 미치는지, 장내 균형을 위해 무엇을 해야 하는지 파악할 수 있다.

바이옴의 설립자이자 CEO인 나빈 자인은 과학기술을 활용해 질병을 우리가 선택하는 대상으로 만드는 것이 최종 목표라고 밝혔다. 여러 의사와 과학자들처럼 그 역시 건강은 장에서부터 시작하고, 장내 미생물의 불균형이 질병의 전조가 된다고 믿고 있다. 자인은 우리의 몸을 인간 10퍼센트, 미생물 90퍼센트로 구성된 생태계라고 본다. 장내 세포 90퍼센트가 마이크로바이옴을 형성하고, 체내 대사물질의 25퍼센트가 장에서 생성된다. 때문에 장에서 어떤 일이 벌어지고 있는지 안다면, 새로운 것을 시도했을 때 몸이 어떻게 반응할지 예측할 수 있다. 만약 유익한 단쇄지방산을 만들어내는 박테리아가 장내에 부족하다면 케토제닉 식단을 쉼 없이 너무 오래 지속했다는 의미다.

바이옴에서는 고객에게 혈관에 있는 박테리아, 박테리오파지, 바이러스를 확인할 수 있도록 해준다. 어떤 효소와 보조인자(효소가 기능하는 데 필요한 물질)가 평균치보다 낮은지도 알려준다. 이 경우 필요한 보충제를 섭취하는 것만으로도 체내 불균형을 바로잡을 수 있다. 무엇보다 바이옴에서 제공한 결과를 토대로 증상이 나타나기 전에 체내의 다양한 불균형을 미리 알 수 있다는 점이 가장 훌륭하다. 자인은 이러한 정보를 활용해 질병의 예측 생체지표를 발견하고 신체적 문제가 나타나기 전에 미리 치료할 수 있다고 밝혔다.

이는 내가 살아 있는 동안 보고 싶은 미래의 모습이다. 다양한 과학기술을 통해 오랫동안 거대한 비밀로 남아 있던 우리의 인체를 해독할 수 있다는 생각에 굉장히 신이 난다. 당신의 생리학적 상태가 수행능력의 키를 쥐고 있다. 몸의 상태를 자신의 의지대로 조종하는 데 필요한 정보를 누가 마다하겠는가.

나는 인간으로서 누구나 자신을 해킹해야 할 도덕적 의무가 있다고 주장한다. 하지만 직원을 해킹하는 것도 과연 도덕적 범주로 이해될 수 있을까? 나는 그렇다고 생각한다. 리더는 직원들이 승리할 수 있도록 이끌어야 한다. 리더의 도움으로 직원들이 자기 자신을 좀 더 명확하게 이해할 수 있다면 자신과 타인을 더욱 따뜻한 마음으로 대할 것이다. 건강을 미리 챙길 수 있으니 활력 넘치고 더욱 열정적으로 업무에 임한다. 당연히 행복지수도 높아진다. 그러니 자기 자신을 해킹하고, 주변의 사람들도 스스로를 해킹할 수 있도록 도와줘라. 분명 새로운 세상이 펼쳐질 것이다.

최강의 TIP

- 오우라 링 등 수면 트래커를 활용해 자신의 수면 상태를 진단한다. 전날 잠을 제대로 못 잤다면 며칠 동안 저강도 운동이나 단식을 하고, 몸의 컨디션이 최상인 날에는 큰 도전을 해본다.
- 수면 트래커가 없다면, 몸에 내장된 센서를 활용하면 된다. 아침에 눈 뜨자마자 자신의 수면 상태가 1에서 10까지 중 어디쯤인지 점수를 매겨 종이에 기록한다. 컨디션이 좋은지, 몸이 뻐근한지, 심리가 불안한 상태인지, 쉽게 일어났는지를 기준으로 삼으면 된다.
- 만보기나 가짜 '칼로리 소모량' 측정기는 사용하지 않는 것이 좋다. 이는 심장 박동 수, 심장 박동 변이도, 체온, 수면 상태 등 정작 필요한 정보에 집중하지 못하게 만든다. 이런 수치를 알고 있다면 인생이 변한다.
- 비용을 감당할 수 있다면, 기능의학 의사에게서 전반적인 건강 측정을 받아보길 권한다. 굉장히 현명한 투자가 될 것이다.

아픈 만큼
더 성숙한다

우리 몸의 모든 기관은 단기간의 고강도 스트레스와 휴식으로 이득을 얻는다. 이것들은 몸을 건강하게 만드는 방법이다. 스트레스를 주는 직장, 인간관계, 주변 환경에 끌려 다니는 것은 겁쟁이들이나 하는 일이다. 당신이 하는 모든 일, 그리고 몸과 마음에 스트레스 요인으로 작용하는 것들을 가차 없이 끊어내라.

──────────── 캔자스주 위치토에 있는 유명한 리오단 클리닉Riordan Clinic에서 최고의학책임자 자리에 있는 론 허닝헤이크Ron Hunninghake 박사는 선뜻 납득하기 어려운 항암 치료법을 개발했다. 그 방법의 핵심은 비타민 C와 산화작용이다. 일반적으로 산화는 건강에 해로운 것으로 알려져 있으나 허닝헤이크 박사는 단시간의 강도 높은 산화작용(세포 스트레스 반응)이 이후 환원반응(세포 회복)까지 이어진다면 건강에 무척 도움이 된다고 전한다.

비타민 C와 산화작용에 대한 다른 인식

산화는 우리 몸에서 산소를 이용해 에너지를 발생시키는 과정을 의미한다. 이때 전자가 짝을 짓지 않고 반응성이 무척 높아 불안정한 분자인 유리기가 부산물로 생성된다. 유리기는 세포와 미토콘드리아, DNA까지도 손상을 입힌다. 유리기가 노화의 주요 원인이라는 것은 이미 학계의 정설이다.

환원은 반대의 과정을 거친다. 짝을 짓지 않은 전자가 다른 전자를 얻어 분자를 안정시키고 추가적인 손상을 막는다. 우리 몸에서 생성되는 모든 에너지는 산화와 환원 반응의 사이클로 만들어진다. 체내에서 유일하게 전자를 끊임없이 주고받지 않는 세포는 죽은 세포뿐이다. 세포가 부지런히 두 상태를 오갈수록 어떤 일에서도 높은 수행능력을 발휘할 수 있다.

다시 비타민 C 이야기로 돌아가 보자. 비타민 C를 섭취하면 체내에서 항산화제(산화작용을 막는 물질)로 작용하지만 허닝헤이크 박사는 정맥주사로 비타민 C를 공급할 때는 완전히 다른 효과를 기대할 수 있다고 설명한다. 동물 중 유일하게 인간은 체내에서 비타민 C를 생성하는 유전적 능력을 잃었다. 하지만 이를 합성적으로 생성해 효율적으로 사용할 줄 아는 것은 인간으로서 누리는 특권이다.

정맥주사로 투여된 비타민 C는 체내 산화 반응을 이끌어내는데, 주류 의사들과 많은 사람들이 정맥 비타민 C 공급을 두려워하는 지점이 바로 이것이다. 허닝헤이크 박사는 이를 두고 세포 단계에서 하는 간헐적 단식 혹은 고강도 트레이닝이라고 설명한다. 산화작용은 암 세포나

암으로 발전할 가능성이 있는 세포를 포함해 기능이 저하되었거나 약한 세포를 사멸시킨다.

허닝헤이크 박사의 항암치료에는 비타민 C 정맥주사를 통해 병든 세포를 죽이는 과정이 포함되어 있다. 치료 후 박사는 살아남은 세포를 더욱 튼튼하게 만들기 위해 강력한 항산화제인 글루타티온을 처방한다. 전형적인 호르메시스 효과다. 강한 스트레스나 독성 물질이 몸의 치유 반응을 이끄는 것이다. 쉽게 말해 세포를 괴롭혀 강하게 만드는 원리다. 항암치료에서 스트레스를 주어 약한 세포를 죽인 뒤 강한 세포가 빈자리를 채우도록 하는 방법은 훌륭한 전략이다.

나설 때와 물러설 때의 균형을 맞춰라

바이오해킹의 핵심 원칙은 단순하다. 당신을 약하게 만드는 것들은 제거하고, 강하게 만드는 것들을 더욱 많이 하는 것이다. 앞서 나왔듯, 우리의 몸이 한 번에 견딜 수 있는 스트레스에는 한계가 있다. 이미 몸이 무언가로 인해 약해진 상태라면, 호르메시스나 그 외 생산적 스트레스로 효과를 볼 수 없다. 언제 자기 자신을 몰아 붙여야 하는지 아는 것만큼 언제 그래서는 안 되는지 아는 것도 중요하다. 휴식을 취하고 몸을 회복할 줄 아는 것이 중량을 들어 올릴 때 바른 자세를 유지하는 것만큼 중요한 이유다. 일인자의 자리에 올라선 사람들은 이 균형의 법칙을 완벽히 이해한다. 일터, 집, 헬스장, 침실에서도, 음식을 먹을 때도 필요하다면 심지어 세포에도 적용한다.

비타민 C 정맥주사로 암을 치료한다는 아이디어가 상당히 기발하게 느껴져 앞으로도 더욱 많은 연구가 진행되길 바라고 있다. 그래서 나는 불릿프루프 연구소 안에 비타민 정맥주사를 맞을 수 있는 클리닉을 개설했다. 몸이 아프지 않은 사람에게도 비타민 정맥주사가 몸의 회복에 굉장히 큰 효과를 보이기 때문이다. 알츠하이머, 파킨슨, 당뇨, 암에 걸린 환자들에게 이런 치료법이 어떤 효과를 보이는지를 관찰하며 신체 회복의 구조에 대해 많은 것을 배울 수 있다. 혁신적인 치료법으로, 건강 회복이 절실한 환자들을 치료하는 과정에서 얻은 데이터를 통해 미래에 다가올지도 모를 질병에 대비할 수 있다.

최강의 TIP

- 고강도 인터벌 트레이닝(단거리 달리기나 무거운 중량 운동)을 한 뒤 충분한 휴식과 수면으로 몸을 회복하고, 운동을 덜 할 때와 비교해 건강상의 이점이 있는지 살핀다.
- 데이터상 이미 스트레스를 받고 있는 것으로 나타난다면, 몸에 추가적인 스트레스를 가하지 않도록 주의한다.
- 스트레스 한계점을 초과했을 때는 휴식을 취해야 한다. 영양주사를 맞거나 마사지, 크라이오테라피(냉각요법)를 받거나 사우나를 가라. 영화를 보는 것도 좋다.

치유는 울버린처럼
회춘은 벤자민 버튼처럼

당신이 투자해야 할 곳은 비트코인이나 주식시장이 아니다. 중요한 투자의 대상은 당신의 몸이다. 만성적인 부상, 만성 통증, 노화는 우리 몸을 나약하게 만들고, 중요한 일에 써야 할 에너지를 앗아간다. 교체하고 떼어내기 전에 지금 갖고 있는 질환을 어떻게 해서든 치유해야 한다. 몸에 메스를 대야 할 상황이 오기 전에 활용 가능한 방법을 모두 동원하라. 당신의 모든 기관을 젊게 유지하라.

───────── 살다 보면 어느 순간엔가 만성적인 통증은 무시하게 된다. 운동 코치들이 하는 "엄살 피지 마!"라는 말이 엄살이 심한 사람에게는 좋은 충고지만 정말 부상을 입은 상황이라면 끔찍한 조언이다. 스무 살이 넘으면 대부분의 사람들이 특정 신체 부위가 기능은 제대로 하지만 필요 이상으로 아픈 증상을 갖고 있다. 시간이 지날수록 한 신체 부위의 비능률적인 움직임으로 인해 다른 부위에도 손상이 가해진다. 결국 몸이 감당하기 어려운 스트레스를 주며 더욱 훌륭한 일에

쓸 수 있는 에너지를 낭비하기에 이른다.

마법 같은 치유는 무엇으로 가능한가

나는 비만의 몸으로 13년간 축구를 했고, 몸에 염증을 달고 살았던 10대 시절을 보냈다. 스키를 타다 부상을 입고, 세 번의 수술 후 무릎에 나사가 고정되어 있는 덕분에 지긋지긋하게 만성 통증을 겪었다. 최소 180살까지 살겠다는 내 계획상 용납할 수 없는 일이다! 부상을 치료하기 위해 레이저 치료, 전기 자극 치료, 주사, 펄스 전기 자극 치료, 그 외 공상 과학 소설에서 튀어나온 것 같은 괴이한 장치들을 섭렵했고, 결과는 가히 성공적이었다.

그러나 그 무엇도 줄기세포에 비할 수는 없었다. 지난 몇 년 사이 줄기세포 치료의 가격이 점차 낮아져 이제는 웬만한 수술보다 적은 비용으로 치료받을 수 있다. 나는 앞으로도 아주 오랫동안 6개월에 한 번씩 줄기세포 주사를 맞을 생각이다. 이 최첨단 치료법을 더욱 자세히 알아보기 위해 세 명의 전문가를 만났다. 이들이 어떻게 해서 게임을 뒤흔드는 신기술을 개발하게 되었는지 자세히 듣고자 인터뷰를 진행했다.

가장 먼저 해리 애덜슨Harry Adelson 박사와 대화를 나눴다. 몇 년 전, 미국에서 줄기세포 치료가 알려지지 않았을 당시, 그는 줄기세포를 배우기 위해 베네수엘라에 가서 카를로스 세실리오 브랫Carlos Cecilio Bratt 박사를 만났다. 브랫 박사는 남아메리카의 줄기세포 권위자 중 한 명으로, 그의 치료를 접한 애덜슨 박사는 크게 감명을 받았고, 하루 빨리 대중화하고 싶은 욕심에 가격과 효과 사이의 '황금 비율'을 고민했다. 내가 받았던 치료가 바로 이것이다.

만성 통증, 부상 회복, 피부 미용까지 줄기세포로 치유한다는 것이 공상 과학 속 이야기거나 억만 장자나 가능한 치료라고 생각하는 사람들이 많았다. 30년 전에는 줄기세포를 배아에서 채취했기 때문에 (반대하는 사람들은 태아 줄기세포라고 부르기도 했다) 아직도 그때의 시간에 갇혀 줄기세포 치료가 논란의 여지가 있다고 생각하는 이들도 있다. 그러나 현재 자신의 몸에서 추출해 진행하는 줄기세포 치료는 폭넓게 활용되고 있으며, 앞으로도 점점 인기를 더해갈 것이다.

인간의 자가치유 능력도 놀랍지만, 줄기세포 치료법이 더해졌을 때는 놀라움을 넘어서 마법과도 같은 일이 벌어진다. 줄기세포를 통해 맹인이 시력을 되찾고, 청력을 잃었던 설치류가 다시 들을 수 있게 되었으며, 결합조직 세포를 재생했다. 또 척추 부상을 치유하고, 뇌졸중 환자의 인지기능을 회복시키기도 했다.

줄기세포가 질병이나 부상 치료에만 쓰이는 것은 아니다. 스트레스와 변형을 회복시켜 몸이 다시 젊어지는 것은 노화를 역행하는 것인데, 줄기세포 치료가 피부 속 콜라겐과 엘라스틴을 탄탄하게 채워 피부 노화의 속도를 늦출 수 있다. 무릎 관절을 더욱 튼튼하고 유연하게 만들 수 있을 뿐 아니라, 심지어 신체 특정 부위(그곳 말이다)의 길이와 둘레까지 크게 만들 수 있다.

줄기세포는 자신의 몸에서, 주로 허리 지방이나 골수에서 추출해 성장인자와 혼합한 후 다른 신체 부위에 주사로 주입한다. 내 골수와 지방에서 줄기세포를 추출해 부상당한 부위에 주사를 놓기 전, 애덜슨 박사는 그가 본 것 중에 가장 '노란색'을 띤다고 말했다. 물론 치료 과정은 그리 간단하지 않았다. 주사를 수십 번이나 맞아야 했다. 그러나 며칠 후, 통증 강도가 확연하게 낮아졌다. 놀랍게도 늘 저변에 깔려 있던 만성적인 통증이 완전히 사라지고 난 뒤에야 그간 통증이 있었음을 체감했다. 효과가 너무 좋았던 나머지 이번에는 내 아내, 라나 박사와 함께 애덜슨 박사를 다시 찾았다. 줄기세포 치료 후 아내는 어렸을 적 다쳐 불편했던 부위의 통증이 갑자기 사라졌다고 말했다.

생식기 기능 문제, 줄기세포에서 답을 찾다

우리는 줄기세포를 통한 노화 방지 연구, 특히 성적 건강 분야의 전문가인 에이미 킬런Amy B. Killen 박사를 찾았다. 예상하는 것이 맞다. 킬런 박사는 민망한 부위에 줄기세포 주사를 놓았다. 혈소판 내 성장인자를 이용해 여러 신체 부위를 재생하는데, 킬런 박사의 경우 피부와 머리카락 그리고 생식기를 전문으로 하고 있다.

가장 민감한 부위에 굳이 주사를 맞아야 하는 이유가 뭘까? 킬런 박사는 남성의 발기와 관련한 혈관과 성기 속 세포가 나이를 먹을수록 노화한다고 설명했다. 몇몇 세포는 사멸하기까지 하는데, 이는 발기 부전의 원인 중 하나다. 성기 내부 좌우에 자리한 2개의 작은 관으로 발기를 가능케 하는 음경 해면체에 새로운 세포와 성장인자를 주입하면 혈류와 신경 반응성이 증가한다. 킬런 박사의 환자 대부분은 어느 정도의 발기 부전 증상을 경험하고 있었다.

나는 발기 부전은 아니었지만, 내 기능이 가능한 한 오래 건강하게 지속될 수 있도록 해준다면 뭐든 시도해보고 싶었다. 치료 이후 새 줄기세포가 몸 안에 들어왔으니 적극 활용할 필요가 있지 않은가.

줄기세포 치료의 부작용은 크기가 커진다는 점인데, 특히나 혈류를 증가시키는 진공 펌프 기기를 사용한다면 더욱 그렇다. 진공 펌프는 매일, 한 달 동안 써야 한다고 하지만 펌핑에 상당히 많은 시간을 써야 한다는 문제가 있다. 나는 두 번 해본 후, 더 이상 사용하지 않기로 결심했다! 펌핑할 시간을 아껴 당신이 읽고 있는 이 꼭지를 쓰는 중이다.

수술보다 안전하고 효과적인 치료

줄기세포의 종착역은 매슈 쿡Matthew Cook 박사였다. 쿡 박사는 바이오리셋 메디컬BioReset Medical의 공동 설립자다. 그는 줄기세포를 포함해 다양한 노화방지 기술을 바탕으로 샌프란시스코 베이 에어리어에서 프로 운동선수들과 유명인사를 치료하고 있다. 〈불릿프루프 라디오〉 인터뷰를 통해 현재 가능한 줄기세포 치료법의 종류에 대해 설명하고, 그가 하고 있는 혁신적인 치료법에 대해서도 공유했다.

쿡 박사는 내 목의 근육이 팔의 신경을 누르고 있다고 진단했다. 농구선수들이 자주 겪는 증상이었다. 워싱턴 내셔널스 농구팀 소속 선수들과 수많은 운동선수를 치료하는 그는 증상을 치료하기 위해 어떻게 해야 하는지 너무도 잘 알고 있었다. 마취과 의사였던 그가 직접 개발한 치료법으로, 신경 주변에 줄기세포와 액체를 주입해 신경에 가해지는 압박을 해소하는 방법이었다. 효과가 정말 있었다!

다른 의사들을 찾아가봤지만, 다들 갈비뼈 하나를 제거하는 수술을 치료법으로 제안했다. 하지만 이 방법으로는 평생 동안 신체 불균형과 만성 통증에 시달려야 할 터였다. 그러나 쿡 박사는 한 시간 만에 수술 없이 병을 치료했다.

그의 치료법으로 수많은 사람들의 삶에 큰 가치를 전할 수 있게 되자 쿡 박사는 성공한 마취과 의사라는 커리어를 뒤로 하고 재생 의학에 매진했다. 그 과정에서 환자 본인의 혈액에서 줄기세포를 채취하는 미세 줄기세포 치료법을 개발했다. 쿡 박사가 개척한 또 하나의 혁신은 바로 트라우마 환자를 위한 줄기세포 치료법이다. 국소마취로 신경을 차단한 후 미주 신경 옆에 줄기세포를 주사해 환자의 스트레스 반응을 새로 설정한다. 컴퓨터의 하드웨어를 리셋하는 것과 비슷하다. 8시간 동안 환자의 투쟁-도피 신경계의 전원을 꺼놓고, 다시 전원이 켜질 때는 '휴식 안정 모드'로 설정되어 있다.

어렸을 때라 해도 굉장히 스트레스가 심한 사건을 경험한 적이 있는 사람은 신경계 일부가 투쟁-도피 모드에 갇혀 있을 확률이 높다. 이렇듯 높아진 스트레스 반응성은 외상 후 스트레스 장애 환자들에게서 공통적으로 발견되는 증상이다. 리셋 시술 후, 내 회복력과 인지 기능은 확연하게 향상되었다. 쿡 박사는 줄기세포가 두뇌 아래쪽으로 투입될 수 있도록 내부비강에 주사를 놓았다. 30분이 채 안 돼서 시력이 크게 향상되었고, 어느새 눈이 좋아져 있었다. 경악할 정도로 효과가 뛰어난 시술이었다.

그리 멀지 않은 미래에 퇴행성 질환 대부분을 줄기세포로 치유하고 영원히 젊음을 유지할 수 있으리라 믿는다. 진정으로! 치료비용은 빠른 속도로 낮아지고 있다. 줄기세포 치료는 비단 당신과 나뿐 아니라 우리 아이들과 전 인류를 위한 혁신이 될 수 있다. 줄기세포 치료의 비용 여부를 떠나 무슨 방법을 써서라도 오랫동안 당신을 괴롭혀온 부상을 하루 빨리 치료하길 강력히 권한다. 당신의 몸은 자손을 번식시키는 데 문제가 없을 만큼 스스로 치유하는 능력을 갖고 있지만, 그것만으로는 부족하다. 당신이 원하는 때까지 자유롭게 자신의 일을 할 수 있을 정도로 몸을 치유해야 한다.

오늘날 우리에게는 더욱 오래 젊음을 유지할 뿐 아니라 노화가 가져오는 몇 가지 퇴행성 증상마저도 되돌릴 수 있는 기술이 있다. 세계 최고의 성과자들은 인간의 힘으로 가능한 최고의 수행능력을 펼치고 발목을 잡는 고통과 아픔을 피하고자 혁신적 치료법에 투자한다.

최강의 TIP

- 살면서 가장 크게 당했던 사고나 부상 세 가지는 무엇인가?
- 사고로 인해 내내 지속되는 통증이나 뻣뻣함, 불편함이 조금이라도 있는가? 그렇다면 원래의 건강을 다시 찾기 위해 해킹을 시작할 때다.
- 한 번도 다친 적이 없지만 만성적 통증을 느끼고 있다면 정서적 트라우마에서 비롯된 것일 수 있다. 이 책에 소개된 트라우마 극복과 관련된 법칙을 다시 읽어보길 바란다.

제 9 장

섹스는
최고의 몰입을
선사한다

이제 제2부의 마지막은 야한 이야기로 마무리를 하려 한다. 사실 게임 체인저들이 성과를 높이는 데 중요한 수단으로 꼽은 것 중 성관계는 포함되어 있지 않았다. 그러나 인터뷰 중에 성관계를 언급한 게스트들이 많았고, 그중 몇 명은 성관계가 어떤 역할을 하는지 제법 솔직하게 털어놓았다. 아마도 사람들이 쾌락주의에 빠졌거나 천박하다고 여길까 우려하는 마음에 공개적으로는 말하지 못했을 것이다.

섹스를 부끄럽거나 당황스러운 주제로 여기는 사람들이 많은 것은 분명한 사실이다. 어린 시절, 섹스는 '더럽거나' '나쁜' 것이라고 인식되어 왜곡된 시선을 가진 사람도 있다. 또 사람들 앞에서 공개적으로 이야기할 만한 주제가 아니라는 말을 들었을 수도 있다.

그래서 섹스는 데이터에서 분명 제외되어 있었다. 하지만 수백 명의 인사와 인터뷰를 하는 동안 분명 이와 관련한 대화가 생각보다 많았기에 섹스의 역할을 무시하는 것은 태만이라는 생각이 들었다. 섹스는 인간에게 가장 중요한 세 가지 일 중 하나로, 성별에 관계없이 수행능력에 영향을 미친다. 다만 우리가 깨닫지 못할 뿐이다. 섹스는 호르몬 수치, 신경전달물질, 뇌파, 전반적인 행복 수준에 영향을 미친다. 위에 언급된 각각의 요소는 부모, 배우자, 친구, 직원 등 당신이 맡은 역할 혹은 당신이 해내고자 하는 역할을 수행하는 데 직접적이고 중요한 영향을 끼친다.

앞서 언급했듯이 사람은 세 가지 본능을 따르도록 설계되어 있다. 바로 두려움, 음식 섭취, 그리고 종족 번식을 위한 행위가 그것이다. 이번 장은 세 번째 본능에 관한 것이다. 우리의 생명과 종족 번식에 관한 것인 만큼 우리의 몸은 다른 무엇보다 이 세 가지 행위를 우선시한다. 다시 말해 세 가지 본능을 따를 때 신체가 가장 큰 에너지를 발생시킨다는 의미다. 불릿프루프의 핵심이 바로 이 세 가지 강력한 동기를 이해하고, 본능에서 비롯된 거대 에너지를 더 나은 곳에 활용하는 것이다.

섹스는 우리의 몸이 존재하는 이유라고 판단하는 세 가지 중 하나로 굉장히 강력한 동력을 지닌다. 이 동력은 당신의 에너지를 모두 소진시킬 수도 있지만 여기서 소개하는 조언을 활용한다면 성과를 폭발적으로 높이는 데 쓰일 수도 있다.

법칙
26

본능에 휘둘리지 말고
완벽히 통제하라

우리의 몸은 종족 번식에 상당한 양의 에너지를 쓴다. 그러나 이 에너지를 더욱 나은 곳에 활용할 수 있다. 그때 우리는 더욱 행복해지고 더욱 장수하며, 사람들이 놀랄 만한 수행능력을 펼친다. 한 끼 굶는다고 죽지 않는 것처럼 오르가슴을 느끼지 못한다고 세상이 끝나는 것은 아니다. 이를 몸에 인지시킬 때, 스트레스는 낮아지고 에너지는 향상된다. 욕구는 욕구일 뿐이다. 이 욕구를 완벽히 통제하지 못한다면 당신의 게임을 제대로 할 수 없다.

──────────── 2011년 뉴욕 대학의 연구자들은 섹스와 폭력에 대해 흥미로운 사실을 몇 가지 발견했다. 연구자들은 수컷 생쥐의 뇌에 광민감성 단백질을 주입하고, 광섬유 기술을 통해 단백질을 활성화시켰다. 엄밀히 말해 단백질을 배고픔, 체온, 호르몬 조절 등의 대사 과정을 관장하는 시상하부에 주입한 것이다. 수컷 생쥐들을 한 우리에 넣어두고 불빛을 이용해 시상하부에 자극을 가하자, 생쥐들이 갑자기 폭력적으

로 변했다. 유순했던 생쥐들이 다른 생쥐나 주변에 있는 대상을 무차별적으로 공격하기 시작했다.

생쥐들의 폭력적인 충동을 방지할 방법은 단 하나였다. 바로 섹스. 생쥐들이 섹스하는 동안에는 시상하부를 빛으로 자극해도 아무런 행동 변화가 일어나지 않았다. 하지만 수컷 생쥐가 사정한 후에는 다시금 폭력적인 반응을 보였다. 수컷 생쥐들의 뉴런을 모두 분석한 연구자들은 싸울 때와 섹스할 때 공통적으로 활성화되는 뉴런이 있음을 발견했다. 폭력과 섹스가 뇌의 같은 부위를 활성화시킨다는 것을 신경 세포 단위로 밝혀낸 것은 아마 처음이었을 것이다.

이 두 가지 행위는 종족 유지와 밀접하게 연관이 되어 있으므로, 뇌의 같은 부분에서 관장하는 것이 논리적으로 타당해보인다. 포식자에 맞서 싸울 줄 알아야 살아남을 수 있다. 짝짓기를 해야 종족이 사라지지 않는다. 물론 섹스와 폭력을 동일시하는 것은 아니다. 다만, 성적 에너지를 긍정적인 목표에 쏟을 때 왜 강력한 힘을 발휘하는지에 대한 궁금증은 해소되었다.

에스트로겐과 테스토스테론의 대화

성적 에너지나 그 외 충동적 에너지를 창의적·신체적 활동으로 전환하는 것을 대개 '승화'라고 한다. 운동선수들은 대회를 앞두고 오랜 기간 성관계를 피하는 것으로 알려져 있다. 무하마드 알리의 경우 권투 경기 6주 전부터 성관계를 하지 않았고, 몇몇 국가는 월드컵을 위해 축구선수들에게 성관계를 금지시키기도 한다.

존 그레이는《화성에서 온 남자 금성에서 온 여자》의 저자다. 그는 수십 년간 섹스와 남녀관계에서 호르몬이 어떤 역할을 하는지를 연구했다. 그의 말에 따르면 남녀관계란 두 사람이 구축하는 시스템이고, 남녀관계의 문제 대부분이 남성과 여성의 호르몬 불균형에서 비롯된다고 한다. 그는 남녀 간의 차이점에 더욱 주의를 기울이고 이해하고자 한다면, 성생활과 관계 모두 상당히 만족스러운 수준으로 향상시킬 수 있다고 주장한다. 여성의 경우 남성에 비해 성호르몬이 한 달을 주기로 고저가 크게 변한다. 폐경 이전 여성의 배란은 생리를 한 후 12일경에 일어난다. 자식을 생산한다는 진화론적 의무에 따라 배란기를 맞은 여성의 몸에서는 에스트로겐이 급격히 증가한다. 따라서 생리를 한 후 6일에서 12일 사이, 여성은 호르몬으로 인해 성욕이 높아진다. 그레이는 배란기 때를 '사랑의 창'love window 이라고 부른다.

자연스러운 호르몬 주기 외에도 에스트로겐을 증가시킬 방법이 있을까? 남녀 사이의 유대감을 통해 가능하다. 성관계를 떠나 상대가 자신의 욕구를 충족시킨다고 느낄 때, 여성의 몸에서는 에스트로겐이 분비된다. 물론 여성이 무능한 존재라는 의미는 전혀 아니다. 완전한 존재지만 호르몬 변화에 따라 약간의 배려를 받을 수 있다는 뜻이다. 여성호르몬이 급격하게 분비되고 수정을 위해 배란이 시작되면, 여성은 유대감을 느끼고 공감을 얻으려는 마음이 커진다. 여성은 보살핌을 받고 있다고 느낄 때 에스트로겐 호르몬이 분비된다. 여성의 욕구에 응하는 것을 기쁘게 여길 때 남성의 몸에서는 테스토스테론이 분비된다.

여기서 중요한 것은 나이와 호르몬 건강이 큰 역할을 한다는 점이다. 폐경 후의 여성과 테스토스테론 수치가 낮은 남성의 경우 호르몬 변화의 흐름이 달라진다. 사랑의 창 시기에 좋은 분위기가 형성된다면 커플은 성관계를 하게 될 가능성이 매우 높아진다. 여성의 눈에 파트너가 가장 이상적으로 보이고, 가장 황홀한 오르가슴을 경험하게 될 가능성이 높을 때다. 만약 여성이 굉장한 오르가슴을 느낀다면, 남성은 영웅이라도 된 듯한 기분에 테스토스테론 수치가 두 배나 상승한다. 그러나 사정 후에는 테스토스테론 수치가 떨어진다. 이 호르몬은 점차 회복되다 일주일 후에는 테스토스테론 수치가 최대치로 상승한다.

섹스에 쏟는 에너지를 다른 에너지로 전환하는 법

남성과 여성 모두의 호르몬 수치를 위해서는 일주일에 한 번씩 성관계를 갖는 것이 가장 바람직하다고 그레이는 제안한다. 다시 말해, 자위나 포르노 등 모든 것을 금하고 일주일 간 완전한 금욕 상태를 지속한다. 그리고 7일째 되는 날 성관계를 해야 한다. 요즘 들어 점차 테스토스테론 수치가 낮은 남자들이 늘어가고 있는데, 특히 이들이 명심해야 할 내용이다.

그레이에 따르면 남녀가 밀접한 관계를 가진 직후 몇 가지 문제에 시달리는 경우가 많다고 한다. 두 사람이 함께 즐거운 시간을 보내고 깊은 유대감을 나눈다. 하지만 이런 유대감은 남성의 에스트로겐 수치를 높이고 테스토스테론 수치를 떨어뜨린다. 독립성이 높아질 때 테스토스테론 분비가 증가하는 것을 알고 있는가? 다시 말해, 불행하게도 남성이 테스토스테론 호르몬 수치를 복구하기 위해선 한 발 물러나야 한다는 의미다. 남성은 스스로를 격리시키고, 동반자를 배제하는 활동에 집중한다. 남성은 관계 속에서 벗어나 테스토스테론 수치를 복구한다. 물론 그냥 머저리같이 구는 남자도 있겠지만.

성호르몬은 우리의 충동을 관장하는 주요 동력이다. 베스트셀러 《왜 결혼과 섹스는 충돌할까》의 공저자 크리스토퍼 라이언Christopher Ryan은 남녀관계에 대한 정의를 새롭게 바꿔놓았다. 크리스토퍼는 일부일처제는 유전학보다는 문화적 결과물이고, 인간의 성생활은 인간과 가장 가까운 영장류인 침팬지와 유사하다고 주장한다. 일부일처제를 지킬 필요가 없다는 말이 아니라 일부일처제는 우리의 결정일 뿐 본능이 아니란 뜻이다.

일부일처제를 따르는 사람도, 자신의 아내나 남편을 얼마나 사랑하는지와 관계없이 다른 이성에게 끌릴 수 있다. 이는 인간이 지닌 단면 중 하나다. 다른 이성에게 매력을 느끼거나 환상을 품었다고 해서 연인관계에 문제가 있다거나 당신이 이상한 사람이라는 의미는 아니다. 그저 호르몬에 의해 반응하는 호모사피엔스란 증거일 뿐이다.

크리스토퍼 라이언과 존 그레이의 의견에 공통되는 지점이 있다는 사실을 알게 되면 놀랄지도 모른다. 크리스토퍼는 일부일처제의 남성이 새로운 이성과 성관계를 가질 때 테스토스테론 수치가 높아진다고 말한다. 호르몬의 관점에서 보면 외도가 남성에게 좋은 역할을 하는 부분이 있다. 만약 일부일처제를 선택한 사람이라면 앞서 나왔던 그레이의 조언에 따라 외도의 유혹을 뿌리치고 연인관계를 지키며 테스토스테론 수치를 높일 수 있다. 큰 영향력을 자랑하는 인물들 가운데 부적절한 이성 관계와 파괴적인 행동 때문에 나락으로 떨어진 사람들이 얼마나 많은가? 호르몬 때문에 바보 같은 선택을 할 필요는 없다.

바이오해커로서 나는 몇 가지 이론을 직접 실험했다. 내 아내는 크리스토퍼의 제안은 부담스러워했지만, 도가의 방중술은 우리 둘 다 거부감이 없어 실험에 임했다. 바이오해킹의 과정 속에서 동양의 철학에 이르게 된 나는 중국 도교 신자들에게서 새로운 사실을 알아냈다. 세계 최초의 바이오해커 중 하나라고 볼 수 있는 그들은 성적 에너지를 불멸에 이르는 수행으로 활용하고 있었다. 이들은 젊음을 유지하기 위해 심지어 며칠에 한 번씩 사정해야 하는지 계산하는 수식도 있었다. 그 수식은 '(현재 나이-7) ÷ 4'이다. 이는 가장 이상적인 사정의 간격을 산출하는 식이다. 대수학이 섹시하지 않다고 누가 그랬는가? 도가에서는 불로장생의 꿈을 이루려면 30일에 한 번만 사정하는 것이 좋고, 오르가슴은 한 시간 이내로만 지속해야 한다고 말한다.

내가 서른아홉 살이던 몇 년 전 실험을 해본 적이 있다. 위의 식에 따르면 나는 8일 간격으로 성관계를 갖는 편이 좋다는 결론이 나왔다. 이는 존 그레이의 제안과 상당히 근접한 수치였다. 약 1년간 실험하며 성경험(혹은 자위) 횟수, 사정 횟수를 기록하고 1에서 10까지 점수를 매겨 내 삶의 질을 평가했다. 1점은 모든 것이 끔찍하다, 5점은 모든 것이 평균적이다, 10점은 모든 것이 완벽하다. 업무 성취, 에너지, 인간관계, 건강의 만족도를 모두 고려해 합계를 냈다.

민망스럽지만 이곳에 모든 것을 공개하려고 한다. 이 책을 읽는 당신을 위해서다. 당신의 성욕을 다른 방향으로 전환해 성과를 높이는 에너지로 활용하는 것이 왜 중요한지 깨닫게 해주기 위해서다. 내 성생활에 대한 적나라한 데이터를 보는 것이 언짢다면 이 부분을 거르고 다음 법칙으로 넘어가도 좋다. 그렇게 한다 해도 내가 서운할 것은 없다.

하지만 당신에게 해당될 아주 흥미롭고도 놀라운 이야기를 놓치게 될 것이다. 핵심은, 우리의 몸은 상당한 에너지를 섹스에 쏟는데, 이 에너지를 다른 일에 활용할 방법이 있다는 것이다.

실험 초기 단계에서는 도가에서 전해내려온 수식에 따라 사정의 주기를 8일로 했다. 일주일에 한 번 성관계를 갖는다는 존 그레이의 이론과도 상당히 유사한 방식이었다. 금욕하는 수도승처럼 생활했다는 것은 아니다. 여전히 적극적인 성생활을 누렸지만 사정은 하지 않았다. 불만에 가득 찬 며칠을 보낸 뒤 에너지를 분출할 곳이 필요했다. 약간의 노력만으로도 내 삶의 다른 부분으로 에너지가 전환되었다.

매일 만족도를 기록하던 중 얼마 지나지 않아 내 삶의 만족도가 상승하고 있음을 발견했다. 시간이 흐를수록 사정 횟수는 줄어들었지만 성관계 횟수는 늘어갔다. 사정 횟수가 줄수록 섹스에 대한 열망은 커졌다. 이런! 섹스 횟수가 늘자 삶의 만족도는 더욱 높아졌다. 도가 신자들은 정말 비밀을 알고 있었던 모양이다.

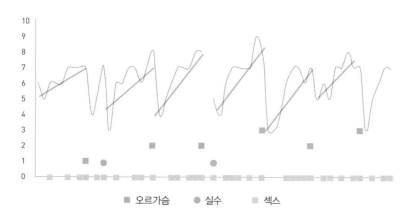

[표 1] 일상생활 만족도를 나타낸 그래프. 8일마다 오르가슴을 느낀 후 삶의 만족도가 떨어지는 것을 확인할 수 있다.

실험 중기에 들어서자 나는 불멸의 비법을 직접 실험해보기로 결심하고 30일 주기로 사정하는 일정을 따랐다. 쉽지 않은 과정이었다. 몇 번의 실수로 프로젝트를 중단하고 처음부터 다시 시작하길 몇 차례 반복했다. 나도 인간인지라 어쩔 수 없었다. 결과는 놀라웠다. 삶의 만족도가 상당히 올라갔고, 성욕이 치솟았다. 경이로울 정도로 생산적이고 에너지가 넘쳐흘렀다. 무엇보다 가장 놀랐던 부분은 아내뿐 아니라 다른 여성들에게 이상할 정도로 많은 관심을 받았다는 점이다. 당연히 나는 아름답고 총명한 내 아내 라나의 관심에만 반응했다. 30일 주기에서 삶의 만족도가 더욱 커졌다.

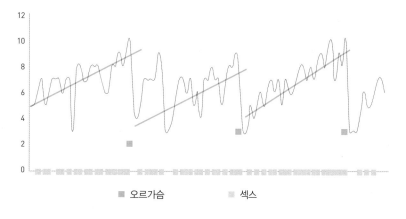

■ 오르가슴　　　　■ 섹스

[표 2] 일상생활 만족도를 나타낸 그래프. 30일 주기로 사정할 때 삶의 만족도가 계속 상승하다 오르가슴 이후 수치가 떨어지는 모습을 보인다.

오르가슴이 우리 삶에 미치는 영향

마지막 단계로 30일간 성관계를 일체 하지 않는 실험을 진행했다.

이 기간을 '수도승 모드'라고 이름 붙였다. 어느 때보다 어려움이 많았다. 상당한 수준의 인내력 테스트를 하고 싶은 게 아니라면 누구에게도 추천하고 싶지 않다. 몇 번의 부정 출발로 다시 레이스를 시작해야 했지만, 결과적으로는 한 달 동안 더욱 행복감을 느끼고 생산성도 높아졌다. 그러나 앞서 했던 30일 주기 때와 눈에 띄는 차이는 없었다. 30일 후 끔찍하게도 약 20퍼센트 가량 음경이 수축되기도 했다. 다행히 수축이 일어났을 때 하는 도가 수행을 몇 주 지속하자 (그리고 섹스를 많이 하자) 모두 정상으로 돌아왔다. 휴, 다행이다!

실험 후 '수도승 모드'로 지내고 싶은 마음은 완벽히 사라졌지만, 사정 후 내 컨디션이 어떤지에 대해 많은 것을 깨달았다. 나는 2~3일 가량 '사정의 여파'를 경험하는데, 이때 에너지와 의욕이 떨어지고 삶의 만족도도 낮아진다는 것을 발견했다. 사정 횟수가 줄어들자 성관계는 늘었고, 내 삶의 모든 면이 더욱 좋아졌다. 이런 기분은 생애 처음 느껴보는 것이었다. 실험을 통해 성관계 횟수를 늘리고 30일에 한 번씩 사정할 때 삶의 만족도가 가장 높다는 것이 밝혀진 셈이다.

결과를 분석한 후 놀랐지만 사실 이를 설명하는 과학적 증거는 많다. 남자는 사정 후 젖분비호르몬이 급격히 상승한다. 이 호르몬은 성욕을 사라지게 하고 몸을 나른하게 만들어 낮잠을 자고 싶게 한다. 여성도 오르가슴을 경험한 후 이 호르몬이 분비되는데 남성과 같은 수준은 아니다. 젖분비호르몬은 '행복' 호르몬인 도파민을 억제하기 때문에 성관계 후 남성들이 약간의 우울감을 느끼는 것은 당연한 증상이다.

젖분비호르몬의 수치가 상승하면 남성의 테스토스테론 수치는 낮아진다. 이는 건강한 남성이 3주간의 금욕 후 테스토스테론 수치가 상승한다는 여러 연구결과와도 상통한다. 한편, 성관계를 할 때 사정하지 않으면 테스토스테론 수치가 72퍼센트까지 향상되는 것으로 밝혀졌다. 실험 동안 여성들이 내게 관심을 보인 것도 아마 같은 연유일 것이다. 내가 여성을 유혹하기 위해 무언가를 하지 않았음에도 여성들은 높은 수준의 테스토스테론과 섹스에 대한 상당한 욕구를 감지했을지도 모른다. 혹은 페로몬의 변화 때문일 수도 있다.

도교에서는 여성의 오르가슴 흥분이 '가라앉기 전에' 마쳐야 한다고 가르치기 때문에 이 실험은 오직 남성에게만 해당된다. 직접 실험해본 여성들은 옥시토신 수치가 급격히 낮아진 탓에 하나같이 끔찍한 경험이라고 밝혔다. 남성들의 경우, 날짜에 맞춰 한 걸음 물러나는 배려를 해줄 수 있는 사랑스런 파트너가 있다면 정해진 규칙에 따라 프로그램을 지키기가 훨씬 수월해진다. 게이 커플에게는 달리 적용되어야 하는지 데이터가 없어 확실치 않다. 하지만 남성의 생식기를 갖고 있다면 누구에게나 동일한 규칙이 적용될 거라 생각한다.

〈불릿프루프 라디오〉에서 이 실험에 대해 이야기했을 때, 직접 실험해본 뒤 굉장한 성공을 거두었다고 비밀리에 말한 청취자들이 상당히 많았다. 몇몇 커플은 내게 부부 혹은 연인관계가 무척이나 좋아졌다고 털어놓기도 했다. 20대 후반의 한 남성은 실험 후 60일 만에 연봉이 3만 달러 인상되었다고 했다. 또 다른 남성은 항상 꿈꿔오던 사업을 시작했으며 현재 사업체가 빠르게 성장하고 있다고 전했다.

내가 실험에 참여하던 해, 갓 태어난 아이의 아빠이자 IT회사의 중역으로 일하며 불릿프루프를 시작할 준비도 병행할 정도로 에너지가 넘친 것은 이상한 일이 아니었다. 그 정도의 에너지를 내는 데는 이유가 있었을 것이다. 종족 번식의 본능에 관련한 몸의 욕구를 통제한 것이 분명 도움이 되었다고 생각한다.

최강의 TIP

- 여성의 경우 '사랑의 창' 시기를 파악하자. 동반자에게 해당 시기를 알리고, 데이트를 하자고 제안한다.
- 남성이라면 그레이가 테스토스테론에 대해 말한 것이 사실인지 알아보기 바란다. 파트너에게 사랑의 창 시기를 묻고 데이트 약속을 잡는다!
- 성생활과 삶의 전반적인 만족도를 기록하는 차트를 만들어 오르가슴이 에너지, 행복감, 생산성에 어떤 영향을 미치는지 살펴보기 바란다.
- 남성의 경우 오르가슴 횟수를 줄이고 고강도 운동을 하는 게 좋다. 설탕 섭취를 제한하고, 건강한 지방의 섭취를 늘리며, 필요하다면 (매너 있게) 동반자와 거리를 두는 등의 방법으로 테스토스테론 수치를 높일 수 있다.

오르가슴의 힘을
얕봐선 안 된다

정기적인 오르가슴은 우리의 능력을 100퍼센트 발휘하는 비결 중 하나다. 오르가슴을 느낄 때 행복과 수행능력에 관여하는 호르몬들이 일제히 상승하고, 면역체계가 좋아진다. 또 더욱 젊어지는 효과가 있다. 오르가슴은 새로운 차원의 행복을 여는 것뿐 아니라 변성의식에까지 이를 수 있는 열쇠다. 자신의 오르가슴을 완벽히 이해할 때 게임의 판도를 바꾸는 것이 한결 쉬워진다.

─────── 남성의 오르가슴에 대해 알아보는 시간을 가진 후, 이번에는 여성의 오르가슴에 대해 잘 알고 있는 세계 최고의 전문가를 만났다. 첫 번째 인물은 성과학 박사이자 굉장한 인기를 끌고 있는 팟캐스트 〈섹스 위드 에밀리〉Sex with Emily의 진행자 에밀리 모스Emily Morse다. 모스 박사의 프로그램은 분명한 목표가 있다. 그녀는 여성 오르가슴의 중요성에 대한 인식을 넓히고, 모든 사람들이 만족스러운 성생활을 누리길 바라는 마음으로 팟캐스트를 시작했다.

작은 노력으로 강한 오르가슴을 느끼는 법

매우 자유분방한 가풍 아래서 자란 그녀가 섹스에 있어 콤플렉스를 경험했으리라고 누구도 예상치 못했을 것이다. 그녀의 어머니는 "섹스에 관해서 궁금한 게 있으면 언제든지 물어보렴."이라고 말했지만, 그녀는 궁금한 것이 전혀 없었다. 왜냐하면 가족 중 누구도 섹스에 대해 입 밖으로 꺼내지 않았으니까! 대학에 입학한 후 성관계를 가졌지만 그리 즐겁지 않았다. 그러던 중 친구들이 '오르가슴'이란 말을 하는 것을 듣고 이렇게 물었다. "그게 뭐야?" 모스 박사에게만 해당되는 이야기가 아니다. 이런 상황은 너무나도 흔하게 벌어지고 있다.

모스 박사는 전 세계 곳곳에서 열리는 섹스 콘퍼런스에 참여하며 섹스에 대한 최신 정보와 신개발품을 접한다. 그리고 여성들이 이러한 정보를 성생활에 적극 활용하도록 돕는다. 모스 박사는 여성의 낮은 성욕이 무엇보다 심각한 문제라고 지적한다. 많은 여성이 좌절감과 절망감에 시달리고 있지만, 그녀는 혈액 순환 개선처럼 단순한 방법으로 여성의 성욕을 효과적으로 높일 수 있다는 사실을 발견했다.

성욕과 오르가슴을 느끼기 위해서는 여성의 생식기에서 혈액이 원활하게 순환되어야 한다. 물론 남성도 마찬가지다. 비아그라와 같은 발기부전 치료제가 남성, 여성 모두에게 도움이 될 수 있다. 하지만 약물을 섭취하지 않고도 여성이 취할 수 있는 안전하고 자연스러운 방법이 있다. 모스 박사는 온전히 자극에 충실한 자위를 위해 이완을 돕고 흥분을 높이는 CBD(대마를 구성하는 화합물 중 하나—옮긴이)가 함유된 클리토리스 마사지 오일 또는 클리토리스에 자극을 선사하는 다양한 제품을 제안한다. 케겔 운동도 손쉬운 방법인데, 여성이 소변을 멈출 때 쓰는 근육인 골반저근을 자극하는 운동이다. 약 10초간 해당 근육을 조였다 펴기를 반복하며 하루에 단 몇 분만 투자한다면 남성과 여성 모두에게 큰 도움이 된다. 남성은 사정 통제력이 강화되고, 더욱 강력한 오르가슴을 느끼게 된다. 이걸 마다할 사람이 있을까? 여성도 마찬가지다. 강한 오르가슴을 느끼고 배뇨를 억제하는 능력이 향상되며, 성욕도 강해진다.

오르가슴이 여성에게 선사해주는 것들

다음에 만난 전문가는 여성 건강을 전문으로 기능의학 및 자연요법을 활용하는 의사 졸린 브라이튼Jolene Brighten 박사였다. 브라이튼 박사는 한 주에 최소 한두 번의 오르가슴을 경험하는 여성은 행복도가 높고 수명도 길어진다고 밝혔다. 그녀의 연구에 따르면, 규칙적으로 오르가슴을 느끼는 여성의 경우 면역 조절 능력이 높고, 염증 표지자 수치도 훨씬 낮은 것으로 드러났다. 오르가슴 후 여성의 체내에서 스트레스 호르몬이자 염증을 일으키는 코르티솔의 수치가 떨어지므로 이는 타당한 현상이다. 따라서 오르가슴을 많이 경험할수록 스트레스와 질병에 걸릴 확률이 낮아진다. 노화가 방지되는 효과도 있지만 이는 어디까지나 여성에게만 국한된 이야기다. 이 책에 나온 이야기 대부분이 남성과 여성 모두에게 적용될 수 있지만 오르가슴 횟수만큼은 아니다. 정확히 말하자면, 남성도 사정하지 않고 오르가슴을 느낄 수는 있다. 하지만 고급 기술 없이는 거의 불가능하다.

여성의 오르가슴은 호르몬 수치를 건강한 수준으로 유지하고, 스트레스를 경감시키며 변성의식의 상태로 진입하게 해준다. 오르가슴을 자주 경험할 때 남성의 테스토스테론 수치가 낮아지는 반면, 여성의 몸에서는 에스트로겐과 옥시토신 분비가 촉진된다. 옥시토신에는 사회적 유대감과 신뢰감을 높이고 긴장을 완화하며, 관대해지는 효과가 있어 '사랑 분자'라고 불리기도 한다. 여성이 성관계를 마친 후 느끼는 들뜨면서도 따뜻한 여운은 옥시토신 덕분이다. 에스트로겐이 옥시토신의 효과를 증대시키기도 한다. 여성이 오르가슴을 느낄 때 이 두 가지 호르몬이 시너지를 내며 함께 작용해 기분 좋은 유대감을 선사하고, 감정을 이완시켜준다.

또한 오르가슴 후 여성은 신경전달물질인 세로토닌이 증가해 행복감을 더욱 크게 느낀다. 간단히 말해, 남성이 사정 횟수를 줄일 때 얻는 효과를 여성은 오르가슴 횟수를 늘릴 때 얻을 수 있다. 이야말로 대자연의 섭리를 알아야만 이해할 수 있는 현상이다.

법칙
28

뻔하고 수줍은 섹스에서
벗어나라

섹스는 높은 수행능력을 가능케 하는 몰입과 변성의식을 이끈다. 이런 상태에 진입하기 위해서는 당신의 한계를 시험하는 용기가 필요하다. 몸이 진정으로 원하는 것에 귀를 기울이고 정해진 틀에서 벗어나 섹스를 행하라. 그러면 비로소 깊은 수준의 자유와 치유, 창의력을 경험할 수 있다.

──────────── 오르가슴이 여성과 남성에게 각기 다른 역할을 한다는 것을 이해했을 것이다. 그러나 섹스에는 오르가슴보다 더욱 중요한 정신적인 측면이 있다. 성적 잠재력을 몰입이라는 의식의 변성 상태, 즉 우리가 생각하는 것보다 몸과 마음이 훨씬 많은 것을 해낼 수 있는 의식 상태로 전환하는 법을 알고 있는 사람을 게스트로 초대했다. 가장 먼저 뉴욕에서 활동하는 여성 지배자Dominatrix로 여러 영향력 있는 사람들과 함께하고 있는 '미스트리스 내털리'Mistress Natalie에게 연락했다.

다행히도 그녀의 개인 트레이너가 내 친구였기 때문에 쉽게 연락이 닿았다.

대본을 벗어난 예측 불가능한 섹스

그녀와의 인터뷰는 내가 전혀 예상할 수 없는 방향으로 흘러갔다. 미스트리스 내털리는 참여자들을 몰입 상태로 이끌기 위해 구속Bondage, 규율Discipline, 복종Submission, 마조히즘Masochism(이하 BDSM)의 다양한 방법을 활용한다. BDSM을 기괴한 페티시로 치부하기 쉽지만, 자신을 찾아오는 고객들은 그녀의 행위를 치료의 일환이자 의식의 변환을 일으키는 도구로 생각한다고 내털리는 말한다. 그녀는 BDSM이 지닌 치유의 힘을 높이 평가한 터라, 다시 학교로 돌아가 공부를 마친 후 인생 상담 코치가 되었다. 그녀의 독특한 '킹키 코칭'Kinky Coaching은 바이오 해킹 원칙 몇 가지와 함께 BDSM을 활용해 인간의 정신적, 육체적 상태를 높인다.

내털리의 비결은 섹스를 예상치 못한 방향으로 흘러가게 만드는 것이다. 우리는 동화가 '옛날 옛적에'로 시작해 '두 사람은 그 후로도 행복하게 살았답니다'로 끝난다는 걸 알고 있다. 섹스의 과정도 마찬가지로 예측이 가능하다. 보통 섹스가 전희, 삽입, 절정의 순서로 진행될 거라 기대한다. 일반적으로는 크게 문제될 게 없지만, 몇 가지 단점이 있다.

내털리와 그녀의 고객들은 이런 일반적인 흐름이 섹스를 단조롭고 지루하게 만든다고 지적한다. 매번 같은 행동을 반복하고, 그로 인해 갈수록 즐거움이 줄어든다. 두 번째로 클라이맥스를 목적지로 설정하게 된다는 점이다. 결과만 보고 달려가다 보면 과정을 놓치기 쉽다. 그 뿐인가. 온전히 자신을 흐름에 내맡기거나 자연스러운 상황을 연출하기도 어려워진다. 또한 두 사람이 모두 절정에 이르러야 한다는 기대심리가 형성되어 둘 중 한 사람이 오르가슴을 느끼지 못하면 '실패한' 섹스가 되고 만다. 이때 수치심, 수행불안 등 다른 여러 감정과 문제가 순식간에 밀려온다. 섹스에 실패했다는 기분을 느끼고 싶은 사람은 아무도 없을 것이다.

그러니 목표를 버리고 정해진 대본에서 벗어나라. 그러면 틀을 벗어나 해방감을 얻고 파트너와 자신 사이의 유대감에만 집중할 수 있다. 이전까지 단 한 번도 생각해본 적 없었던, 자신이 진정으로 원하는 것을 표현할 기회를 제공하기도 한다. 자신이 원하는 바를 아는 것이 중요한 이유는 신경계의 관점에서 섹스는 생사가 걸린 중요한 문제이기 때문이다.

성적으로 진정한 만족을 얻지 못한다면 잠재의식은 결핍을 느낀다. 정해진 각본에서 벗어나 자신이 원하는 것을 요구할 용기를 낸다면 매번 새롭고 유일무이한 섹스를 경험할 수 있다. 더불어 절정만큼이나 섹스 그 자체를 즐길 수 있게 된다. 음식을 다 먹은 후 느껴지는 포만감을 좇는 것이 아니라 근사한 음식 자체를 즐기는 것과 비슷한 이치다.

성적 상상만으로도 창의력이 자극받는다

내털리의 고객들은 이런 경험을 몸뿐 아니라 마음에서 느낀다. 고객들은 새로운 권력 역학을 통해 자신의 모습을 다른 관점에서 보게 되는데, 이는 어디까지나 치료의 목적에 따른 접근법일 뿐이다. 앞서 경고했듯 인터뷰가 어떤 방향으로 흘러갈지 정말 예상할 수 없었다.

BDSM은 고객을 몰입 상태로 이끌기 위해 한계까지 몰아세우는 심리적 치료과정이다. 내털리는 자신의 분야에서는 몰입 상태를 '잠재 공간'으로 해석한다고 전했다. 한 세션 후 고객들에게 여운이 며칠이나 지속된다. 심신이 안정되고, 집중도와 의식의 명료성이 한결 높아진다. 내털리에게는 BDSM 등 일반적이지 않은 방법이 단순히 개인의 한계를 확장해 몰입 상태에 진입하는 수단일 뿐이다.

BDSM처럼 서로 합의하에 진행되는 일련의 행동에 대해 여전히 많은 비판이 쏟아지고 있다. 하지만 내털리는 이런 행위를 스카이다이빙, 울트라마라톤과 비슷하다고 말한다. 개인의 능력치를 벗어나 한계를 시험하는 육체 활동은 머릿속 스위치를 켜서 강력한 신경전달물질을 분출시킨다. 몰입 상태에 진입하는 방식은 사람마다 다르다. 등에 줄을 매달고 다리에서 뛰어 내리는 것 대신 수치심이나 신체 결박을 선택하는 것이 훨씬 망측한 일이라고 누가 감히 판단할 수 있는가? 사람마다 각자의 취향이 다를 뿐이다.

섹스에 대해 생각하는 것만으로도 몰입 상태에 이르는 효과적인 방법이 있다. '포티 이어 오브 젠'의 일주일짜리 뉴로피드백 집중 트레이닝 프로그램에서는 뉴로피드백 세션 중 고객이 자기유도 몰입 상태에서 '산만해질 때' 쓸 수 있는 한 가지 확실한 방법을 알려준다. 다시 몰입 상태로 진입할 수 있는 가장 쉽고 확실한 방법은 성적 환상을 잠깐 동안 상상하는 것이다. 성적 흥분을 일으키는 대상을 떠올리는 순간, 뇌파가 치솟고 몰입하게 된다.

여기서 중요한 것은 무엇을 상상하든 간에 자신이 진짜 좋아하는 것을 떠올려야만 효과가 있다는 점이다. 일반적이고 전형적인 섹스를 상상하는 것은 별로 도움이 되지 않는다. 성적 흥분을 불러일으키는 것을 그려야 효과가 큰데, 이때 스스로 검열의 잣대를 들이대지 말아야 한다. 나는 정체기에서 벗어나기 위해 이 방법을 쓴 덕분에 포티 이어 오브 젠에서 역대 최고 기록 중 하나인 뇌전도 수치를 달성했다. 물론 내가 어떤 상상을 했는지는 말할 생각이 없다!

몸을 통한 몰입은 영혼까지 자유롭게 한다

침실에서 당신과 파트너에게 가장 효과가 큰 것이 무엇인지 알고, 실행한다면 최고의 능력을 발휘하게 해줄 변성 의식 상태를 경험할 수 있다. 며칠이 지난 후라도 말이다. 반면 목표 달성에만 집중한다면 분석적인 상태에 머물 수밖에 없다. 이 상태에서는 감정이 차단되고 공감능력이 떨어진다는 것이 몇몇 연구를 통해 밝혀졌다. 즉 행복한 성생활에 도움이 되지 않는다. 분석적인 태도를 버리고 직관에 귀를 기울일 때, 공감능력과 기쁨, 창의성이 높아지고, 평안함에 이른다. 나아가 당신 주변의 사람들과 완벽히 하나가 되는 느낌을 경험할 수 있다. 이것이야 말로 진짜 섹시하지 않은가.

섹스는 몰입 상태와 창의력을 자극할 뿐 아니라, 이런 상태에 이르기 위해 정확히 무엇을 해야 할지 전문가를 찾아다니게 만들 정도로 내 영적 상태를 자극했다. 나는 오르가슴 명상 Orgasmic Meditation 의 리더를 찾아냈다. 이 명상은 파트너가 (보통은 남성이지만 반드시 남성이어야 할 필요는 없다) 여성의 클리토리스를 15분간 만지는 '의식적 행위'Consciousness Practice다. 이때 두 사람이 경험하는 감각과 유대감에만 집중하는 것이 핵심이다. 이런 주제까지 다루다니, 너무 나간 것 아닌가 하는 생각이 들 수도 있을 것이다. 하지만 조금 전에 나는 당신에게 내 1년간의 사정 기록까지 공개했다. 지금까지 무리 없이 읽어왔다면 충분히 감당하리라 믿는다.

최강의 TIP

- 관심이 생긴다면 오르가슴 명상, BDSM 등이 정말 몰입 상태로 이끌어주는지 시도해보는 것도 좋다. 당신의 몸이 진정으로 갈망하고, 안전하며, 쌍방 합의가 이루어진 선에서.
- 두렵겠지만 침대 위에서 자신이 정말 원하는 것이 무엇인지 스스로에게 묻고, 파트너에게도 당당하게 요구하라.
- 루틴에서 벗어나 미지의 요소를 성관계에 더할 수 있는 방법을 생각해보기 바란다. 파트너와 한결 강력한 유대감을 나누고 비현실적인 경험을 하게 될 것이다.

섹스는 가장 안전한
자양강장제다

사랑하는 상대와 의식적인 섹스를 나눌 때 자유와 몰입 상태를 경험하게 해줄 신경화학물질이 분비된다. 포르노물은 중독 증상을 초래하고 몰입 상태를 가로막는다. 포르노는 액상과당이 버무려진 섹스다. 진정 건강하고 활력 넘치는 삶을 위해 현명하게 선택해야 한다.

──────── 오르가슴이 행복 호르몬을 분비하고, 섹스가 창의력과 높은 수행능력을 가능케 하는 변성의식에 접근하는 데 도움이 된다는 걸 알아봤다. 하지만 오르가슴이 그렇게 좋기만 하고 단점이라고는 없는 걸까? 이 질문에 대한 답을 찾아가는 과정에서 원조 브레인해커 중 한 명인 빌 해리스Bill Harris와 인터뷰를 나누었다.

안타깝게도 그는 이 책을 최종 수정하던 중 세상을 떠났다. 센터포인트 리서치 기관Centerpointe Research Institute의 창립자인 해리스는 두뇌 업그레이드 프로그램을 개발해 수십만 명의 인생을 바꿔주었고 수천만 달러를 기부했다. 뉴로피드백과의 인연 덕분에 해리스의 뇌파 기록을 볼 기회를 얻었는데, 그의 뇌파는 상당히 훌륭한 수준이었다.

인상 깊은 인터뷰를 하던 당시 해리스는 2008년 금융 위기가 벌어지기 직전에, 끔찍한 이혼 과정을 거쳤던 사연을 공유했다. 그는 그 일로 극심한 스트레스를 받았고, 자신도 모르는 사이 만성적으로 투쟁-도피 상태에 빠져 나쁜 선택을 일삼았다. 단 며칠 만에 그는 과속 딱지를 6개나 받았고, 얼마 동안 면허가 정지되었다. 해리스는 제3장에 소개한 두뇌 전문가 다니엘 에이멘 박사를 찾아가 두뇌 스캔을 받은 후, 만성 스트레스로 인해 정서를 주관하는 대뇌변연계가 과잉 활성화되어 있음을 확인했다.

포르노 중독에서 빠져 나오기 힘든 이유

변연계가 지나치게 활성화되면 도파민에 의한 결정을 할 확률이 높다. 즉, 두뇌 속 보상체계를 자극하는 신경전달물질인 도파민 분비를 이끄는 일만 하게 된다는 뜻이다. 도파민은 즉각적인 보상과 만족을 갈망하는 신경전달물질이다. 순간적인 도파민 분비를 좇아 쾌락을 추구하면 설탕이나 가공 식품, 혹은 마약 등 그 순간에는 행복하지만 장기적으로는 해로운 일을 선택하게 된다.

이것이 섹스와 무슨 관련이 있을까? 섹스는 두뇌에서 행복 호르몬을 자극하는 일을 한다. 포르노를 볼 때 분비되는 화학 물질의 양은 실제적 성관계를 할 때와 다르다. 자세히 설명하자면, 포르노를 볼 때는 도파민의 분비가 훨씬 많은 반면, 섹스를 할 때는 옥시토신의 분비량이 많다.

도파민 과다 분비는 문제가 된다. 온라인으로 포르노를 시청하는 사람들이 지속적인 동시에 무한대로 노출되어 있는 과다 자극은 사실 우리의 뇌가 통제할 수 없는 수준이다. 우리의 뇌는 코카인, 알코올, 설탕 등 순간적인 행복감을 전달하고 시간이 지날수록 보상 역치를 높이는 물질에 반응할 때처럼 포르노에 반응한다. 포르노는 중독성 높은 약물과 마찬가지다. 도파민에 내성이 생기게 만들어 전과 같은 효과를 얻기 위해서는 점점 더 많은 양이 필요해진다. 즉 포르노를 많이 볼수록, 더욱 많은 자극이 주어져야 성적 흥분을 느끼게 된다는 뜻이다.

2014년 독일의 한 연구결과에 따르면 정기적으로 포르노를 보는 사람들의 경우, 두뇌 속 보상 경로가 작고 덜 민감한 것으로 드러났다. 같은 해 프랑스에서 진행된 연구는 정기적으로 포르노를 시청하는 남성의 60퍼센트가 포르노를 통해 발기가 가능했지만, 자신의 파트너와의 행위에서는 발기가 어려웠다고 발표했다.

아직도 포르노에 중독성이 없다고 생각하는가? 케임브리지 대학의 신경과학자 한 명은 포르노 중독 남성들의 두뇌를 스캔했다. 이 연구를 통해 약물 중독자의 뇌에서 발생하는 변화와 같은 양상의 변화가 포르노 중독 남성들의 뇌 회백질에서 일어나는 것을 발견했다. 상당히 끔찍한 결과다. 만일 포르노에 중독돼 있다면 한 달간 포르노를 완벽히 차단한 후 자신의 성욕과 성행위에 어떤 변화가 찾아왔는지 살펴보길 권한다. 아주 강력하게 권한다. 예상보다 쉽지 않은 일일 것이다. 하지만 언젠가 멈춰야 한다면 지금 당장 멈춰라.

오르가슴 명상은 대뇌변연계를 안정시킨다

그렇다면 포르노 중독의 해결책은 없는 걸까? 러트거스 대학에서 오르가슴 연구를 하는 푸자 라크시민Pooja Lakshmin 박사와의 인터뷰에서 그 해답을 얻을 수 있었다. 그녀는 오르가슴 명상 수행을 연구하며 발견한 신경약리학적 효과가 자신의 인생을 완전히 바꿨다고 밝혔다. 전통적인 인도 가정에서 자라며 성공해야 한다는 부담감을 항상 느꼈던 그녀는 의사가 되었고, 부모님이 정해준 남자와 결혼했다. 그녀는 비참했다. 평생 틀 안에 갇혀 살았고, 생생한 감정을 진심으로 느끼거나 경험해본 적이 없었다.

그러나 자신의 몸을 들여다보고 고통과 기쁨을 온전히 느끼는 오르가슴 명상을 접한 후로 삶이 달라졌다. 처음에는 두려움을 느꼈지만, 시간이 지날수록 자신의 본모습을 훨씬 편안하게 받아들였다. 기쁨을 그대로 느끼고 타인과 깊은 유대감을 나눌 수 있게 되었다. 이 경험 덕분에 그녀는 오르가슴 연구를 시작할 수 있었다. 지금은 다른 사람들이 옥시토신에 기반한 유대감을 느낄 수 있도록 돕고 있다.

라크시민 박사에 따르면 포르노의 또 다른 문제는 섹스와 달리 몰입 상태에 진입하는 것을 가로막는다는 점이다. 섹스의 종류에 따라 뇌에서 분비되는 화학물질이 다르듯 파트너와 함께하는지 혼자 느끼는 오르가슴인지에 따라 뇌는 다르게 반응한다. 다시 말해 자위를 할 때는 비자발적 상태Involuntary State에 도달할 수 없다. 아무리 노력해도 스스로 간지럼을 태울 수 없는 것과 같은 이치다. 자신을 완벽하게 내맡기기 위해서는 파트너가 필요하다.

라크시민 박사는 파트너와의 의식적인 섹스 혹은 그녀가 연구 중인 오르가슴 명상을 통해 몰입 상태에 빠질 때 감각을 훨씬 강렬하게 느낀다고 말한다. 그리고 오르가슴 명상 수행 중 손길을 받는 입장이라면 아주 가벼운 스침만으로도 같은 효과를 느낄 수 있다. 이렇듯 민감도가 향상되면 포르노의 잦은 노출로 생긴 도파민 저항성을 해결할 수 있다. 뿐만 아니라 자극을 제공하는 상대방에게도 긍정적인 영향을 주게 된다. 명상을 수행하는 동안 두 사람의 신경계는 상대방의 상태에 맞춰 변하고 조절되기 때문이다.

이런 유대감은 뇌에도 직접적인 영향을 미친다. 라크시민 박사는 오르가슴 명상에 대뇌변연계를 안정시키는 효과가 있다고 밝혔다. 빌 해리스의 경우 대뇌변연계를 안정시키고 만성적인 투쟁-도피 상태에서 벗어나 현명한 결정을 내리고자 명상을 선택했다. 반면 라크시민 박사는 다르다. 그녀는 오르가슴 명상이 개인의 직관에 다가가고 더욱 강력하고 깊은 감각을 여는 데 빠른 효과를 보인다고 말하며, 이를 '빠른 명상'이라고 칭했다.

최강의 TIP

- 일단 한 달 동안만 포르노에서 멀어져보자.
- 규칙적인 명상 훈련, 오르가슴 명상 혹은 사랑하는 사람과의 정기적인 성관계를 통한 오르가슴으로 대뇌변연계를 안정시킨다.

제 3 부

더 행복하게
The Happier

제 10 장

부자는
돈이 아닌
행복을
모은다

최고의 성과를 내는 이들에게게서 얻은 데이터에 뚜렷하게 드러난 사실이 하나 있다. 엄청난 성공과 부를 거머쥔 기업인은 물론이고 그 누구도 가장 중요한 세 가지 가치로 '돈'을 꼽지 않았다는 점이다. 이들에게 돈은 동기도 보상도 아니었다. 돈은 그저 자신의 열정을 좇고 원시적 뇌를 초월하는 과정에서 얻어진 하나의 부산물일 뿐이었다. 원초적인 본능을 완벽히 지배하고 오래도록 지속될 행복을 찾아낸다면 큰 성공과 부를 거머쥐는 데 활용할 거대한 에너지를 얻을 수 있다. 그것을 목적으로 하지 않아도!

이 교훈을 깨닫기까지 오랜 시간이 걸렸다. 어린 시절 나는 '비즈니스는 돈이라는 점수로 경쟁하는 게임이다'라고 적힌 포스터를 방 안에 걸어두었다. 비즈니스가 게임이 아니라는 것을 아는 지금, 다시 떠올리기 민망한 기억이다. 비즈니스는 기술과 예술이고, 성과는 당신이 발휘한 영향력이다. 당신의 직원들은 생계와 가족 부양을 위해 비즈니스에 의존한다. 고객들은 당신이 약속한 것을 이행하리라 믿고 지불한 서비스 비용보다 더욱 많은 가치를 제공해주길 기대한다. 그러니 비즈니스를 게임이라 생각한다면 질 수밖에 없다.

나는 꽤 오랫동안 돈을 좇았다. 하지만 좇으면 좇을수록 더욱 불행해졌다. 돈을 버는 일은 나를 행복하게 해주지 못했다. 돈에는 그런 기능이 없기 때문이다. 한동안 나 자신을 되돌아본 후에야 나는 기본적인 욕구는 이미 충족되었고 충분히 잘살고 있다는 사실을 깨달았다. 그때부터 나를 진정으로 행복하게 만드는일, 즉 타인을 돕는 일에 집중했다. 누군가 나와 눈을 맞추고 자신의 삶을 바꿔줘서 진심으로 고맙다고 말할 때 느끼는 전율은 감히 값을 매길 수 없다. 행복을 좇았을 뿐인데 자연스레 재정적 보상이 뒤따랐다. 나보다 훨씬 부유한 사람들도 돈을 우선시하지 않는다. 이들은 행복이 돈을 불러오는 것이지, 돈이 행복을 불러오는 것이 아니라는 점을 잘 알고 있다. 물론 다른 사람들에게서 빼앗거나 자신이 싫어하는 일을 해서 돈을 벌 수도 있다. 그것도 아주 많은 돈을. 그러나 먹고살 돈이 충분하다면 굳이 그렇게 할 필요가 있단 말인가!

행복도 가격을
매길 수 있다

기본적 욕구가 충족되었다면 진정으로 중요하다고 여기는 일에 에너지를 쏟아야 한다. 경제적 안정을 보장하는 선 이상으로 돈을 번다고 행복이나 기쁨이 커지는 것은 아니다. 그러니 필요한 것들이 모두 제자리에 있는지 확인한 후, 열정을 갖고 높이 뛰어올라라.

───────── 무엇이 인간을 행복하게 만들고 불행하게 만드는지 아는 사람이 있다면, 그건 바로 선불교의 승려인 겐포 로쉬일 것이다. 40여 년 전 영적 깨우침을 얻은 이래로 그는 많은 사람들이 진정한 본성을 깨달을 수 있도록, 또 삶의 의미를 찾을 수 있도록 돕는 데 자신의 일생을 바쳤다. 로쉬는 오래도록 지속되는 행복이란 타인이나 어떤 상황에 의해 만들어지는 것이 아니라 우리 안에 기본적으로 형성된 토대라고 말한다.

행복을 위해 필요한 돈은 얼마인가?

사람들은 외부적 요인에 의해 결정되는 조건부 행복을 좇는다. '좋은 사람을 만나면 행복해질 텐데…', '연봉이 오르거나 승진하면 행복할 텐데…' 하는 식이다. 나 역시 조건부 행복을 좇던 시절이 있었다. 스물여섯 살의 나이로 600만 달러를 벌었을 때, 나는 부끄럽게도 친구에게 "1,000만 달러를 벌면 행복할 텐데…"라고 말한 적이 있다. 2년 후 돈을 모두 잃은 순간, 당연히 스트레스 지수는 높아졌다. 하지만 행복지수는 크게 달라지지 않았다. 우리는 어떤 조건을 좇을 때나 마음이 공허할 때 자신이 갖지 못한 것만 생각하게 되어 진정한 행복을 느낄 수 없다. 진정한 행복은 지금 현재 자신이 가진 것에 만족할 때 찾아온다.

로쉬는 마음을 비우고 돈을 좇지 않자 큰 행복이 찾아왔고 어느 때보다도 많은 것은 얻게 되었다고 말한다. 그는 사라지지 않는 행복을 찾기 위해서는 몸과 마음의 자유를 포함해 몇 가지가 충족되어야 한다고 믿는다. 그 말인즉슨 돈 때문에 스트레스 받는 상태에서 벗어나 안전함을 느낄 정도의 경제적 여유가 허락되어야 한다는 뜻이다. 몸이 생존을 걱정하는 패닉 상태에 빠져 있을 때는 행복을 느끼기 어렵다.

그러나 경제적 빈곤 속에서 행복을 느끼는 일이 불가능한 것만은 아니다. 경영대학원을 졸업하고 잠시 머물렀던 캄보디아는 국민들의 하루 평균 수입이 1달러에 불과했다. 또 전쟁과 지뢰 폭발로 팔이나 다리를 잃은 사람도 꽤 많았다. 그들은 끼니를 걱정해야 할 정도로 궁핍한 생활을 했지만 눈에는 행복이 가득했다. 전쟁으로 폐허가 된 나라에서 이런 행복과 회복력을 보게 될 줄은 꿈에도 생각지 못했다.

한편 서구 문화권에서는 인간이 행복을 느끼기 위해서는 일정한 수입이 보장되어야 한다는 것이 한 연구를 통해 밝혀졌다. 2010년 프린스턴 대학에서 진행한 연구에서는 연간 수입 7만 5,000달러가 그 기준이라고 발표했다. 이 기준에 미치지 못한다고 해서 행복할 수 없다는 것은 절대로 아니다. 하지만 수입이 많은 사람들보다는 기본적 욕구를 충족하기 위해 좀 더 큰 스트레스와 피로를 느낄 수밖에 없는 것은 사실이다.

이 연구에서 더 흥미로운 부분은 기본적 욕구가 충족되는 7만 5,000달러를 초과한 후에는 돈을 아무리 많이 벌어도 행복지수가 정체된다는 점이다. 행복에 필요한 기본 수입을 조금 더 높게 책정한 연구들에서도 기준보다 많은 수입이 있다고 행복지수가 더 높아지는 것은 아니라는 결과는 모두 동일했다.

야망에 휘둘리지 말고 과정을 즐겨라

내 팟캐스트에 초대된 게스트들은 모두 자신이 활약하는 분야에서 상당히 높은 위치에 오른 성공한 인물들이다. 그런데 이들은 대부분 일에서 얻은 만족감이 그에 대한 보상으로 따라오는 경제적 이득이 주는 기쁨보다 훨씬 크다고 답했다. 물론 몇몇 게스트는 많은 사람들이 바라지만, 이룰 수 있는 사람은 얼마 되지 않는 꿈에 대해 말하기도 했다. 바로 백만장자가 되는 꿈 말이다.

내가 만나본 백만장자들은 부가 가져오는 개인의 자유에 대해 긍정적으로 언급하면서 지나친 야망으로 부를 모두 잃을 수 있는 상황을 경계해야 한다고 말했다. 내게 처음 이 이야기를 해준 사람은 부자들의 재정을 관리하는 존 보웬John Bowen이다. 만약 운 좋게 상당한 자금을 축적했다면, 절대로 위험성이 높은 일에 투자해선 안 된다고 그는 말한다.

내가 청년 시절 운 좋게 벌어들인 큰돈을 모두 잃은 것은 열정을 좇아 모든 것을 거는 성향 때문이었을 것이다. 일에 열정이 있고, 기꺼이 위험을 감수하는 사람이라면 자신이 가진 모든 것을 거는 일이 그리 어렵지 않다. 그러나 정말 부유한 사람들은 목숨을 걸고 이러한 성향과 싸워 자금을 지켜야 한다고 한목소리로 말한다.

샤지 비스람Shazi Visram은 유기농 아기 간식 회사인 해피 패밀리Happy Family의 창립자이자 CEO로 후에 이 기업을 무려 2억 5,000만 달러에 매각했다. 은퇴 후 여유로운 생활을 누리기에 충분한 돈이다. 비스람은 영원한 행복을 보장받기 위해 돈을 번 것이 아니라고 했다. 그녀가 얻은 것은 영원히 돈에 대해 걱정하지 않아도 된다는 안도감이었다. 이민자의 딸로 자란 비스람은 힘들었던 시절의 기억이 DNA에 깊이 새겨져 있고, 그 시절의 두려움이 자금을 지켜낼 수 있었던 원동력이었다. 동시에 그녀는 야심찬 노력파이기도 했던 탓에 두려움에도 불구하고 돈을 불리고 싶은 욕망에 사로잡히곤 했다.

비스람은 위험한 투자를 피하기 위해 성공이 아닌 기쁨에 집중하기로 마음먹었다. 성공을 맛보면 더 많은 것을 원하게 되고, 점점 더 많은 것을 원하게 될 테니까. 그래서 그녀는 돈으로 성공을 달성하는 데 집착하지 말고 능력을 키우는 데 시간과 노력을 들이라고 조언한다.

비스람은 큰 성공을 거둔 후에는 비재무적 자산을 활용하는 법을 터득해야 한다고 덧붙였다. 그래서 그녀는 자신이 신뢰하는 사업체가 힘든 문제에 맞닥뜨렸을 때 시간과 에너지, 창의력, 능력에 투자해 슬기롭게 이겨낼 방법을 찾는 편이다. 절대 자산을 쏟아부어 지분을 매입하는 위험을 감수하지 않는다.

또 전문가의 도움을 받아 원칙을 갖고 금융자산을 보호하라는 조언도 했다. 원칙에 충실한 방법으로 현명하게 투자하라는 것이다. 당신의 돈이 지닌 가치를 이해하고, 투자와 새로운 벤처 창업을 할 경우 발생하는 자금 유동성을 정확히 파악하도록 도와줄 믿을 만한 재정 자문가를 찾아야 한다. 그게 누구든 당신보다는 잘 관리할 테니까. 당신은 돈과 너무 가까이 있기 때문에 자산을 어떻게 관리해야 할지 제대로 판단하기 어렵다는 사실을 기억하라.

진정한 성공은 당신이 삶에서 얻는 기쁨이라는 사실을 명심해야 한다. 삶의 기쁨을 찾는 과정에서 돈이 도움이 될 수도 있다. 하지만 돈은 기쁨을 이끄는 유일한 요소가 아닐뿐더러 가장 중요한 요소도 아니다. 돈을 승차감이 좋고 음향 시스템이 잘 갖춰진 좋은 차라고 생각해보자. 좋은 차를 운전하는 것이 즐겁긴 하겠지만, 그보다는 조금 못해도 고장 나지 않은 차라면 당신을 목적지까지 데려다주기에는 충분하지 않은가.

대다수의 기업가들이 빠르게 성장하는 기업, 큰 집, 사치품, 완벽한 배우자 등의 최종 결과물을 얻는 데 급급하다. 그리고 그들이 이 목표 가운데 몇 가지 혹은 전부를 달성하는 순간, 오히려 삶의 목표를 잃고 방황하게 된다. 왜냐하면 성공과 함께 주어질 것이라고 기대했던 진정한 행복과 기쁨이 나타나지 않기 때문이다. 게다가 현실 속 모든 문제와 어려움, 스트레스는 여전히 어깨를 짓누른다.

비즈니스와 삶의 진짜 스릴은 목표를 달성하는 과정, 교류와 관계의 질, 다른 사람에게 전달하는 가치에서 나온다. 아주 단순하지만 심오한 가르침이다. 당신이 탄 요트를 성공이란 바람이 멀리 나아가게 해줄 수는 있다. 하지만 그 여정이 아무런 의미도 없고 즐겁지도 않다면 그저 망망대해에 홀로 갇히게 될 뿐이다. 부자가 되고 싶어하는 마음에는 아무런 문제가 없다. 그건 자연스러운 마음이다. 문제는 행복을 돈에서 찾으려고 하는 데 있다.

최강의 TIP

- 기본적 욕구가 모두 충족되었다면 그 이상을 좇지 않아야 한다. 돈은 당신을 행복하게 해주지 못한다. 당신이 필요한 것들을 위해 실제로 필요한 연 수입은 어느 정도인가?
- 위 금액의 두 배의 돈이 내일 갑자기 생긴다면 무엇을 하겠는가?
- 바로 위의 답변이 당신을 행복하게 하는 일이다. 지금부터 그 일을 하기 위해 노력해야 한다.

부는
행복의 결과물이다

행복한 사람은 관계 지향적이고 생산적이며 성공적인 삶을 산다. 행복은 당신이 하는 모든 일에서 새로운 차원의 잠재력을 깨워주는 열쇠다. 그러므로 당신을 행복하게 만드는 일에 매진해야 한다. 행복으로 당신의 가정을, 기업을, 어쩌면 온 세상을 바꿀 수 있을지도 모른다.

———————— 행복한 사람은 그렇지 않은 사람들에 비해 더 크게 성공한다. 과장처럼 들리겠지만 사실이다. 조금 더 정확히 말하자면 행복한 사람은 덜 행복한 사람들보다 평균 31퍼센트나 생산성이 높고, 창의력은 세 배나 뛰어나다. 많은 연구가 이 간극을 긍정적인 사고의 여부로 이해한다. 행복한 사람들은 긍정적으로 생각하고 '할 수 있다'는 태도는 성공을 불러들인다.

행복은 개인의 성공에만 영향을 미치는 것이 아니다. 행복한 사람은 자신뿐 아니라 직원들도 더 많은 돈을 벌게 해준다. 갤럽 헬스웨이 Gallup Healthways 의 연구에 의하면 삶의 만족도가 낮은 직원은 행복한 동료들에 비해 일을 쉬는 날이 월 평균 1.25일 많다고 한다. 1년에 15일을 덜 일한다는 의미다. 또한 연구자들은 직원들이 삶의 만족 지수가 높은 소매점은 다른 소매점에 비해 1평방피트당 수입이 21달러 높고, 체인점 전체로는 3,200만 달러 더 많은 수익을 벌어들인다는 사실을 알아냈다.

행복은 목표 달성의 핵심 연료다

행복과 생산성의 상관관계를 비셴 락히아니보다 잘 이해하는 사람은 없을 것이다. 락히아니는 행복이란 비전을 빨리 이루게 해주는 연료라고 말한다. 대다수의 사람들은 비전을 달성하면 행복해질 거라고 믿는 탓에 연료가 없는 채로 달리고 있다. 목적지에 행복이 기다리고 있으리라 생각하는 것이다. 사람들이 스트레스를 받고 불행한 이유는 행복과 비전을 분리해 생각하지 않기 때문이다. 로쉬가 말했던 것처럼 이들은 계속 무언가를 좇는다. 그러나 목적지에 이르는 여정에서 행복을 찾을 수 있다는 것을 깨닫는 순간, 모든 것이 달라진다.

락히아니는 《비범한 정신의 코드를 해킹하다》에서 '지복수행' Blissip-line 이라는 개념에 대해 언급했는데, 이는 행복하기 위한 훈련법이다. 그는 행복지수를 높이고, 행복을 비전 달성을 위한 연료로 삼기 위해 매일같이 해야 할 수행법을 만들었다. 여기에는 목표를 달리 세워야 한다는 내용도 나온다.

락히아니는 목표에는 수단 목표와 진짜 목표가 있다고 설명한다. 예컨대 학위를 받고 싶거나 계좌에 100만 달러를 모으고 싶거나 결혼을 하고 싶다는 것은 수단 목표다. 무엇을 쟁취하기 위한 수단이므로 행복과는 크게 관계가 없다. 학위는 취직을 하거나 돈을 버는 등 다른 무언가를 하기 위해 필요하다. 100만 달러를 모으려는 이유는 많은 사람들의 부러움의 대상이 될 만한 다른 사람이 되고 싶기 때문이다. 결혼을 원하는 이유는 외로움과 두려움에서 벗어나 마음을 나누고 신뢰를 주고받는 등 다른 기분을 느끼고 싶기 때문이다.

이 '다른 무언가'가 바로 진짜 목표다. 진짜 목표는 보통 '세계 여행을 하고 싶다', '매일 아침 사랑하는 사람 옆에서 눈을 뜨고 싶다', '아이를 키우며 찾아오는 기쁨을 느끼고 싶다'와 같이 감정이 중심이 된다.

락히아니는 마음속에 진짜 목표를 품고 회사를 설립했다. '팀으로 일하는 법을 배우고, 리더십 역량을 키우며, 유일무이한 것을 직접 일구는 짜릿함을 느낄 수 있는 회사를 세우고 싶다.' 이러한 마음가짐은 그와 직원들에게 진정한 행복을 가져다주었다.

진짜 목표는 세 가지 바구니 중 하나에 속하게 마련이다. 세 가지 바구니란 '내가 무엇을 경험하고 싶은가', '인간으로서 어떻게 성장하고 싶은가', '세상에 어떠한 공헌을 하고 어떠한 발자취를 남기고 싶은가'이다. 락히아니는 현실적인 목표를 세울 때 진짜 목표에 대해 숙고하는 시간을 갖는 것이 중요하다고 강조한다.

진짜 목표를 세운다면 100만 달러를 좇는 일은 더 이상 목표가 될 수 없다. 물론 진짜 목표를 달성하는 과정에서 100만 달러를 벌어들일 수는 있다. 왜냐하면 진짜 목표에 집중할 때 성공으로 이끌어줄 창의적 결과물이 나올 가능성이 크기 때문이다. 진짜 목표에 집중하면 수많은 백만장자의 발목을 잡았던 덫, 즉 돈이 은행에 가득하지만 자신의 삶을 증오하게 되는 덫을 피할 수 있다.

락히아니는 종종 자신의 목표 리스트를 새로 설정한다. 한번은 끔찍한 기분만 느끼게 하는 사업체 하나를 완전히 포기하는 새로운 목표를 세웠다. 그는 즉시 손해를 감수하고 주식을 모두 처분했다. 모든 것이 정리되자 전보다 더 큰 행복감이 그를 찾아왔다.

락히아니는 자신의 진짜 목표를 좇는 여정에서 성공과 행복에 이르는 길을 발견했다. 물론 계획한 일은 아니었다.

최강의 TIP

• 아래의 질문에 답하면서 당신의 진짜 목표가 무엇인지 발견하고, 그것을 토대로 새로운 진짜 목표를 세워라.

　– 나는 무엇을 경험하고 싶은가?

　– 나는 어떻게 성장하고 싶은가?

　– 나는 세상에 어떠한 공헌을 하고 싶은가?

법칙 32

가진 것이 적을수록
얻는 것이 많아진다

우리에게 반드시 필요한 물건이 있다. 그러나 세상은 당신에게 필요한 것 이상으로 많은 물건을 소유할 때 더욱 행복할 거라는 잘못된 신념을 심어주었다. 사실은 정반대다. 불필요한 물건을 버림으로써 진정한 가치를 위해 삶을 비워둘 때 비로소 더 큰 행복과 만족감을 얻을 수 있다.

조슈아 필즈 밀번 Joshua Fields Millburn은 팟캐스트와 책 그리고 다큐멘터리를 통해 많은 사람들에게 비우는 삶의 지혜를 전하며 큰 사랑을 받는 미니멀리스트다. 사실 몇 년 전까지만 해도 그는 완전히 다른 삶을 살았다. 밀번은 매우 좁은 의미에서 성공적인 삶을 누렸다. 그러나 몸은 엉망으로 살이 쪘고, 대인관계는 최악으로 치달았으며, 성공의 재정적인 열매를 누리면서도 자신이 하는 일에 창의력도 열정도 갖고 있지 않았다.

물건을 버리면 행복이 찾아온다

밀번은 자신이 성장하지도, 세상에 공헌하지도 못하는 것같이 느껴졌다. 락히아니가 중요하게 생각하는 두 가지 진짜 목표가 결여된 상태였다. 그는 소위 성공과 업적을 좇기에 바빴다. 그의 표현대로 '성공의 트로피들'을 쌓으며 소유에 집착했다. 큰 집에 살며 가족 수보다 많은 고급 자동차를 구매했고 널찍한 드레스 룸에는 값비싼 옷들이 가득했다. 지하실에는 그를 행복하게 해줄 거라는 착각에 빠져 구매한 물건들로 발 디딜 틈이 없었다. 그러나 이 모든 것들은 그에게 성공했다는 기분을 느끼게 해주지 못했다. 그는 결국 물건에 압도당해버렸다. 그뿐인가. 많은 돈을 벌었지만 그보다 더 많은 돈을 썼던 탓에 어느새 억대에 달하는 빚을 져 채무의 압박에 시달렸다.

그러던 차에 한 달도 안 되는 시간 동안 어머니를 잃고 결혼 생활도 마침표를 찍었다. 두 사건을 겪은 후 그는 주변을 돌아보고 자신의 삶을 되새겨보는 시간을 가졌고, 우연히 미니멀리즘이라는 개념을 접했다. '물건이 적어진다고 정말 내 삶이 나아질까?' 스스로에게 물었다. 소유물이 적어지면 대신 시간이 많아지고 그러면 자신을 돌볼 여유도 생기기 때문에 건강해질 수 있을 것 같았다. 또 인간관계에도 투자할 수 있고, 무엇보다 자신의 열정을 좇는 프로젝트를 할 만한 공간도 마련할 수 있으리라 생각했다. 그는 물건을 방패삼아 자신의 나약한 모습과 모험을 두려워하는 마음을 숨기고 있었다는 것을 깨달았다.

밀번은 자신의 소유물들을 하나씩 오래 들여다보며 의미를 가늠한 후 최소한으로 줄여나갔다. 그러자 남겨진 물건들이 훨씬 소중하게 느껴졌다. 요즘에도 그는 가끔씩 자신이 가진 것들이 삶에 진정한 의미를 전해주는지 직접 실험해본다. 일례로 핸드폰 없이 혹은 집에 인터넷을 연결하지 않고 한 달간 지내보는 식이다. 그리고 이 작은 사치품들을 다시 쓰기 시작할 때 한결 신중한 태도를 취하며, 정확히 어떤 용도로 사용할 것인지 생각해본다. 그는 이런 물건들이 삶을 편리하게 해주는 것에 감사함을 느끼면서도 한편 소중한 시간과 에너지를 낭비하게 만드는 물건이라는 것도 인식하고 있다.

미니멀리스트가 된 후 밀번은 마침내 인생에서 가장 중요한 것들을 위한 공간을 마련할 수 있었다. 물론 여기서 중요한 것들은 물건이 아니다. 삶의 여유를 마련하기 위해 그는 30일간 하루에 하나씩 물건을 버리겠다는 가벼운 목표로 시작하라고 조언한다. 프로젝트가 끝날 즈음에는 아마 목표한 것보다 많은 물건을 치웠을 것이다. 캐비닛과 서랍을 보다 보면 물건을 솎아내는 일에 탄력이 붙을 수밖에 없으니까.

조금 더 속도를 내고 싶다면, 물건을 줄여나가는 일에 의무감을 더하기 위한 작은 대회를 여는 것도 좋다. 친구 혹은 가족과 월초에 시작한다. 포상이 있으면 더욱 좋다. 상금이든 밥 한 끼든 당신이 원하는 것으로 한다. 다만 물건 구매는 안 된다.

날짜에 맞춰 1일에는 한 가지 물건을 버리고, 2일에는 두 가지를 없앤다. 이런 식으로 계속하다 보면, 처음에는 쉽지만 중순쯤이면 물건을 가려내고 치우는 일이 어려워진다. 한 사람이 포기한다면 오래 버틴 사람의 승리다. 만약 두 사람이 모두 월말까지 해낸다면 500개가량의 물건이 사라졌을 터이니 사실 둘 다 승자나 다름없다.

무엇을 버리고 무엇을 남길지 결정할 때는 자기 자신에게 이 물건이 정말 필요한 것인지 물어야 한다. 필수품인가? 삶의 경험을 확장시켜주는 물건인가? 마음의 위로와 정서적 욕구를 충족시켜주는 것인가?

락히아니와 마찬가지로 밀번 또한 물질을 진짜 목표로 삼아서는 안 된다고 경고한다. 무언가를 살 돈을 벌기 위해 일하는 것이라면 장기적으로는 충만함을 느낄 수 없다. 밀번이 그랬듯, 결국 어떤 물건이든 우리를 정말 행복하게 해주지 못한다는 것을 자각하게 되는 시점이 찾아온다.

그렇다면 행복해지는 것은 진짜 목표가 될 수 있을까? 밀번은 그렇지 않다고 말했다. 우리 사회에 만연해 있는 '행복 추구'라는 가치가 잘못된 것을 좇게 만드는 원인이라고 그는 생각한다. 순간적인 즐거움을 오래도록 지속되는 행복 혹은 만족감과 착각하게 만든다는 것이다. 그에게는 의미 있는 삶, 현재의 단기적 행위가 장기적 가치에 부합하는 삶이 더욱 중요하다. 장기적 가치는 당신이 하는 일, 주변에 공헌하고 기여하는 방식, 함께 시간을 보내는 사람들이다. 이렇게 살 수 있다면 행복은 부산물처럼 찾아오게 마련이다.

최강의 TIP

- 앞으로 30일간 하루에 하나씩 소지품을 줄여나가는 프로젝트를 실행하라.
- 물건을 하나씩 살피며 '내 인생에 가치를 더하는가?' 하고 스스로에게 질문한다.

제 11 장

결코
혼자서는
게임의 판도를
바꿀 수 없다

혼자일 때보다 친구들과 함께 대화를 나누며 브레인스토밍을 할 때 더욱 창의적인 결과물이 나왔던 경험이 있는가? 좋은 사람들과 시간을 보낼 때 자신이 현재 고민하는 문제가 한결 가벼워졌던 경험은? 포커 게임을 하거나 요가 수업을 받을 때, 심지어 칵테일 해피 아워 때라도 익숙한 얼굴이 보이면 마음이 편안해진 경험이 있을 것이다.

이런 이야기에 공감한다면 당신은 이미 커뮤니티의 힘을 직접 경험해 알고 있는 사람이다. 게임 체인저들 역시 마찬가지다. 커뮤니티의 일원이 되는 것은 이들이 두 번째로 많이 언급한 성공의 중요한 요소다. 내가 인터뷰한 혁신가들 가운데 놀라울 정도로 많은 이들이 수행능력을 높이고 성공을 이끌고 행복을 느끼는 데 커뮤니티의 힘이 대단히 큰 역할을 한다고 말했다. 훌륭한 인간관계가 삶의 질을 높이는 데 필수적인 요소라는 뜻이다. 세상의 변화를 이끄는 사람들이 우선시하는 것은 연결성, 즉 인간관계다.

물론 모든 인간관계가 같은 결과를 도출하는 것은 아니다. 잘못된 관계는 엄청난 스트레스를 만들어내고 사기를 떨어뜨려 성과를 저하시키며 앞으로 나아가지 못하도록 만든다. 한편 좋은 사람들과의 인간관계로 만들어진 커뮤니티라면 행복을 높이고 성장을 가속화하고 안정감과 통찰력, 신뢰를 높여주며 게임을 바꿀 수 있도록 동기를 부여해준다.

내가 막 사회생활을 시작했을 때 누군가 내게 커뮤니티의 중요성에 대해 알려줬다면 내 인생은 달라졌을 것이다. 유대관계의 힘을 인정하지 않았던 나는 철저히 혼자만의 힘으로 성공하려 애썼다. 소중한 시간을 낭비한 셈이다. 이 세상에서 혼자만의 힘으로 게임의 판도를 바꿀 수 있는 사람은 아무도 없다. 커뮤니티의 도움을 받아야 한다. 그것도 제대로 된 커뮤니티의 도움을 말이다. 당신의 의도에 부합하는 커뮤니티를 직접 만들어보는 것도 좋다.

약간의 도움으로도
크게 성장할 수 있다

사회적 교류는 좋은 쪽으로든 나쁜 쪽으로든 두뇌의 화학 작용에 영향을 미친다. 당신에게 영감을 주는 강력한 커뮤니티를 삶 곳곳에서 적극 활용해야 한다. 커뮤니티는 행복을 이끌고, 행복은 성공을 이끈다.

———————— 최근 한 연구에 의해 유대감과 커뮤니티의 장점이 신경학적으로 입증되었다. 인간 사이의 올바른 유대감은 두뇌를 강하게 만든다. 내성적이고 비사교적인 성향이었던 나는 사회적 유대감이 주는 인지적 이점에 대해 자세히 알고 싶어서 폴 자크 Pual Zak 박사를 찾아갔다. 과학자이자 작가로 활동하는 그는 옥시토신과 관계에 대한 연구 덕분에 '사랑 박사' Dr. Love 라는 별명을 얻었다. 현재는 마케팅에 신경과학을 적용해 소비자 경험을 향상시키는 방법을 연구하고 있어서 스스로를 '신경경제학자'라고 소개했다.

인간관계의 핵심, 옥시토신

내가 처음 자크 박사를 만난 것은 존 레비Jon Levy가 주최한 '인플루언서 저녁 식사'에서였다. 서로의 이름이나 직업에 대해서는 일절 함구한 채로 함께 저녁 식사를 하는 레비의 특별한 이벤트였다. 처음 만난 자리에서 자크 박사는 악수가 아니라 포옹을 했다. 그가 사람들에게 반가움을 표시하는 방식이었는데 이상하게 느껴지지는 않았다.

전설적인 인류학자 헬렌 피셔Helen Fisher가 "옥시토신에 대해 들어봤어요?"라고 물었고, 그 질문 때문에 자크 박사의 커리어는 완전히 달라졌다. 그는 옥시토신이야말로 개인의 행동이나 의사결정뿐 아니라 국제 정책 결정에도 영향을 미치는 생물학적 메커니즘이라는 것을 깨달았다. 당신이 낯선 사람을 보고 신뢰해도 될 것 같다는 느낌을 받을 때, 뇌에서는 이 인간관계가 안전하므로 계속 이어가도 괜찮다고 말하는 호르몬이 방출된다. 그것이 바로 옥시토신이다. 옥시토신이 한번 분비되면 기분이 좋아지기 때문에 계속 분비되길 원한다. 즉 다른 사람들과도 교류하고 싶은 마음이 생겨난다. 옥시토신은 우리의 경계심을 높이고 낯선 사람에게서 숨거나 도망치라는 경고 신호를 보내는 두려움 시스템과 반대로 작동한다.

다른 사람들과 교류하는 것은 성공을 위해 필요한 요소이기 때문에 옥시토신에 대해 이해하는 것은 매우 중요하다. 누구나 처음 만났을 때는 낯선 사람이다. 그러나 이 낯선 사람이 친구나 공동 연구자 혹은 반려자가 될 수도 있다. 우리가 그와 관계를 이어가고 싶은지 아닌지는 우리 몸 안의 화학 반응이 어떻게 발현되는지에 달려 있다. 옥시토신이 극대화시키는 공감능력은 진실한 인간관계에 반드시 필요한 요소다. 공감능력이 있어야 우리는 타인의 고통을 짐작할 수 있다. 타인의 입장에서 생각하고 느낄 수 있어야 그에게 더욱 친절해진다.

또한 여러 연구를 통해 옥시토신이 거울신경계와 깊이 관련되어 있음이 드러났다. 거울신경은 다른 사람이 나와 똑같은 행동을 하는 것을 볼 때 활성화된다. 타인의 행동을 보기만 해도 마치 내가 직접 하고 있는 것처럼 신경이 반응하는 현상이므로 옥시토신과의 연관성은 매우 타당해 보인다. 자크 박사는 실험 참가자들의 조직과 혈액에서 옥시토신 수치를 측정한 후 주사와 비강 스프레이로 옥시토신을 주입해 관찰하는 방법으로, 수백 차례의 실험을 진행했다. 그 결과 사람은 옥시토신의 수치가 높아지면 더욱 관대해지고 타인을 신뢰하는 마음이 커지며 경계심이 낮아지는 것을 발견했다. 또한 사회적 신호를 감지하는 능력도 높아졌다. 두뇌에서 옥시토신이 분비되면 약 20분가량 그 효과가 지속되었다.

타인과의 교류 자체가 옥시토신 수치를 높이기도 한다. 하지만 옥시토신 분비는 상황에 따라 조금씩 달라진다. 얼굴을 직접 보고 대화할 때 옥시토신 분비가 가장 활발해진다. 화상회의가 두 번째고, 전화 통화, 문자, SNS 대화가 그 뒤를 잇는다. 요즘 젊은 세대들은 친구나 지인과 직접 만나는 것보다는 문자나 SNS로 소통하는 일이 잦기 때문에 공감능력이 낮아지고 있다. 이것은 사실이다.

옥시토신의 또 다른 효과는 스트레스 반응을 낮추고 행복감을 월등히 높이는 것이다. 사회적 교류는 옥시토신 수치를 빨리 증가시키는 아주 간단하고 효과적인 방법이다. 자크 박사는 스트레스를 받거나 외

롭거나 우울하다면 사랑하는 사람에게 가서 "오늘 기분이 우울해. 당신의 사랑이 필요해."라고 말하는 방법을 추천한다. 이는 자신의 행복을 챙기고 건강한 관계를 만드는 효과적인 방법이다.

나는 옥시토신을 이용한 아이디어를 유익한 방향으로 활용한다. 불릿프루프 팬들은 내 온라인 포럼에서 옥시토신 효과를 누리고 있다. 하지만 나는 몇 개의 오프라인 카페를 열어 이들을 직접 만나서 커뮤니티를 형성하며 옥시토신 수치를 더욱 높일 수 있도록 한다. 옥시토신 효과는 산타 모니카에 불릿프루프 연구소를 설립하는 원동력 중 하나였다.

더불어 불릿프루프의 직원들뿐 아니라 친구들, 동료 기업인들과도 직접 만나 대화를 나누려고 노력한다. 외딴 섬에 있는 유기농 농장에서 사는 나는 좋은 혜택을 많이 누리고 있다. 하지만 사람들을 만날 시간을 내지 못할 때 나는 수행능력이 낮아지고 행복감도 떨어진다. 타인과의 연결은 선택이 아니라 필수다.

최강의 TIP

- 악수는 적게 하고 포옹을 많이 하라. 신체적 접촉은 옥시토신 분비를 촉진한다.
- 옥시토신을 위해 마사지를 받는다.
- 전화보다는 영상통화를 하자.
- 사람들을 직접 만날 시간을 만들어보자.

당신의 커뮤니티가
당신의 삶을 바꾼다

당신에게 도움이 필요한 순간이 오기 전에 곁에 있어줄 사람들로 안전망을 구축해놓기 바란다. 당신으로 하여금 최선을 다하게 만드는 사람, 생각의 지평을 넓히도록 자극하는 사람, 더 나은 인간이 되도록 이끄는 사람이어야 한다. 평소 가장 가까이에서 가장 많은 시간을 보내는 다섯 사람의 평균이 바로 당신이다. 그러니 그 사람들을 신중히 선택해야 한다.

———————— 제이제이 버진의 아들 그랜트가 뺑소니 사고 이후 기적적으로 회복한 이야기를 기억하는가? 그 사고가 벌어지기 한참 전부터 버진은 웰니스 전문가들과 자주 콘퍼런스를 함께하며 돈독한 커뮤니티를 형성했다. 이들 중 대다수가 자신이 성공 스토리의 주인공이 되어 오늘날의 위치에 오른 데는 버진의 역할이 컸다고 믿고 있다.

그랜트가 뺑소니 사고를 당한 것은 버진이 공들였던 첫 책《JJ 버진의 777 다이어트》가 출간되기 직전의 일이었다. 그녀는 이 책에 모든 것을 투자했다. 마케팅을 조건으로 출판사에서 받은 선금은 이미 다 써버렸고, 자신의 돈도 모두 투자한 상황이었다. 버진은 책을 반드시 성공시켜야 했다. 책에 담긴 메시지가 그녀에게 큰 의미가 있었던 것은 물론이고, 이제는 가족의 생활과 아들의 목숨까지 걸려 있었기 때문이다.

커뮤니티의 힘은 상상 이상이다

버진이 어려움에 처했을 때 자신을 도울 사람들이 필요할 것을 예상해서 인간관계를 쌓았던 것은 아니었다. 그러나 그랜트가 사고로 병원에 입원했을 때 많은 사람들이 달려와 그녀의 책 출간과 아들의 병간호를 적극적으로 도와주었다. 그 사람들 가운데는 시더스-시나이 메디컬 센터 뇌 외상 병동에서 재활의사로 일하는 앤 메이어Anne Meyer도 있었다. 그녀는 버진과 잘 알지 못하는 사이였음에도 금요일 밤마다 그랜트의 감각을 깨우는 데 도움을 줄 에센셜 오일을 들고 찾아왔다.

버진의 한 친구는 지난 수십 년간 외상성 뇌손상 환자를 위해 프로게스테론 치료법을 연구해온 도널드 스테인Donald Stein 박사를 연결시켜주었다. 또 다른 친구는 2006년 최초로 고용량 생선 기름으로 외상성 뇌손상 환자를 치료했던 때 자문으로 활약했던 베리 시어스 박사를 소개해주기도 했다. 버진은 아들에게 프로게스테론 치료법과 고용량 생선 기름 치료를 시도했고, 얼마 안 돼 그랜트는 의식을 되찾았다.

버진의 커뮤니티 사람들은 각자 자신의 네트워크에 그녀의 소식을 널리 퍼뜨렸다. 덕분에 그녀는 낯선 사람들에게서 따뜻한 위로를 얻었다. 버진이 한 번도 본 적 없는 어떤 가족은 그랜트의 곁에서 기도해주기 위해 3시간을 운전해 오기도 했다. 그녀는 그랜트의 침대 맡에서 수많은 사람들이 그랜트에게 보내오는 사랑과 치유의 에너지를 느낄 수 있었다. 이런 작은 도움들이 그랜트의 회복에 정말 기여했다고 장담할 수 있을까? 버진은 모두가 힘을 보탠 결과가 분명하다고 확신한다. 그녀는 인생에서 가장 힘든 시기를 보내는 동안 많은 이들의 보살핌을 받았다. 그리고 이것이 큰 위로가 되었다고 말했다. 오래전부터 에너지를 쏟아 깊은 유대감을 나누는 따뜻한 커뮤니티를 형성하지 않았다면 받을 수 없는 도움이었다.

그랜트의 사고가 있기 얼마 전, 버진의 끈질긴 설득 끝에 나는 그녀와 함께 사람들과 관계를 맺기 위한 자리에 나갔다. 내가 더 나은 사람이 될 수 있도록 이끌어줄 사람들과 커뮤니티를 형성하는 것이 얼마나 중요한지 그녀는 알고 있었다. 그녀의 말이 맞았다. 아무런 대가 없이 타인을 돕는 수많은 게임 체인저들의 열정은 내게 영감을 주었고 나 역시 이들과 같은 열정을 품도록 만들었다.

행복은 전염성이 있다. 5,000여 명을 대상으로 한 종적 연구에서 연구자들은 행복해 보이는 사람들이 무리를 형성하는 모습을 관찰했고, 행복이란 감정이 3단계(친구의 친구의 친구)나 전파되는 것을 발견했다. 이러한 결과는 단순한 우연도 아니고, 행복지수가 높은 사람들 사이에 서로를 끌어당기는 힘이 있기 때문도 아니었다. 연구자들은 행복한 다수에게 둘러싸인 사람은 행복을 느끼게 될 확률이 높다고 결론지었다. 이렇게 인간관계와 행복의 긍정적인 피드백 순환 구조가 형성된다. 행복한 사람들은 좋은 인간관계를 더 많이 형성하는데, 이로써 행복이 타인에게 전파될 뿐 아니라 자신도 더욱 행복해지는 것이다.

큰 행복을 지속적으로 느끼는 상위 10퍼센트의 사람들과 행복을 덜 느끼는 사람들, 불행한 사람들을 비교하는 연구도 이뤄졌다. 그 결과 행복지수가 가장 높은 사람들은 덜 행복한 사람들에 비해 더 사교적이었고, 애정관계나 다른 사회적 관계도 훨씬 돈독한 것으로 드러났다.

게임 체인저가 말하는 '진짜' 행복

나는 버진의 조언을 받아들여 게임 체인저들과 더욱 많은 시간을 보냈다. 이 책에 등장한 이들 대부분이 그때 사귄 사람들이다. 그 과정에서 많은 것들을 배우고 느낀 덕분에 내 삶은 크게 변화할 수 있었다.

내게 영향을 끼친 사람 가운데 한 명인 토니 로빈스는 어떤 것을 타인에게서 배워야 하는지, 또 어떤 것을 스스로 깨우쳐야 하는지를 알려준 인물이다. 그는 목표를 성취하는 기술이나 자신의 비전을 현실로 만드는 법은 타인에게서 배울 수 있다고 했다. 이미 있는 것들을 다시 만드느라 쓸데없이 시간을 낭비하지 말고 서로가 이룬 것을 발판 삼아 나아가라는 뜻이다. 그러나 '무엇이 당신을 충만하게 하는가?'라는 질문의 답은 다른 사람에게서 결코 얻을 수 없다고 말했다. 이것은 반드시 스스로 답을 찾아야 하는 중요한 문제다. 왜냐하면 충만함을 느낄 수 없는 성공은 근본적으로는 실패한 것이기 때문이다.

로빈스는 기업인들, 정치인들, 아카데미상을 수상한 사람들에게서 자주 전화를 받는데, 이들은 한결같이 우울감을 토로한다고 했다. 달성하고자 했던 목표를 모두 이뤄낸 이들은 그 누구에게도 진짜 감정을 털어놓을 수 없기 때문에 더욱 공허함을 느낀다는 것이다. 더 이상 삶의 의미를 찾을 수 없는 사람들에게 로빈스는 바깥 세상에 집중하는 것이 가장 좋은 해결책이라고 조언한다. 그리고 이를 위해선 더 크고 넓게 사고하는 것뿐 아니라 자신의 에고를 초월할 줄 알아야 한다는 말도 덧붙인다.

이 책에 소개된 많은 게임 체인저들이 공익을 위해, 더 나은 세상을 위해 자신의 삶을 헌신하는 이유가 바로 이것이다. 자신이 원하는 것에 대한 생각을 멈추고, 다른 사람들에게 필요한 것이 무엇인지 생각할 때 성공은 자연스럽게 찾아온다. 자신이 만들어내는 변화는 아주 작은 한 걸음일 뿐이라고 생각하는 사람들이 많지만, 로빈스는 스스로의 영향력을 10배쯤 크게 생각해야 한다고 말한다. 이렇게 생각해야 약간의 돈을 더 버는 것에서 그치지 않고 자신에게 진정 의미 있는 방향으로, 보다 더 큰 가치를 만들어내는 방향으로 변화를 가져올 수 있다는 말이다. 그때 비로소 진정한 충만함과 행복을 얻을 수 있다.

낯설고 불편한 것과 충돌할 때 성장한다

성장을 원한다면 사고방식이나 행동이 비슷한 사람들하고만 어울려서는 안 된다. 나는 제이피 시어스JP Sears와 아주 즐겁고 놀라울 정도로 심오한 대화를 나누었다. 인생 코치이자 코미디언인 그는 채식주의, 뉴에이지 영성, 글루텐 프리 식품, 그리고 불릿프루프 식단을 풍자한 패러디로 많은 사랑을 받았다. 시어스는 자신과 생각이 비슷한 사람들과는 어울리고 싶지 않다고 말했다. 마음은 통하지만 사고방식은 다른 사람들이 더 좋다고 했다.

자신과 생각이 비슷한 사람들과 함께할 때 편안함을 느끼는 것은 당연하다. 모두가 당신의 의견에 동의하기 때문에 안전함을 느끼지만, 자극이 될 만한 상황은 생기지 않는다. 당신의 의견이 반대에 부딪혔을 때, 성장할 기회가 찾아온다.

시어스는 의견이 대립된 상황에서는 타인의 관점에서 혹은 전혀 다른 관점에서 상황을 바라보고 이해하려고 노력해야 한다고 강조한다. 당신의 생각을 바꾸거나, 타인이 생각을 바꾸도록 설득하는 문제가 아니다. 그것은 저항과 분란을 일으킬 뿐이다. 그보다는 중간 지점을 찾는 것이 중요한데, 이 중간 지점을 시어스는 '이해'와 '용인'이라고 보았다. 이때 공감능력이 중요한 역할을 한다. 우리가 온라인상에서보다 직접 만난 자리에서 의견이 다른 사람들과 마찰이 덜한 이유도 공감능력 때문이다. 직접 만나 교류하면 옥시토신 수치가 높아지고, 옥시토신으로 인해 공감능력이 높아져 더욱 강력한 유대감이 형성된다.

시어스의 조언은 타인과의 관계뿐 아니라 우리의 내적 갈등에도 적용될 수 있다. 우리들은 대부분 갈등을 원하지 않는다. 하지만 그 때문에 내적 갈등이 일어난다. 갈등이 일어나는 상황과 그로 인한 생각과 감정을 있는 그대로 받아들인다면 에너지를 낭비하지 않게 된다. 나아가 진정한 내적 평화를 누리고 자신과의 유대감도 형성할 수 있다.

익숙함을 좇고, 나를 불편하게 하는 것들과 싸우려는 인간의 성향은 안전하고자 하는 본능에서 비롯된 산물이다. 그러나 갈등을 겪지 않고 게임의 판도를 바꾼 사람은 단 한 명도 없다. 어두운 숲속을 걷다가 낭떠러지에서 발을 헛디뎌 어디로 떨어지는지, 언제 도착하는지, 아니 어딘가에 도착하긴 할지 알지 못하는 깊은 심연에 빠졌을 때 비로소 뜨거운 흥분과 영감을 얻을 수 있다고 시어스는 말한다.

기꺼이 스스로를 깊은 두려움으로 몰아넣을 수 있는 의지야말로 멋진 인생을 만드는 방법이다. 이런 의지가 있어야 자동조종장치에 의지해 같은 패턴을 반복하며 사는 안전지대에서 벗어나 모험과 미지의 세계를 온몸으로 경험할 수 있다. 예상치도 못한 방향으로 당신이 성장해나갈 수 있도록 도전하고 자극하는 사람들과 교류해야 한다. 당신이 시간을 함께 보내기로 선택한 사람들은 당신에게 무척 중요한 영향을 끼친다. 커뮤니티가 당신 안의 능력을 일깨워주는 사람들로 구성되었는지, 아니면 당신의 수준을 끌어내리는 사람들로 구성되었는지 점검해보아야 한다. 새로운 유대관계가 일으킬 변화를 두려워할 필요는 없다. 커뮤니티는 당신의 한계를 설정할 수도 있고, 더욱 나은 사람이 되도록 이끌어줄 수도 있다.

최강의 TIP

- 자신의 열정을 반영하여 목표를 세우고, 지금보다 10배나 더 큰 영향력을 발휘할 수 있는 방법을 생각해본다.
- 어떤 사람들의 영웅이 되고 싶은지, 또 이들에게 필요한 것은 무엇인지 스스로에게 질문한다.
- 새로운 관점으로 더욱 크게 사고하는 법을 배우기 위해, 도전과 자극을 주는 이들과 적극적으로 만나고, 더 많은 시간을 어울려야 한다.

연인관계는 짐이 아니라 힘이 돼야 한다

연인관계는 당신을 새로운 차원의 성공 혹은 실패로 이끌 강력한 힘을 갖고 있다. 여기에 필요한 에너지를 위해 나쁜 관계는 과감히 끝내라. 당신 안에 잠재되어 있는 더욱 큰 힘을 일깨워줄 유익한 관계에 투자하라. 신뢰와 지원을 제공할 커뮤니티가 있다면 당신의 연인관계는 더욱 강해지고 오래 지속될 것이다.

───────── 헌신을 바탕으로 연인관계를 오래 지속해온 사람들은 나이, 성별에 관계없이 그렇지 않은 사람들에 비해 더 행복하다는 연구결과가 지속적으로 발표되고 있다. 물론 행복한 싱글도 많고, 불행한 커플도 존재한다. 하지만 많은 과학적 연구가 사랑하는 사람이 있는 경우 평균적으로 더욱 행복하다고 보고한다.

진화적 관점에서 봤을 때, 연인관계는 앞서 이야기한 3개의 F 중 2개를 충족시킨다. 안정적인 파트너와 함께할 때 안전과 소속감을 느끼게 되어 내면에 자리한 두려움이 약해진다. 또 섹스가 충족되면 우리의 몸은 종족 번식이 가능하다고 믿게 되어 본능에 내재한 스트레스가 줄어든다.

아이를 낳을 계획이 없다 하더라도 마찬가지다. 두려움을 줄이며 섹스를 즐길 수 있는데, 행복지수가 높아지지 않는 사람이 있을까? 사실 아주 많다. 자신에게 맞지 않는 관계를 맺고 있다면, 외려 반대의 현상이 나타난다. 즉 행복과 수행능력이 바닥으로 곤두박질친다.

결혼으로 묶인 관계만이 행복하다는 뜻이 아니다. 나와 함께 일하는 젊은 층 상당수가 폴리아모리Polyamory(두 사람 이상을 동시에 사랑하는 다자간 연애—옮긴이)나 동성애, 혹은 조금 극단적으로 보이는 '비전통적인' 관계를 유지한다. 그리고 이를 통해 행복할 뿐 아니라 최고의 수행능력을 발휘할 힘을 얻는다.

강력한 연인관계를 만드는 커뮤니티

세계 최고의 남녀관계 전문가인 에스더 페렐Esther Perel에게 연인관계가 우리의 수행능력에 얼마나 큰 영향을 미치는지 조언을 구했다. 그녀는 라이언과 마찬가지로 남녀관계란 우리 사회가 인정하는 것보다 훨씬 복잡하고 다층적이라고 믿는다. 남녀관계에 대한 생각은 항상 바뀐다. 예컨대 일부일처제의 개념은 과거에는 한 사람과 평생을 함께하는 것이었지만, 오늘날에는 한 번에 한 사람만 만나는 것으로 달라졌다. 과거와 달리 지금은 죽음, 이혼, 결별 등의 이유로 평생 동안 여러 명의 연인을 만나는 것이 일반적이다.

오늘날 남녀관계는 크게 변화하고 있다. 현대인은 법과 종교 기관이 많은 것을 결정하던 100년 전과 달리 수많은 도전과 기회에 맞닥뜨리고 있다. 앞으로 어떤 변화가 찾아올지는 아무도 예상할 수 없다. 한두 세대 전만 해도 인종, 문화, 종교가 다른 커플은 물론이고 동성애자 커플은 더더욱 전례가 없는 일이었다. 그러나 오늘날에는 아주 일반적인 현상이다.

흥미롭게도 페렐은 어떤 유형의 관계든 커뮤니티의 지원이 함께한다면 더욱 강력해진다고 설명한다. 문화적 규범이 새로운 변화를 맞이할 때마다 사람들은 말해왔다. 이것은 결코 받아들여지지 않을 것이고 불가능한 일이라고. 미국에서 처음으로 행해진 다른 종교 간 결혼은 가톨릭과 개신교 신도였다. 사람들은 이 결혼이 지속되지 못할 거라고 했다. 그 후 유대교인과 비유대교인의 결혼이 이루어졌다. 역시 같은 반응이었다. 그 후 흑인과 백인이 결혼하는 사례도 생겨났다. 수십 년 전까지만 해도 법으로 금지된 결혼이었다. 사람들은 역시 오래 가지 못할 거라고 말했다.

이런 결혼이 힘들었던 진짜 이유는 그 사람들이 사회에서 소외되었기 때문이다. 커뮤니티의 지지를 받지 못했던 탓에 이들은 자원이 부족했고 행복감도 낮았다. 또한 남녀관계로 해소되어야 마땅한 생물학적 두려움을 진정시킬 힘마저 사라져버렸다. 그러나 지금은 다르다. 규범이 변화하고 다양한 커플들이 점차 주변 사람들의 지지를 받게 되면서 이런 결혼이 더욱 성공적으로 유지되고 있다.

자아실현이 가능한 관계만이 지속된다

'커뮤니티의 지지만 있다면 과거에는 한 번에 한 명 이상의 사람과 관계를 형성하는 것이 가능했'던 라이언의 주장이 다시금 하나의 규범으로 자리 잡게 될지도 모른다. 페렐은 많은 현대인들이 원하는 것은 결혼이 갖는 전통적인 가치를 누리는 장기적 관계라고 말한다. 사랑과 우정, 경제적 지원, 가정생활, 사회적 존중이라는 가치를 가장 친한 친구, 열정 넘치는 연인과 같은 파트너들과 누릴 수 있기를 원한다.

또한 사람들은 자신의 본모습을 그대로 드러내 진정성을 보여줄 수 있는, 페렐의 표현을 따르자면 '자아실현 결혼'을 바란다. 그녀는 이러한 성향으로 인해 점차 많은 사람들이 개방적 관계를 유지하게 될 거라고 강조했다. 사람들은 서로 헌신하며 안정적인 관계가 유지되기를 바라지만, 개인의 자유와 자기표현 혹은 진정성을 희생하면서까지 원하지는 않는다는 의미다.

중요한 것은 오래 지속되고 더욱 강력하지만 개인이 희생하지 않아도 되는 유대관계를 형성하는 것이다. 당신 스스로 중심을 잡되 관계 속에서 얻는 행복 또한 누리는 것이 중요하다. 특히 연인 관계가 성공적으로 지속되려면 반드시 커뮤니티의 지지가 필요하다.

페렐은 어떤 관계든 커뮤니티의 역할이 크다는 점을 다시 한번 강조했다. 당신에게 영감을 주는 커플을 떠올려보기 바란다. 그녀가 사람들에게 영감을 주는 커플에 대해 말해보라고 하면 대부분 꿀 먹은 벙어리가 된다. 그러나 영감을 주는 기업인, 크리에이터, 가수, 아티스트를 물어보면 끝도 없이 나온다. 당신의 삶과 일처럼 당신이 속할 연인관계

역시 의도와 목적을 갖고 꾸려나가야 한다. 당신에게 영감을 주는 커플을 찾고 이들의 지지를 얻기 위해 노력하라. 커뮤니티가 자신이 속한 연인관계를 지지할수록 그 관계가 건강해지고 당신의 수행능력도 향상된다.

운동을 열심히 하고 커리어를 열심히 만들어가듯 연인관계도 최선을 다해 만들고, 커뮤니티의 지지를 받을 수 있도록 노력하라. 연인관계에 시간과 에너지를 쓰는 것은 한심한 일이 아니다. 행복하기 위한 노력이다. 그리고 행복은 성공을 불러오는 열쇠다.

최강의 TIP

- '나는 지금의 연인관계 속에서 행복한가?'를 스스로에게 물어라. 만약 끔찍한 기분이 든다면 잘못된 관계에 놓인 것이다. 에너지를 잘못된 관계를 개선하는 데 투자할 것인지, 새로운 관계에 투자할 것인지 결정해야 한다.
- 당신에게 영감을 주는 세 커플을 생각해보자. 잘 떠오르지 않는가? 찾을 때까지 주변을 살피고 또 살펴라.
- 당신의 연인관계를 지지해주는 커뮤니티에 속해 있는가? 아니라면 세계 최고의 연인관계를 만드는 데 도움이 될 커뮤니티를 찾아라.

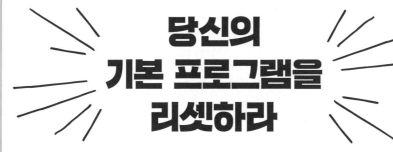

제 12 장

당신의
기본 프로그램을
리셋하라

수백 명의 성공한 사람들을 인터뷰하며 명상에 대해 언급한 사람들이 놀라울 정도로 많다는 것을 알게 되었다. 물론 내 게스트 가운데 명상 전문가들도 있었지만, 명상을 성공의 중요한 요소로 꼽은 리더들은 대부분 명상과는 완벽히 무관한 분야에서 업적을 달성한 사람들이었다. 그들은 명상 등 초자연적인 무언가에 관심을 가지리라고는 생각조차 못한 인물들이었다.

아직 서른 살이 안 되었다면 성공한 사람들이 명상을 한다고 스스로 밝힌 것이 뭐 그리 놀랄 일인지 의아할 것이다. 20년 전만 해도 명상은 오늘날의 스마트 드러그Smart Drug와 비슷했다. 탁월한 성과를 낸 사람들 중 상당수가 실제로 명상의 도움을 받지만 공개적으로 인정하는 사람들은 극소수였다는 점에서 말이다. 몇 년 전, 나는 링크드 인의 프로필에 '명상'을 적었다. 그걸 본 사람들은 아마 내가 미쳤다고 생각했을 것이다. 당시 나는 실리콘밸리에 있었다. 엔지니어는 미친 사람이라는 평가를 받았고, 캘리포니아는 특이한 사고방식을 지닌 괴짜들이 많은 것으로 유명했다. 덕분에 나는 약간 기이해도 용서받을 수 있었다.

가끔씩 미팅이 끝난 후 내게 다가와 낮은 목소리로 말을 붙이는 사람들이 있었다. "명상하세요? 저도요." 사람들은 명상을 한다고 알려지면 불리한 점이 있을까 봐 비밀로 하곤 했다. 그러나 오늘날 실리콘밸리에 있는 성공한 기업들에서는 명상을 하지 않는 사람을 오히려 이상하게 바라보는 추세다. 명상의 가치가 대중적으로 인정받기 시작한 것이다. 그러나 명상을 효율적이고 효과적으로 하는 방법을 배우려면 아직 갈 길이 멀다.

어떤 종류의 명상을 선택하든 꾸준히 한다면 무의식적인 생각과 욕구에 대해 자각하게 되고, 그 자각으로 자신에 대한 통제력을 높일 수 있다. 그렇게 현재의 순간에 몰입하여 본능적인 반응이 아니라 자신이 어떻게 반응할지 선택한다면 성공의 길로 인도하기가 더 쉬워진다. 다시 말해 우리는 명상으로 자각에 이르고, 자각으로 반응을 선택할 수 있다.

머릿속의 목소리를
통제하라

머릿속에 울리는 비판적인 목소리는 우리를 고통스럽게 만들고 주의력을 분산
시키며 수행능력에 제동을 건다. 명상은 어떤 목소리가 거짓말로 마음을 어지럽
히는지, 어떤 목소리가 힘을 북돋워주는지 깨닫게 해준다. 당신은 행복하고 성과
를 높일 준비가 되어 있다. 그러니 지금 당장 명상을 시작하라.

─────────── 2008년 금융위기가 닥쳤을 때 빌 해리스 역시 힘든
시기를 보냈다. 그때 해리스는 명상을 그만두었다. 그리고 과속 단속
딱지 6개와 함께 면허가 취소되었다.

명상을 그만둔 것과 면허가 취소된 것이 무슨 관계가 있단 말인가?
명상은 스트레스를 받을 때 몸에서 일어나는 화학적 반응을 감소시키
는 데 도움을 준다. 명상이 긴장을 풀어주는 부교감 신경계를 자극하
고, 투쟁-도피 반응을 이끄는 교감 신경계를 진정시키기 때문이다. 또

명상은 의사결정에 관여하는 전두엽 피질의 활동을 개선하는 역할도 한다. 그래서 꾸준히 명상을 하면 운전 중에 다른 차가 갑자기 끼어들어도 위협을 느끼거나 분노하지 않게 된다. 응분의 대가를 치르게 하고 싶다는 충동에 사로잡히는 대신 전두엽이 활성화되어 현명한 선택을 하게 해준다. 명상을 그만둔 해리스는 과속하고 싶다는 충동에 사로잡혀 과속을 했고, 결국 면허가 취소되었다.

두려움을 넘어 선순환을 이끄는 명상

명상 수행은 어떻게 해야 할까? 해리스는 기대를 버리고 모든 것을 그대로 받아들이는 것이 중요하다고 조언한다. 사람들은 자신이 싫어하는 것을 참거나 숨긴 채 살아간다. 이 억눌린 감정들이 명상 수행을 통해 수면 위로 드러나게 되면 우리는 불편함을 느낀다. 그러나 그 감정이 불편한 것이 아니다. 그 감정에 저항하려는 마음이 불편함을 일으킨다. 어떤 감정이든 떠오르도록 내버려두고 그대로 받아들인다면 불편함은 이내 사라진다. 그제야 비로소 억압된 감정을 제대로 처리할 수 있게 된다.

명상할 때는 머리로 판단하려는 태도를 버리고 호기심 어린 눈으로 생각을 관찰해야 한다. 사람들은 기폭제와 감정 사이에 공간이 있다는 것을 잘 모른다. 흔히들 기폭제가 어떤 감정을 직접적으로 불러일으킨다고 생각하지만, 이는 사실이 아니다. 우리의 머릿속에는 두려움을 기반으로 외부 세상의 데이터를 해석하여 이를 특정 감정에 연결하는 시스템이 자리하고 있다. 미토콘드리아는 잠재적 위험을 민첩하게 인식하고 지나칠 정도로 경계하길 바란다.

이런 시스템 때문에 우리는 두려움과 감정적 반응의 악순환에 갇히고 만다. 두려움은 우리의 주의력을 즉각 집중시키고 어떤 행동을 하도록 이끈다. 운전 중 다른 차가 갑자기 앞으로 끼어들면 스트레스 반응이 활성화된다. 결국 분노가 치밀어 창문을 내리고 욕설을 내뱉는다. 뇌가 아무리 경계 경보를 울려도 실제로 자신이 위험에 처해 있지 않음을 인지할 수 있다면 머릿속의 시스템이 작동되는 것을 막을 수 있다. 그렇게 우리는 의식적으로 분노와 두려움으로 반응하거나 아무런 반응을 하지 않는 것 중에서 선택할 수 있다.

명상을 계속 하다 보면 두려움과 분노가 아닌 행복, 안정, 평화, 집중, 창의력을 활성화시키는 새로운 신경통로가 생긴다. 해리스는 과거 자신이 항상 화가 나 있고 불행하고 거칠었으며 사람들과 잘 어울리지 못해서 우울감이 심했다고 밝혔다. 그러나 꾸준히 명상을 수행한 결과 근본부터 변화했으며 덕분에 완전히 다른 삶을 살 수 있게 되었다.

비셴 락히아니 역시 명상 덕분에 새 삶을 살게 되었다. 그는 어려운 과정을 뚫고 마이크로소프트에 엔지니어로 입사했다. 하지만 자신이 프로그래밍을 정말 싫어한다는 것을 뒤늦게 깨닫고서 사표를 던졌다. 그 후 두어 차례의 창업 실패를 겪은 후, 로펌에 전화를 걸어 제품을 팔고 커미션을 받는 전화영업 일을 구했다.

자포자기의 심정으로 이런 저런 일을 시도한 끝에 명상 수업을 듣게 되었다. 제약회사의 영업사원이었던 강사는 명상을 업무에 적용한 후 실적이 높아졌다는 이야기를 들려주었고, 락히아니는 자신도 시도해 보겠다고 결심했다. 그는 명상 수행에 깊이 몰입했다. 변호사에게 전화하기 전, 이 일과 관련된 모든 사람들에게 이로울 때 계약이 성사될 수 있음을 상기했다. 그는 자신의 마음과 상대방의 마음이 연결되는 모습을 상상했고, 자신이 상대방의 요구에 공감하고 필요한 부분을 충족시켜주는 대화를 나누는 모습을 그렸다. 결과는 어땠을까? 락히아니의 매출은 놀라운 상향곡선을 그렸고, 고속 승진을 거듭했다. 그는 명상에서 받은 도움을 다른 이들과 나누고 싶었고, 그렇게 마인드밸리가 탄생했다.

명상은 내면을 들여다보는 망원경

회의적인 성향의 벤처 투자가들 중에는 투자를 결정할 때 '직관'에 따르는 경우가 많다. 하지만 회의적인 성격과 명상은 상호배타적인 관계가 아니다. 에미상을 수상한 저널리스트이자 스스로 회의주의자라고 말하는 댄 해리스Dan Harris도 명상으로 큰 도움을 받았다고 고백했다. 락히아니처럼 댄 해리스 역시 현재 자신의 경험을 타인과 공유하는 데 앞장서고 있다. 그는 명상이 신체와 정신 건강 둘 다에 집중한 공공보건의 변혁을 이끌 핵심이라 믿는다. 또한 명상으로 학교 폭력과 교육, 자녀양육, 결혼, 정치 등 삶의 다양한 문제를 해결할 수 있다고 생각한다.

그는 원래 ABC 〈나이트라인〉의 기자였다. 밴쿠버 아일랜드의 우리 집으로 와 실리콘밸리에서의 성공 스토리를 취재했던 사람이 바로 댄 해리스였다. 인터뷰가 끝난 후 우리는 뒷마당에서 함께 명상을 했다. 그는 명상의 효과를 확신하지는 못했지만, 한두 번 해본 적이 있었던 만큼 명상에 들어갈 준비는 되어 있었다. 내 반려견인 메를린이 잠시 서성이다 댄 해리스의 앞에 앉은 걸 보면 분명히 뭔가를 느꼈던 것 같다. 메를린은 깊이 명상하는 사람을 귀신같이 가려내 곁에 앉곤 했다.

그는 점차 명상 수행을 진지하게 받아들였다. 명상에 깊이 빠져들면서 자신의 의도와 달리 원치 않던 행동을 한 이유도 찾을 수 있었다. 그는 자신의 생각이 두려움에서 파생되었다는 것을 몰랐다. 두려움이 자신을 지배하도록 내버려두었던 것이다. 그에게 명상은 마음에서 어떤 일이 벌어지는지 볼 수 있는 내면의 망원경이었다. 그가 마음의 현상을 관찰하고 자각하게 되자 더 이상 두려움에 휘둘리지 않게 되었다.

초보자나 명상에 회의적인 사람들은 일단 자신의 내면을 들여다본다는 아주 단순한 목표를 갖고 시작하면 된다. 전혀 복잡할 것 없다. 초자연적인 개념도 아니다. 무언가를 믿을 필요도 없고, 그룹에 들어가 함께해야 한다거나 특별히 정해진 옷을 입어야 하는 것도, 괴상한 자세로 앉아야 하는 것도 아니다. 명상은 정말 단순하다. 다만 배움과 연습이 필요할 뿐이다.

마음도 훈련으로 단련할 수 있다

해리스는 가급적 명확하게, 가급적 널리, 가급적 많은 곳에 명상에 대해 알리기를 원한다. 그는 사람들이 명상을 누구나 할 수 있는 수행으로 받아들이도록 돕는 것이 자신의 소명이라고 믿는다.

명상이나 마음 챙김은 우리에게 무엇이 유용하고 건설적인 고민인지, 무엇이 쓸데없고 소모적인 걱정인지를 가려낼 수 있게 해준다. 영향력을 발휘하는 사람이 되기 위해서는 골치 아픈 일과 심각한 괴로움을 몇 번이나 겪게 될 것임을 각오해야 한다. 피할 수 없는 두려움도 느껴야 한다. 그 과정에서 어떤 문제가 생기면 우리는 최악의 상황으로 치닫는 상상을 하거나 곧 눈앞에 닥칠 것만 같은 불행을 머릿속에서 생생하게 그리길 열일곱 번쯤 반복하게 된다. 이때 명상이 힘을 발휘한다. 자신의 머릿속 생각을 향해 '이런 생각이 내게 도움이 되는 것인가?' 하고 자문하게 되는 것이다. 명상의 가장 강력한 효과다.

해리스는 마음도 훈련할 수 있다는 점을 많은 사람들이 깨닫길 바란다. 훈련 방법은 의지만 있다면 누구나 쉽게 익힐 수 있다. 명상을 통해 자신이 싫어하는 자신의 모습을 완벽히 사라지게 만들 수는 없지만, 수행을 계속하다 보면 눈살이 찌푸려지는 행동을 하거나 조바심을 내거나 자신과 타인에게 잔인하게 구는 일은 현저히 줄어든다. 이것이 바로 게임을 뒤흔드는 힘이 아니라면 뭐란 말인가.

최강의 TIP

- 온라인 혹은 오프라인에서 명상 수업을 찾아 바로 시작해본다!
- 첫 달은 적어도 5분간 매일 명상을 수행해야 한다. 수행은 자주, 오래 할수록 좋다. 이것을 습관으로 만들어놓으면 자신에게 맞는 명상법과 시간을 자연스럽게 발견할 수 있다.

내 몸의 주인은
나라는 걸 명심하라

호흡은 뇌와 심장을 통제하는 힘이 있다. 스트레스 상황에서 호흡을 이용해 평정심을 유지하도록 몸을 훈련시켜라. 몸이 스트레스에서 벗어나 더 많은 산소를 흡수하면 지금껏 알지 못했던 에너지를 발견할 수 있다. 의식하지 않은 호흡은 영향력을 저하시킨다. 당신은 영향력을 발휘하기 위해 태어난 사람임을 기억하라.

———————————— 지바 메디테이션Ziva Meditation의 설립자인 에밀리 플레처Emily Fletcher를 만나 바쁘고 활동적인 사람들을 위한 명상 기법에 대해 대화를 나누었다. 인도의 리시케시에서 명상 수행을 시작한 그녀는 10년간 브로드웨이에서 활동하며 명상에서 신체적, 정신적으로 큰 도움을 받은 이후 명상 강사가 되어야겠다고 결심했다. 그녀는 좌뇌와 우뇌의 균형을 바로잡는 '밸런싱 호흡'을 가르쳐주었다. 좌뇌는 과거와 미래, 비판적이고 분석적인 사고 등 우리 삶을 고단하게 만드는 활동을

담당한다. 창의성, 문제해결 능력, 현재 자각, 직관은 우뇌가 담당한다. 우리가 현재의 순간에 집중하지 못하고, 몰입에 빠지기 어려운 것은 좌뇌의 왕성한 활동 때문이다. 같은 이유로 우뇌는 계속 위축된다. 의식적으로 좌뇌와 우뇌의 균형을 회복하는 호흡법이 바로 밸런싱 호흡이다.

비판적인 목소리를 낮추면 직관의 목소리가 들린다

플레처가 말하는 명상의 가장 큰 효과는 뇌의 좌우반구를 연결하는 하얗고 가는 신경다발인 뇌량을 두껍게 만드는 것이다. 뇌량이 두꺼워질수록 좌뇌와 우뇌의 간극을 줄이는 능력이 좋아진다. 상사가 당신에게 고함을 치거나 차가 밀리는 도로에 갇히거나 배우자와 싸우는 중에도 좌우의 뇌가 긴밀히 작동한다면, 두려움과 분노로 대응하지 않고 창의적인 해결책을 떠올릴 수 있다.

밸런싱 호흡은 오른손의 엄지와 약지를 이용한다. 처음에는 엄지로 오른쪽 콧구멍을 누른 후 왼쪽 콧구멍으로 숨을 내쉬었다가 다시 숨을 들이마신다. 그러고 나서 약지로 왼쪽 콧구멍을 누르고 동시에 엄지손가락을 떼고 오른쪽 콧구멍으로 숨을 내뱉는다. 그리고 다시 오른쪽 콧구멍으로 숨을 들이마신다. 이렇게 반복하다가 처음 시작했던 것과 똑같이 왼쪽 콧구멍으로 숨을 내쉬며 마무리한다.

플레처는 피곤하거나 순간적인 에너지가 필요할 때는 빠르게 하고, 흥분되었거나 긴장 상태이거나 휴식이 필요할 때는 천천히 하면 된다고 덧붙였다. 이는 명상 수행에 앞서 긴장을 푸는 데도 효과적인 방법이다. 활시위를 당겨 활을 쏠 준비를 하듯 몸이 완벽히 명상에 빠져들도록 준비시키는 과정이다.

명상 강사들과 요가 강사들이 호흡법으로 수행을 시작하는 이유는 무엇일까? 호흡과 생각은 어느 정도 통제할 수 있기 때문이다. 호흡은 무의식적인 활동이지만, 속도를 조절하거나 호흡이 오가는 콧구멍을 바꾸는 등 우리가 중재할 여지가 있다. 생각도 마찬가지다. 호흡과 심장 박동이 무의식적으로 행해지듯 생각도 우리가 모르는 사이 떠오른다. 우리는 머리가 생각하지 않도록 만들 수 없으며, 이것은 명상의 목표와도 거리가 멀다. 그러나 어느 정도 간섭하고 제어할 수는 있다. 명상을 많이 할수록 좌뇌의 비판적인 목소리에서 벗어나 우리 안에서 나지막하게 울리는 또 다른 목소리를 듣게 된다. 명상은 우뇌를 헬스장에 데려가 운동시키는 것과 비슷하다. 우뇌를 활성화시킨다고 해서 마음을 완전히 비울 수 있는 것은 아니다. 어차피 명상의 본질은 마음을 비우는 것에 있지 않다. 그러나 비판적인 목소리의 볼륨을 낮추면 직감이 속삭이는 소리를 들을 수 있다. 부드럽게 당신을 인도하는 목소리에 귀를 기울이다 보면 그 목소리는 점점 더 커진다.

최강의 TIP

- 아침 샤워를 마친 후에는 30초 정도 냉수마찰을 한다. 조금씩 시간을 늘려가고 효과를 높이기 위해선 얼굴과 가슴 부위에 냉수를 맞는다.
- 하루에 몇 분씩 밸런싱 호흡을 연습한다. 가장 좋은 것은 명상 직전에 하는 것이다.

최고의 명상으로
두뇌를 깨워라

명상은 시간과 에너지만 있으면 가능하다. 이것으로 우리가 얻을 수 있는 것은 높은 수행능력과 행복이다. 명상에 소요되는 시간과 에너지를 줄이면서 동시에 그 효과를 높일 수 있다면, 이보다 좋을 수 없을 것이다. 명상하라! 일단 기본을 깨우쳤다면 효율적인 방법으로 명상하라!

나는 20년 동안 명상을 계속하고 있다. 티베트의 승려와도 해보고, 머리에 전극을 연결해서도 하는 등 명상의 효과를 높이기 위해 다양한 방법을 시도했다. 그 과정에서 열심히 운동하지만 노력에 비해 미미한 효과만을 보는 사람들이 많은 것처럼 명상도 마찬가지임을 느꼈다. 대단히 많은 시간과 에너지를 들여 명상하지만 생각보다 너무나 적은 효과만을 경험하는 사람들이 많다. 시간과 에너지는 소중한 자산이다. 왜 그것들을 낭비하는가? 게임 체인저들은 똑똑하고 효율적으로 명상하는 법을 알고 있다. 물론 오랜 시간에 걸쳐 하는 명상이 만족감을 높이고 영적 충만함을 채워준다면, 그 방식을 고수하는 게 옳다! 그러나 시간이라는 투자 대비 수익을 극대화하고 싶다면 명상을 빨리할 수 있는 방법을 취해 적극 활용해야 한다.

명상은 경험이 아닌 수행이 되어야 한다

오래전, 엔지니어로 커리어를 시작할 무렵 한 동료가 내게 인도 구루에게 호흡법을 배우러 가자고 청했다. 난 일언지하에 거절했다. 여러 명이 한 공간에 앉아 숨을 들이마시고 내쉬는 모습이 컬트적이고 괴상하게 느껴졌기 때문이다. 그러나 몇 년 후 명상이 성과를 향상시키는 효과적인 방법이라는 것을 알고는 경험해보고 싶어졌다.

캘리포니아주 사라토가의 아름다운 맨션에서 중역들을 위해 열린 아트 오브 리빙 주말 세미나에 참석한 나는 큰 감동을 받았다. 그 후 5년간 세미나에서 배운 호흡법을 매일 아침마다 수행했고, 매주 토요일 새벽이면 차로 45분 떨어진 곳으로 가서 호흡법 수련 프로그램에 참석했다. 테크 기업 중역들과 함께하는 소규모 그룹이었다. 나는 호흡의 힘과 호흡이 불러오는 변화에 대해 배웠다. 효과는 대단했다. 더욱 생산적으로 활동했으며 성과가 높아졌다. 주변 사람들에게도 한결 친절해졌다. 내 삶을 이루는 모든 요소와 마찬가지로 연인관계도 좋아졌다.

그 효과도 대단했지만 무언가를 함께한다는 소속감도 상당히 컸다. 어떤 사람은 "매주 정신을 깨끗이 샤워하는 기분이라 계속 오게 돼."라고 말했다. 게임 체인저들은 상황을 자신에게 유리한 쪽으로 활용하는 법을 잘 알고 있다. 당신도 그렇게 해야 한다는 말을 전하고 싶다.

명상을 시작했다가 별다른 효과를 보지 못하고 몇 주 만에 그만두는 경우가 허다하다. 명상을 효율적으로 못한 것일 수도 있고, 에고가 몰입을 가로막은 것일 수도 있다. 또 몇 년 동안 명상 수행을 꾸준히 했음에도 별다른 진전을 보지 못하는 경우도 많다. 겉보기에 명상은 간단해 보인다. 때문에 강사나 코치의 도움을 받을 생각을 하는 사람들이 많지 않다. 하지만 명상은 보기보다 훨씬 복잡한 수행이다. 자신이 지금 명상을 제대로 하고 있는지 알려줄 강사나 코치가 없다면, 진정한 효과를 불러올 두뇌 상태에 진입했는지를 확인할 길이 없다. 오늘날 명상이 대중적인 수행으로 자리 잡으면서 인터넷에는 명상에 관한 정보들이 넘쳐난다. 그러나 이는 당신을 잘못된 방향으로 인도할 저급한 정보들에 너무 쉽게 노출될 수 있다는 뜻이기도 하다.

명상 수행을 효과적으로 하기 위해 나는 수준 높은 도구와 기술로 명상을 가르치는 사람들에게 자문을 구했다. 또한 수행을 한 차원 높은 수준으로 이끌고 짧은 시간 안에 효과를 극대화하고자 최신 과학기술 전문가들도 찾아다녔다. 그 결과 시애틀에 뉴로피드백 시설을 개설해 수많은 게임 체인저들의 명상 수행의 질을 높이는 데 일조하고 있다.

과학기술로 명상의 효과를 높이다

명상에 적용할 수 있는 기본적인 과학기술은 심장 박동 변이도 HRV 훈련이다. HRV는 스트레스 반응 여부를 알 수 있는 지표다. 이는 분당 맥박수와는 관련 없는 개념이다. HRV는 심장 박동 사이 간격의 변화

를 비교 분석한다. 투쟁-도피 상태일 때는 HRV가 매우 단조롭고 간격
도 일정하다. 한편 몰입에 빠진 안정된 상태에서는 HRV가 크게 변화
한다. 한 번의 심장 박동에서 다음 심장 박동까지의 간격과 다음 심장
박동에서 그다음 심장 박동까지의 간격이 상당히 달라진다는 의미다.

HRV를 연구하는 하트매스 연구소HeartMath Institute에서는 HRV가 어
느 때 높아지는지 분석했고, 의식적으로 HRV를 높일 수 있도록 몸을
변화시키는 기기를 개발했다. 이 기기는 심장 박동을 측정하고 우리가
호흡할 때마다 현재 상태가 어떤지를 알려준다. HRV가 높은 상태에
는 초록색, 낮은 상태에는 빨간색 신호가 나타난다. 이 기기 덕분에 나
는 HRV를 높게 유지하는 데 상당히 능숙해졌고 그 효과를 직접 체험
했다. 그래서 경영자들을 대상으로 수행능력을 코치할 때도 이 기기를
사용했다.

내게 코칭받던 한 고객은 잘나가는 헤지 펀드 매니저였다. 그는 만
성적으로 투쟁-도피 반응이 활성화되어 있었지만 본인은 전혀 모르는
상태였다. 나는 그에게 건강한 음식과 수면, 명상 등과 함께 HRV 훈련
을 권했다. 처음에는 회의적이었지만 6주쯤 지나 자신의 의지대로 스
트레스 수치를 조절할 수 있게 되자 삶이 변하기 시작했다. 이윽고 그
의 생각도 달라졌다. 그는 자신의 일터인 주식거래소에서도 HRV를 측
정하고 싶어했다. 일찍 출근해 센서를 몸에 연결한 후 주식 시장 개장
을 기다렸다. 개장과 동시에 그는 붉은색 '스트레스 존'에 진입했고 온
종일 그 상태에 머물렀다. 주식거래소에서 마음의 평온을 유지하는 법
을 깨우치기까지 다시 6주가 걸렸다. 마음이 안정되고 집중력 높은 몰
입의 상태에 진입하자, 현명한 의사결정을 내릴 수 있게 되어 더욱 성공

적인 트레이더로 자리 잡았다. 그는 일과를 마친 후에도 에너지가 넘쳤다. 자신도 모르게 하루 종일 신경계에서 에너지가 낭비되고 있는데 피곤하지 않다면, 그것이 이상한 일 아닌가?

명상의 효과를 높이는 또 다른 방법은 두뇌의 상태를 전환시키는 것이다. 우선 정신 상태에 영향을 주는 진동 주파수에 맞춰진 소리를 이용하는 방법이다. 빌 해리스의 회사에서 제작한 오디오 사운드트랙인 홀로싱크Holosync는 명상에 특화된 음악을 제공한다. 그리고 특정 의식 상태를 활성화시키는 만트라도 있는데, 자신이 도달하려는 의식 상태에 따라 만트라를 선택할 수 있다. 마지막으로 빛으로도 명상 수행의 효과를 높일 수 있다. 두 눈을 감고 빛-소리 고글을 쓰면 깜빡이는 불빛이 두뇌 상태의 전환을 이끌어 자신이 원하는 의식 상태로의 진입이 쉬워지도록 도움을 준다.

HRV 훈련 등 과학기술의 도움을 받아 명상에 깊이 빠졌을 때 어떤 느낌인지를 몸으로 체득한다면 혼자 명상할 때도 어떤 두뇌 상태를 목표로 해야 할지가 분명해진다. 나는 종종 깜빡이는 불빛이 옆으로 새어나오는 새카만 안경을 쓰고 비행기에 오른다. 3만 피트 상공에서 내가 뇌를 통제하는 동안 나에게 이상한 시선을 던지는 사람들이 꽤 많았을 테지만 나는 전혀 신경 쓰지 않는다.

불빛은 물론이고 불빛의 색깔 역시 두뇌 상태에 영향을 미친다. 나는 깊은 수면을 유도하기 위해 특허를 받은 광학 필터로 제작된 트루다크 안경을 쓴다. 이 안경을 쓰면 수면을 취할 생각이 없어도 두뇌가 곧장 안정과 휴식의 상태인 알파파로 진입한다. 물론 명상을 통해 뇌파를 알파파로 전환할 수도 있다. 하지만 하늘 위에서 이메일에 답하면서 동시에 알파파의 상태를 즐길 수 있다면 그야말로 완벽하지 않은가!

명상에 대한 완벽한 반칙 행위

마지막으로 가장 강력한 방법은 뇌파를 측정하는 전극을 머리에 부착하고 명상하는 것이다. 과학자들이 뇌파를 모니터한 지 50년이나 되었다. 그 결과 우리는 위대한 명상 수행자들의 뇌파가 어떤지 알고, 이 뇌파를 이끌어내는 방법 또한 알고 있다.

내가 처음 뇌전도 검사기기를 집에 들인 것은 1997년이었다. 그 후 나는 기계와 나의 뇌를 꾸준히 업그레이드해왔다. 내가 할 수 있는 모든 명상법을 시도한 결과, 1초에 1,000개의 피드백을 주는 컴퓨터는 그 어떤 명상법과 비교할 수 없을 만큼 효과가 있었다. 시애틀에 신경과학 시설인 포티 이어 오브 젠을 설립한 것도 이런 이유에서였다.

이곳에서는 성공한 사람들이 더 높은 수준의 역량을 발휘할 수 있도록 뇌를 훈련시킨다. 우리는 뇌를 한 차원 높은 수준으로 이끌기 위해 장비와 프로그램을 모두 주문제작했다. 그 결과 자비에 영재학교처럼 생긴 공간과 수년간의 명상으로 얻을 수 있는 효과를 가능케 한 5일간의 강도 높은 프로그램인 뉴로피드백이 탄생했다.

우리의 목표는 수십 년 동안 명상을 수행해온 사람들의 두뇌 상태를 똑같이 재현하는 데 있다. 이는 어찌 보면 명상에 대한 완벽한 반칙 행위다. 그러나 수많은 연구를 통해 뉴로피드백이 IQ를 높인다는 것이 입증되었다. 포티 이어 오브 젠의 발칙한 목표는 명상의 대중화를 이끌어 전 세계 사람들의 평균 IQ를 15점 높이겠다는 것이다.

지난 몇 년간 고성과자들의 뇌파를 측정한 결과, 공통적으로 발견되는 두뇌 패턴을 직접 확인할 수 있었다. 그리고 이 두뇌 패턴은 훈련시킬 수 있다. 이제 다음 단계는 이 기술을 학교와 사무실, 집에서 안전하고 효과적으로 활용할 수 있도록 널리 전파하는 것이다. 머리에 전극을 붙이는 명상 속임수 기술을 전 세계 어디서든 체험할 수 있고, 머릿속에 울리는 목소리를 통제하는 법을 배울 수 있다. 보다 많은 사람들이 빠르고 효과적인 지름길로 높은 수행력과 자기지각에 이를 수 있기를 바란다. 지금 내가 쓰는 이 책이 기술의 대중화에 일조할 수도 있다. 이 책을 당신이 읽을 때쯤 그 놀라운 여정이 시작되었기를 바란다.

최강의 TIP

- 지금 바로 명상 수업에 등록하라. 생각만큼 어렵고 복잡하지 않다.
- 심장 박동 변이도를 측정하고 훈련하라.
- 명상의 효과를 높여줄 다양한 도구를 활용하기 바란다. 빛-소리 고글, 홀로싱크 명상 음악, 트루다크 안경 등이다. 과학기술은 우리가 깨우침에 더 빨리 도달할 수 있게 해준다.

제 13 장

햇볕 아래서
마음껏
더러워져라

두드러진 성과를 내며 각 분야를 이끄는 리더들과의 인터뷰에서 야외로 나가 몸에 흙을 묻히라는 이야기를 듣게 될 거라고는 전혀 예상하지 못했다. 게다가 이는 고성과자들이 주요한 요소로 꼽은 것들 중 상위 20위 안에 속했다.

이들은 하나같이 햇빛, 흙, 숲과 같은 자연이 우리에게 주는 선물을 받아 누리라고 조언한다. 매일 햇볕을 쬐고 흙을 만지고 나무 사이를 걷기만 해도 스트레스 호르몬 분비가 줄어들고 우울증이 개선되며 행복감이 커진다. 우리를 건강하고 행복하게 만드는 데 이보다 효과적인 방법은 없다. 인간도 자연의 한 부분이기 때문에 어쩌면 당연한 일인지도 모른다.

사실 나 역시 10년 전에 실리콘밸리의 과학단지를 뒤로 하고 자연과 가까워지고자 밴쿠버 아일랜드의 숲으로 이사했다. 내가 아이들에게 해줄 수 있는 최고의 선물은 자연에서 자라게 하는 것이었기 때문이다.

자연 속에서 사는 것은 아이들뿐 아니라 나에게도 멋진 선물이었다. 그곳에서의 시간은 정서 함양과 인지능력 그리고 수행능력 향상에 가치를 매길 수 없을 정도로 좋은 영향을 끼쳤다. 또한 장내 미생물이 다양해지고 세포 에너지가 커지고 면역력이 강화되어 우리를 건강하게 만들었다. 이런 경험은 비단 나 혼자만의 것이 아니었다. 성공한 사람들, 영향력이 큰 리더들 중 상당수가 비슷한 이야기를 했다.

그러므로 어떻게든 자연에서 시간을 보낼 기회를 만들어야 한다. 사는 곳이 한적한 시골이든 혼잡한 도시든 상관없다. 가급적 자연 가까이 가서 그 에너지를 느끼고 받아들여라.

농장보다 동물원에
가까운 환경을 만들어라

많은 사람들이 자신을 높은 단계로 이끌어줄 에너지가 완벽히 차단된 환경에서 살고 있다. 자연에서 더 많은 시간을 보내야 한다. 나무를 보고 꽃과 풀 향기를 맡고 진짜 음식을 맛봐라. 햇볕 아래서 땀을 흘리고 추위에 몸을 떨어라. 우리의 몸이 진화해온 환경을 신경계에 상기시킬 때 당신의 몸은 수행능력을 높인다.

—————— 라이프 스타일 개척자이자 작가인 다니엘 비탈리스Daniel Vitalis는 인간의 야생성, 즉 자유롭고 독립적이며 길들여지지 않은 삶의 방식에 깊이 매료되었다. 그의 열정이 향한 곳은 인간동물학과 자기계발의 중간 지점이다. 그는 인류가 자연과 더불어 살았던 지혜를 통해 현대사회에서 번영할 수 있는 방법을 찾는 데 몰두하고 있다. 또한 20년 넘게 초기 인류에 가까운 삶의 방식을 직접 실천하며 사람들의 내면에 자리한 야생성을 일깨우는 일을 한다. 그가 한 일 중에는

극단적으로 느껴지는 것들도 있지만 사람들의 잠재력을 일깨우는 방식에 있어서는 나와 비슷한 점도 있다.

다시 야생성을 복원해야 하는 이유

비탈리스는 자연의 상태로 되돌리는 것을 '생태복원'Rewilding 이라고 표현한다. 이와 반대되는 '사육하다', '재배하다'의 어원은 거주지, 즉 집이다. 수천 년의 세월 동안 인간은 식물과 동물만 집에 가두어 기른 것이 아니다. 우리 자신 역시 집에 가두고 길들였다. 로메인 상추는 야생의 가시 상추를 가정용으로 개량한 것이다. 애완동물로 키우는 개는 늑대를 가축화한 것이다. 비탈리스는 현대의 인간은 호모사피엔스가 아니라, 그가 호모사피엔스 도메스티코 프라길리스Homo Sapiens Dome-stico Fragilis(가정에 길들여진 나약한 호모사피엔스—옮긴이)라고 이름 붙인 아종이라고 주장한다. 조금 지나친 해석이지만 덕분에 사람들의 이목을 집중시키는 데는 성공했다.

그는 '야생성'을 지닌 인류, 즉 고립된 지역에서 야생의 생활을 계속 이어가는 원주민에 주목한다. 그는 이들이 현대 문명을 누리는 우리보다 더욱 튼튼하고 강하며 건강하다고 말한다. 그러면서 우리가 야생인간의 멸종이라는 인류 역사의 거대한 변화를 앞두고 있으며, 이 일이 실제로 닥친다면 인간의 유전자 풀은 심각하게 감소할 것이라고 덧붙였다. 이런 이유로 야생적 본성을 자극하는 움직임을 통해 아직 DNA에 존재하는 야생성을 다시 깨워야 한다는 것이 주장의 핵심이다.

비탈리스는 현재 우리가 공장식 농장에서 살고 있다고 말한다. 이 농장의 목표는 인간의 건강과 행복, 웰빙, 장수가 아니다. 인간의 삶을 짧게 줄인다는 목표하에 어떤 비용을 감내하더라도 생산성을 최대화하고 있다. 우리는 태어나자마자 가위질을 당하고 자라면서 트라우마를 입고 세뇌를 당한다. 그러고 나면 상품과 서비스를 생산하고 세금을 내며 평생을 살다가 너무 이른 죽음을 맞이한다. 인간이 사육되는 공장식 농장의 현실이다. 물론 우리의 삶을 지나치게 비관적으로 보고, 문명의 혜택을 전혀 고려치 않은 해석이다. 그러나 인간의 수행능력을 최대화한다는 목표에 대해 새로운 통찰을 제시한 것은 분명하다.

비탈리스는 인간 동물원을 만들어야 한다고 주장한다. 인간의 건강을 증진하고 야생성을 표현하며 유전적 특질을 보전함으로써 수명을 오래 유지할 수 있는 환경 말이다. 우선 야생에 가까운 주거 환경과 식단을 찾아야 한다. 이는 주변 환경을 바꾸어 자신의 인체 시스템을 완벽히 통제한다는 바이오해킹과 맞닿아 있다. 비탈리스는 우리가 과학기술의 혜택을 버리고 산에 들어가 살아야 한다고 말하는 것이 아니다. 야생인간을 당신의 집에 데려온다면 어떤 준비가 필요할지 생각해보라는 것뿐이다.

예상하다시피 비탈리스는 상당한 비판에 시달리고 있다. 야생성이 문명화된 사회에서 터부시되기 때문이라는 것이 그의 입장이다. 다시 말해 우리에게 야생이란 두렵고 체계화되지 않은 것, 본질적으로 우리와는 '다른' 무언가라는 생각이 단단히 자리 잡고 있다는 말이다. 이 생각이 우리 안의 야생성을 일깨우면 인류가 이뤄낸 진보가 무너지고 다시 미개한 생활을 하게 될 거라는 두려움을 심어준다.

그러나 야생은 정상적일 뿐 아니라 건강하다. 지나치게 오래 앉아서 생활하고, 건강한 식물과 동물에서 충분한 영양소를 섭취하지 못하고, 신석기 혁명부터 이어진 고된 육체노동을 중단하는 등, 우리가 자연에서 멀어질수록 건강에서도 멀어진다. 우리는 야생의 환경에서 훨씬 건강해질 수 있다. 집에서 생활하기 전 인간은 에어컨과 냉장고의 프레온 가스로 인한 기상이변을 걱정하지 않았다. 미세먼지를 하루 종일 마시지 않았으며, 공장에서 생산되는 카펫과 가구에서 나오는 독성 물질에 노출되지도 않았다.

다시 완벽한 야생의 상태로 돌아갈 수는 없다. 하지만 비탈리스를 포함한 전문가들은 몇 가지 행동을 실천하는 것만으로도 유전자에 각인된 야생성을 깨울 수 있다고 조언한다. 그것은 양질의 음식으로 식습관을 개선하고, 신선한 공기, 햇빛, 흙, 깨끗한 물을 가까이 하는 생활이다. 간단히 말해 기회가 있을 때마다 밖으로 나가 자연환경에 흠뻑 취하고, 실내 환경을 자연에 가깝게 바꾸란 의미다. 당신은 이렇게 생태복원을 시작할 수 있다.

최강의 TIP

- 집 안에 식물을 들인다. 살충제가 뿌려지지 않은 유기농 식물을 고르고, 흙에 곰팡이가 자라지 않도록 잘 관리해야 한다.
- 당신의 주거 환경을 점검하고 인간 동물원에 가깝게 변화시킬 수 있는 세 가지를 적어본다.

몸이 스스로 자외선을
차단하도록 하라

햇볕은 영양분이다. 햇볕을 가까이 하라. 하루에 최소 20분, 자연 그대로의 직사광선을 쬐라. 그렇게만 한다면 수행능력이 향상되고 수명도 연장될 것이다. 햇볕은 수면의 질을 높이고 우울증을 개선하며 넘치는 에너지를 전해준다. 햇볕은 선택의 대상이 아니다.

───────── 제럴드 폴락 박사가 젤 형태의 물, 즉 EZ 물을 발견했다는 이야기를 기억하는가? EZ 물은 세포 속에 존재하는 물이자, 수백만 개의 세포 동력장치인 미토콘드리아가 에너지를 내는 데 필요한 요소다. 최근 과학자들은 새로운 미토콘드리아를 생성하고, 뉴런 내 미토콘드리아의 이동을 촉진하는 미세소관이라는 신비한 세포 구성성분을 발견했는데, 바로 EZ 물이 미세소관 속 물질의 이동에 필수적인 요소라는 것이 밝혀졌다.

우리 몸의 자외선 차단 메커니즘을 깨워라

EZ 물을 증가시키는 방법에는 몇 가지가 있다. 생야채주스, 광천수, 해빙수를 마시면 EZ 물을 자연스럽게 얻을 수 있다. 일반적인 물을 진동에 노출시킬 때도 자연적으로 EZ 물이 형성된다. 최근 폴락 박사가 진행한 연구에서는 물에 유지방을 섞으면 더 많은 양의 EZ 물이 생긴다는 결과를 얻었다. 또한 하루에 몇 분 정도 선글라스나 옷, 자외선 차단제 없이 맨 피부에, 그리고 뇌로 향하는 관문인 눈에 직사광선을 쬐면 체내 세포 안에 EZ 물이 생성된다고 한다.

정확히 말하면 EZ 물을 만들어내는 것은 1,200나노미터 파장의 빛이다. 사실 햇빛에는 우리에게 중요한 도움을 주는 파장이 모두 포함되어 있다. 가령 햇빛 속 빨간 빛은 혈액 속 헤모글로빈과 미토콘드리아로 흡수되어 세포에 전자를 생성시킨다. 몸에서 음식과 산소를 결합시켜 만드는 전자와 같은 유형이다.

오늘날 우리는 햇볕 노출에 대한 루머와 공포에 휩싸여 바깥에 나가기 전 온몸을 꼼꼼히 가리는 수고를 마다하지 않는다. 자외선 차단제를 듬뿍 바르고 선글라스를 착용하고 옷으로 몸을 둘둘 감싼다. 그러나 우리의 몸은 햇볕에서 영양분을 얻어야 한다. 장시간 노출되는 것은 위험하지만, 매일 약간의 햇볕을 쬐는 것은 확실히 필요한 일이다. 그것이 피부에 콜라겐을 생성하고 두뇌 발달과 정서 함양을 촉진하며 세포 속에 EZ 물을 만들기 때문이다.

자외선 노출과 차단제에 대한 진실을 확인하기 위해 MIT 컴퓨터공학 및 인공지능 연구소의 스테파니 세네프Stephanie Seneff 박사를 만났다. 영양과 건강의 상관관계를 전문적으로 연구하는 세네프 박사는 영양 결핍과 환경 독소가 건강에 미치는 영향과 현대 질병에 대해 열 편이 넘는 논문을 발표했다. 그녀는 자신의 분야에서 갖춘 전문지식을 바탕으로, 다른 분야에서 옳지 않은 것을 발견하면 기꺼이 태클을 거는 사람이다. 내가 좋아하는 유형의 게임 체인저다.

세네프 박사는 자외선 차단제의 사용과 더불어 흑색종 발병률이 높아졌다고 지적했다. 인과관계가 아직 명확히 드러나지는 않았지만, 자외선 차단제와 흑색종은 강력한 상관관계가 있어 보인다. 피부를 보호하기 위해 바르는 자외선 차단제가 오히려 해가 되다니, 말이 안 되는 것처럼 들린다. 한편 세네프 박사는 흑색종 발병률이 높아진 진짜 원인은 앞서 라운드업 제초제의 주성분으로 언급했던 글리포세이트에 있다고 설명했다. 이 성분이 피부가 햇볕으로부터 스스로를 보호하는 능력을 앗아간다는 것이다.

장내 미생물은 트립토판, 타이로신이라는 아미노산을 만드는데, 이것들은 검은색 혹은 흑갈색 색소인 멜라닌의 전구체 역할을 한다. 또 자외선을 흡수해 우리의 몸이 자외선으로 인한 피해를 입지 않도록 보호하는 역할도 한다. 그러나 글리포세이트에 노출된 음식을 섭취하면 장에서 이 아미노산을 생성하지 못한다. 우리 몸의 자외선 차단 메커니즘이 작동하지 않는 것이다. 다시 말하면 자외선 노출이 위험한 것이 아니라, 자외선으로부터 피부를 보호하는 데 필요한 장내 미생물이 화학 물질에 노출되어 기능을 잃은 것이 문제다. 이런 문제 때문에 심각한 자외선 화상이나 흑색종이 발생한다는 것이다. 한편 멜라닌은 선명한 색깔의 식물에서 발견되는 폴리페놀의 교차결합으로 생성되기 때문에 폴리페놀이 가득한 식단을 유지하는 것은 매우 중요하다.

적정량의 햇볕을 쪼임으로써 세포가 더욱 많은 EZ 물을 만들어낼 수 있도록 해야 한다. 일반적인 물이 적외선에 노출되면 EZ 물로 변형되기도 한다. 그러므로 적외선 사우나를 하거나 자외선 차단제를 바르지 않고 선글라스를 끼지 않은 채 그저 바깥으로 나가라. 그것만으로도 우리의 몸은 빛 에너지를 흡수해 EZ 물을 생성할 수 있다. 빛은 눈을 통해 몸으로 흡수된 후 곧장 뇌로 향한다. 뇌는 빛의 효과를 가장 먼저 감지하는 기관이다. 빛이 중요한 이유는 EZ 물을 만들어내는 것은 물론이고 뇌 깊숙한 곳에서 멜라닌을 형성해 산소와 전자를 만들어 인지 기능을 향상시키기 때문이다.

폴락 박사는 연구실에서 진행했던 실험에 대해 이야기했다. 좁은 관으로 물을 흘려보내는 실험이었는데, 그가 물을 자외선에 노출시키자 물이 움직이는 속도가 다섯 배나 빨라졌다고 한다. 체내 혈액과 림프액이 좁은 모세혈관을 더욱 빨리 통과할 수 있다면 만성 염증에 시달리는 일이 줄어들 것이다. 당신이 자외선에 노출될 때 미토콘드리아 속 미세소관도 출력 강화 효과를 적극 누릴 수 있다.

햇빛은 건강한 수면의 특효약

적절히 햇볕에 노출되면 양질의 수면을 가능케 하는 일주기 리듬을 유지할 수 있다. 또한 몸에서 기분 좋은 신경전달물질인 세로토닌을 생성한다. 우리의 몸은 세로토닌을 수면 호르몬인 멜라토닌으로 분해한다. 때문에 낮 동안 자연광에 노출되지 않으면 멜라토닌이 부족해서 깊은 수면을 취하기 어렵다. 잠을 제대로 자지 못하는 것만큼 삶을 엉망으로 만드는 게 없음을 우리는 이미 잘 알고 있다.

태양광선을 통해 적정량의 UVB(중파장 자외선)를 얻으면 우리 몸은 필요한 비타민 D를 생성할 수 있다. 비타민 D가 중요한 이유는 이것의 결핍이 수면 장애로 이어지기 때문이다. 전 세계적으로 수면 장애가 확산된 데는 비타민 D 결핍이 일부 연관되어 있다는 것이 여러 연구를 통해 밝혀졌다. 플로리다로 이사해 매일 한 시간 넘게 바닷가를 거닐 수 없다면 연어, 달걀노른자, 참치 등 비타민 D가 풍부한 음식을 섭취하거나 보충제라도 먹어야 한다. 다만 보충제를 섭취하기 전에는 혈액 검사를 통해 자신에게 맞는 비타민 D의 양을 확인해야 한다. 비타민 D는 부족해도 안 되지만 너무 많이 섭취해도 건강에 좋지 않다. 또한 보충제는 밤이 아닌 아침에 먹는 것이 좋다. 비타민 D는 일시적으로 멜라토닌 생성을 중단하기 때문이다.

그리고 제발, 제발 부탁인데 비타민 K2와 함께 복용하는 것이 아니라면 비타민 D3는 섭취하지 않는 게 좋다. 식단에 비타민 K2가 충분하지 않은 상황에서 비타민 D3를 복용할 경우 수십 년에 걸쳐 조직의 석회화가 진행될 수 있음이 새로운 연구를 통해 확인되었다.

계절성 우울증에 효과적인 광선 요법

자외선은 정신 건강과 행복지수를 높이는 데도 반드시 필요하다. 자연광이 줄어드는 계절에 우울증을 겪은 적 없는가? 임상적으로 계절성 우울증Seasonal Affective Disorder, SAD이라고 부르는 이 병은 무기력, 집중력 저하부터 일반적인 우울증 증상까지 다양하게 발현된다.

SAD를 경험하는 사람들은 보통 해가 짧아지는 가을부터 증상이 시작돼 해가 길어지는 봄이면 완화된다. 거주 지역도 상당히 큰 요인으로 작용한다. 적도에서 멀리 떨어진 곳에 사는 사람들은 적도와 가까운 지역에 사는 사람들에 비해 SAD에 걸릴 확률이 높다. 플로리다 주민의 단 1퍼센트만이 SAD를 경험하는 데 반해 알래스카 주민들은 9퍼센트나 이를 경험한다. SAD를 심하게 겪지는 않더라도 대부분의 사람들이 겨울철에 수행능력과 행복지수가 낮아지는 경험을 한다. 이러한 증상이 몇 달이나 계속된다면 보통 심각한 문제가 아니다!

지난 수십 년간 계절성 우울증에 가장 효과적이고 대중적인 치료법은 단연 광선 요법이었다. 광선 요법이 항우울제 약물 치료만큼이나 효과가 뛰어나다는 것이 연구를 통해 입증되었다. 몇몇 연구에서는 광선 요법이 약물보다 훨씬 빠르게 증상을 개선한다고 발표하기도 했다. 가장 효과적인 광선 요법은 밖으로 나가 하루에 20분 동안 눈과 피부에 햇볕을 쬐는 것이다. 비타민 D의 합성을 최대화하고 싶다면 기온과 법이 허락하는 선에서 가능한 한 많은 피부를 노출하는 것이 좋다.

수면 장애를 겪지 않도록 두뇌에 취침과 기상 시간을 설정하려면 선글라스를 쓰지도, 해를 직접 보지도 말아야 한다. 계절성 우울증에 걸리지 않았다 하더라도 자외선에 몸을 노출하면 행복감이 커지고 수면의 질이 향상되며 세포 내 유익한 EZ 물이 더욱 많이 생성되는 이점을 누릴 수 있다. 게다가 놀랍게도 이 모든 것은 공짜다.

만약 늦게까지 깨어 있거나 일출 전에 일찍 일어나곤 한다면 광선 요법을 이용해 하루의 생체리듬을 되찾을 수 있다. 혹시 자신의 생체리듬에 가장 이상적인 시간보다 일찍 일어나야 한다면, 아침에 눈을 뜨자마자 일출과 유사한 적색광에 몸을 노출시켜야 한다. 머리맡에 기기를 갖다 놓고, 이불을 걷은 뒤 붉은 빛 적외선 광자를 온몸으로 흡수한다. 그것은 미토콘드리아를 깨우고 혈액 순환을 돕고 상당한 에너지를 전해준다. 또한 LED 전구에서 나오는 청색광은 멜라토닌의 생성을 억제하기 때문에 저녁이 되면 집의 조도를 낮추고 전자기기 화면을 멀리하는 것이 좋다.

햇볕에 노출될 때 몸에서는 비타민 D와 EZ 물을 생성하고 일주기 리듬을 설정해 수행능력을 높인다. 우리는 바깥으로 나가야 한다.

욕조가 아닌
숲속에서 목욕하라

청결에 대한 사회적 강박 때문에 장내 미생물 다양성이 급격이 떨어졌다. 이것은 우리의 건강과 행복에도 부정적인 영향을 미친다. 항상 완벽한 위생 상태를 유지하는 것은 반드시 필요하지도 건강에 유익하지도 않다. 건강과 행복을 향상시키기 위해서는 삼림욕을 하고 적당한 청결을 유지하는 것이 좋다.

─────────── 마야 쉬트리트-클레인Maya Shetreat-Klein 박사는 《흙으로 치유하다》The Dirt Cure를 집필한 신경학자이자 허벌리스트Herbalist(식물 전문가, 풀의 약용성분으로 병을 치료하기도 한다―옮긴이)다. 그녀는 현재 원주민을 위한 다양한 활동을 하고 있다.

쉬트리트-클레인 박사는 흙과 박테리아에 대한 사람들의 인식을 바꾸고 싶어한다. 우리의 몸을 박테리아에 노출시키면 장부터 면역체계, 두뇌 기능까지 긍정적인 변화가 찾아온다. 현대인들은 위생에 너무 집착한다. 몸이 청결하면 건강해지고 더러우면 건강을 해친다는 인식 때문이다. 몸과 환경을 깨끗하게 살균하기 위해 지나칠 정도로 많은 항생제와 공장에서 만든 식품, 그리고 항균 세척제를 소비한다.

우리의 몸은 더러운 흙을 원한다

우리의 의도와는 달리 이것들은 건강과 행복을 저하시킨다. 쉬트리트-클레인 박사는 웰빙을 되찾기 위해서는 가장 먼저 더러움에 대한 인식부터 바꿔야 한다고 말한다. 대부분의 박테리아는 본래 좋지도 나쁘지도 않다. 몇몇 위험한 박테리아도 있지만, 장내 미생물을 포함해 건강한 면역체계는 대부분의 위협에 충분히 대처할 수 있다.

그렇다면 장 건강을 결정짓는 것은 무엇일까? 장내 미생물의 다양성이 가장 중요하다. 다양한 박테리아 군집이 존재해야 장내 질서가 유지되어, 이를 파괴하는 박테리아의 성장을 막을 수 있다. 우리는 유해한 유기체로부터 완벽하게 자유로울 수 없다. 기생충과 바이러스는 항상 우리 몸 안에 살고 있다. 그러나 광범위한 유기체의 다양성이 보장된다면 유해한 바이러스와 기생충도 몸 안에서 서로 견제하고 감시하고 협력하며 활동하게 된다.

장내 미생물 다양성을 높이는 데 가장 좋은 방법은 옛날 방식으로 몸을 더럽히는 것이다. 흙에는 행복감을 높여주는 유기체가 살고 있다. 인류 역사상 훌륭한 발견이 항상 그렇듯 과학자들은 흙 속의 유익한 성분을 아주 우연히 발견했다. 2004년 런던의 로얄 마스덴 병원 소속 종양학자인 메리 오브라이언Mary O'Brien 박사는 폐암 환자들의 수명 연장을 위해 토양에 서식하는 박테리아인 마이코박테리움 백케이Mycobacterium Vaccae를 주입했다. 기대했던 효과는 얻을 수 없었지만 환자들의 삶은 탁월할 정도로 그 질이 향상되었다. 환자들은 더 행복하고 더 활기 넘쳤고 인지 기능 또한 높아졌다.

몇 년 후 브리스톨 대학교의 신경과학자들 역시 생쥐에게 이 박테리아를 주입한 후 세로토닌을 분비하는 뉴런이 활성화되는 것을 발견했다. 항우울제를 복용했을 때와 비슷한 수치로 세로토닌이 증가한 것이다. 이미 그 부작용이 입증된 약물 치료 대신 유기농 정원을 가꾸는 것으로 비슷한 치료 효과를 볼 수 있다는 얘기다. 나라면 당연히 흙을 만지겠다. 지금도 토양 박테리아로 우울증이나 외상 후 스트레스 장애의 치료가 가능한지에 대한 연구가 활발히 진행되고 있다. 연구비를 지원받아 이중맹검사법까지 마쳐야 하는 지난한 과정이 남았지만, 그때까지 나는 흙장난으로 시간을 낭비하는 위험을 기꺼이 감수할 생각이다. 나는 흙을 사랑한다.

어렸을 때 우리가 흙장난을 좋아했던 데는 이유가 있다. 직관적으로 우리를 행복하게 하는 것에 끌리게 마련이다. 그래서 본능적으로 몸을 더럽히는 것을 좋아하는 것이다. 아기였을 때도 바닥을 기어 다니다가 수시로 손과 발을 입 안에 집어넣지 않았나? 우리는 이런 행동을 통해 미생물을 몸 안으로 꾸준히 주입시켰던 셈이다.

쉬트리트-클레인 박사는 흙을 만지는 행위는 인간이 식물의학의 힘을 느끼는 한 가지 방법이라고 말한다. 자연 속을 산책할 때 기분이 좋아지는 것은 우리 모두 경험을 통해 알고 있다. 누군가에게서 꽃을 선물받을 때도 마찬가지인데, 그녀는 이 역시 식물의학이라고 말한다. 우리는 행복한 일이 있을 때, 누군가를 사랑할 때, 타인에게 축하나 위로를 전해주고 싶을 때 꽃을 선물하곤 한다. 이는 꽃을 보면 신체적, 정서적으로 기분이 나아지기 때문이다. 식물을 집에 들일 때도 기분이 좋아진다. 꽃과 식물에 묻은 흙 속 박테리아 군집 때문일지도 모른다.

런닝머신보다 좋은 삼림욕

식물의학에 뿌리를 둔 또 다른 문화적 행동은 삼림욕이다. 삼림욕을 통해 사람들은 숲의 아름다움을 한껏 음미한다. 1980년대 일본인들이 지방에서 도시로 대거 이동했을 때, 사람들은 도시에서 찾을 수 없는 에너지를 다시 느끼고자 교외로 나가 땅과 나무의 기운을 흡수하기 시작했다. 여기서 삼림욕 문화가 시작되었다고 한다.

삼림욕은 장내 미생물 생태계에 이로울 뿐 아니라, 산책이라는 가벼운 움직임 덕분에 기분이 좋아지고 스트레스 호르몬 생성이 줄어들며 수명을 연장하는 효과도 있다. 삼림욕을 할 때 스트레스가 낮아지는 효과는 비단 신체 활동 때문만은 아니다. 도시에서 걷기를 생활화한 사람들과 삼림욕을 하는 사람들의 타액 내 코르티솔 농도를 비교했더니, 삼림욕을 하는 사람들의 수치가 12~13퍼센트 낮게 나왔다. 이는 자연 그 자체에 스트레스 호르몬의 생성을 막는 힘이 있다는 의미다. 또한 삼림욕은 교감 신경 활동과 혈압, 심장 박동 수를 낮추기도 한다.

뿐만 아니라 면역력을 높이는 효과도 있다. 이는 자연에 머무는 동안 장내 미생물 다양성이 높아지는 것과 연관이 있을 수 있다. 한편 상록수는 피톤치드를 발산하는데, 이 물질은 바이러스와 질병으로부터 몸을 보호하는 자연 살해 세포를 활성화시킨다. 자연 살해 세포는 스트레스 호르몬에 장시간 노출되면 활동이 억제되는데 이로 인해 면역 체계가 약해질 뿐 아니라 암의 위험성이 높아진다. 또한 삼림욕은 인지적으로 기분을 전환하고 정신력과 창의적 문제해결 능력을 높여준다. 상록수에서 추출한 몇몇 에센셜 오일에도 피톤치드가 함유되어 있다.

도시에 사는 사람들도 자연의 혜택을 볼 방법은 많다. 공원에 가거나 러닝 파트너로 강아지를 들이는 것도 괜찮은 방법이다. 또 사람들과 어울리는 기회를 늘려 장내 미생물 다양성을 향상시킬 수도 있다. 몸을 깨끗이 하고 손을 씻는 것은 좋지만, 항균 제품과 손 세정제보다는 일반 비누를 사용할 것을 권한다.

자녀들이 마음껏 더러워지도록 내버려둬라. 청결은 적당히 유지하면 된다. 아이들은 언덕 위를 구르며 바깥에서 실컷 놀게 하는 것이 좋다. 아이들과 함께 나가 시간을 보낸 뒤 집으로 돌아와 일반 비누로 씻으면 된다. 참으로 쉬운 실천법 아닌가.

최강의 TIP

- 아이들이 몸을 더럽히며 놀도록 허용하자. 함께하면 더욱 좋다.
- 일주일에 한 번은 자연에서 산책한다. 다른 사람들과 함께라면 효과는 더욱 좋다. 친구를 불러라!
- 항균 세정제나 표백제는 모두 치운다.
- 집 안에 화분을 들여 토양 박테리아의 효과를 누린다.

제 14 장

감사하는 마음이 뇌를 재설계한다

이 책에 소개된 거의 모든 법칙은 당신의 원시적 방어체계에 안전하다는 인식을 심어준다. 즉 몸을 투쟁-도피 반응의 스트레스 상황에서 벗어나게 만들라는 메시지가 담겨 있다. 이것이 성공한 사람들이 자신 안에서 세상을 바꾸는 힘을 찾아낸 비법이다. 그리고 몸이 안전하다고 느끼게 만드는 최고의 방법은 감사하는 마음을 기르는 것이다.

자신의 분야에서 최고가 되어 세상의 이목을 집중시키는 일을 하고, 자신의 권력을 타인의 삶을 의미 있게 만드는 일에 사용하는 사람들에게는 감사하는 마음이 단순히 기분 좋은 감정이 아니다. 일할 수 있는 에너지를 얻고, 인생을 즐기면서 동시에 자신의 소임을 다할 수 있는 힘을 얻는 근원이다.

모든 것이 완벽하게 흘러갈 때는 감사하는 마음을 갖는 것이 쉽다. 하지만 끔찍한 시련이나 난관을 겪으며 트라우마가 생기는 순간에 감사하기란 결코 쉬운 일이 아니다. 그러나 게임 체인저들은 말한다. 어떤 상황에서도 감사하는 마음을 가져야 한다고.

이들은 자기연민의 덫에 빠지거나 자신에게는 더 이상 희망이 없다는 부정적인 이야기를 입에 올리지 않는다. 대신 어둠 속에서도 삶의 아름다움을 찾아내는 일을 선택한다. 나와 인터뷰를 한 대부분의 게임 체인저들이 고난에 감사하는 법을 깨우치지 못했다면 지금처럼 행복할 수도, 성공할 수도 없었을 거라고 말했다. 나도 같은 생각이다.

앞의 모든 내용을 건너뛰고 이번 장만 읽는다 해도 다른 사람들을 앞서 나가기에 충분한 깨달음을 얻을 수 있다. 그 정도로 감사하는 마음은 중요하다. 그리고 정말 감사하게도 이것은 배우고 익힐 수 있는 기술이다. 이를 꾸준히 연습한다면 감사하는 마음은 당신의 신경계에 오래도록 각인되어 긍정적인 생각을 더욱 잘 떠올리도록 만들어준다. 감사하는 마음을 연습할수록 긍정성이 당신의 기본 값으로 설정된다는 의미다. 그러면 우리의 삶은 덜 힘들어진다.

긍정적으로 사고하는 경향이 높아질수록 본능을 초월하게 된다. 또한 소중한 에너지를, 자신을 위해 그리고 다른 사람들을 위해 정말 의미 있는 일을 하는 데 쓸 수 있는 가능성 또한 높아진다.

감사함은 두려움보다
힘이 세다

내면의 위대함을 깨우기 위해선 우선 두려움을 극복해야 한다. 용기로 두려움을 잠재울 수도 있지만 용기를 발휘하려면 많은 에너지가 필요하다. 삶이 정말로 위태로운 순간을 위해 용기는 아껴두기로 하자. 대신 감사하는 마음을 이용해 세포 속 두려움의 스위치를 내릴 수 있다. 두려움에서 자유로워야 행복해지고, 행복해야 최고의 기량을 발휘할 수 있다.

──────────── 내게 가르침을 준 수많은 게스트들 가운데 단연 인상 깊었던 사람은 인디애나 대학교 산하의 킨제이 연구소에서 성적 트라우마 연구 컨소시엄을 책임지고 있는 스티븐 포지스Stephen Porges 박사다. 1994년 포지스 박사는 다미주신경 이론Polyvagal Theory을 발표해 의학계에 한 획을 그었다. 이 이론은 자율신경계와 사회적 행동의 연관성을 밝히고 행동 장애와 정신 질환의 원인을 생리학적 관점으로 해석한 것이다. 그의 이론은 과학자들이 정신 건강을 이해하고 접근하는 방향

을 완전히 바꾸었으며, 스트레스가 긍정적으로 기능할 수 있다는 새로운 시각을 제시했다.

몸에 안전 신호를 보내는 방법

'돌아다니는 신경'이라고도 불리는 미주 신경은 뇌간에서 나와 온몸을 돌아다니며 위장과 소화관은 물론, 폐, 심장, 비장, 장, 간, 신장과 뇌를 잇는다. 미주 신경의 가장 중요한 역할은 몸에 어떤 일이 벌어지는지 살핀 뒤 뇌에 해당 정보를 보고하는 일이다. 투쟁-도피 반응으로 흥분한 몸을 진정시키는 부교감 신경계의 핵심이 바로 미주 신경이다. 미주 신경 긴장도는 미주 신경의 활성화 정도를 나타내는 것으로, 이것이 높으면 스트레스를 경험한 후 빨리 안정을 찾을 수 있다는 의미이기도 하다. 이와 반대로 미주 신경 긴장도가 낮으면 투쟁-도피 상태에 오래 머문다는 뜻이다.

스트레스를 경험한 후 기본 설정된 프로그램을 거부하고 빨리 안정을 찾는 능력은 상당히 중요하다. 다행히도 포지스 박사는 누구나 미주 신경 긴장도를 높일 수 있다고 믿는다. 그중 한 가지 방법이 바로 사회적 교류다. 포유류로서 인간은 혼자가 아닌 공동체 속에서 진화했다. 타인의 도움을 받아왔고 또 계속해서 도움을 필요로 한다. 누군가를 돌보는 일은 이타적이고 일방적인 행위가 아니다. 양방향적인 행위이고 그래야만 한다.

우리는 본능적으로 타인을 도울 때 기분이 좋아지는데, 특히 도움을 받는 상대방의 호감도가 높을수록 더욱 그렇다. 아이들과 강아지가 바로 그 예다. 이들은 도움을 필요로 하고 우리의 도움에 사랑스럽게 반응하므로 우리를 행복하게 한다. 나아가 계속 도와주고 싶은 마음이 들게 만든다.

미주 신경 긴장도에 영향을 미치는 또 다른 요소는 바로 감사하는 마음이다. 포지스 박사는 감사를 느끼는 동안 신경계는 안전하다는 신호로 뒤덮인다고 설명한다. 진화적 관점으로도 타당한 현상이다. 호랑이에게 쫓기는 상황에서는 감사함을 느끼지 않을 테니 말이다. 그러나 내 뒤를 쫓는 호랑이가 없다고 감사하는 마음이 저절로 생기는 것은 아니다. 그는 위협을 제거한 것과 안전한 것은 다른 개념이라고 설명한다. 우리의 몸은 정말 안전하다는 신호를 받아야만 감사하는 마음이 생겨난다. 그리고 위협을 인지했을 때는 어떻게 반응할 것인지 의사결정과 비슷한 과정을 거친다. 다만 몸 안에서 벌어지는 과정이라 우리가 인식할 수 없을 뿐이다.

두려움을 느낄 때 우리의 몸은 먼저 말, 보디랭귀지, 목소리 톤, 비언어적 신호 등으로 반응한다. 자극이 너무도 강해 이런 반응조차 할 수 없을 때 두뇌는 투쟁-도피 반응인 스트레스 호르몬을 분비한다. 그렇게 미주 신경 긴장도가 낮아지고 원래의 상태로 돌아오는 능력이 떨어지면 몸이 얼어붙고 아무런 행동도 할 수 없는 상황에 이른다. 포지스 박사는 이런 현상은 외상을 겪은 생존자나 학대를 경험한 사람에게서 자주 찾아볼 수 있다고 덧붙였다.

우리가 느끼는 두려움이 비이성적이라는 것을 깨달을 수 있다면, 안전 신호를 이용해 패닉과 투쟁-도피 상태에서 벗어날 수 있다. 안전 신호 중 하나는 따뜻한 목소리다. 포지스 박사는 이를 가리켜 우리 안에 프로그램화된 현상이라고 설명한다. 어린아이들은 부드러운 말투로 달래주면 금방 진정한다. 그래서 부모는 본능적으로 어린 자녀들에게 부드러운 톤으로 말한다.

따뜻한 목소리는 성인에게도 효과가 높다. 명상 수업에서 안내자는 느리고 리듬감 있는 목소리 톤을 유지한다. 목소리를 이완 신호로 삼아 빠르게 뇌를 안정 상태로 진입하게 하는 것이다. 〈불릿프루프 라디오〉에서 내가 말을 빨리 하지 않는 것도 같은 이유에서다. 만약 당신이 스트레스를 받은 상태라면 락이나 메탈 음악은 그리 탁월한 선택이 될 수 없다. 이보다는 평온한 음악이 신경계에 훨씬 도움이 된다.

두뇌에 안전 신호를 보내는 또 다른 방법은 행복한 장소를 떠올리는 것이다. 뻔한 소리 같지만 실제로 효과가 있다. 먼저 마음이 평온할 때 안전한 장소나 행복한 장소를 미리 정해두는 것이 좋다. 눈을 감고 편안하고 행복하고 평화로운 환경을 떠올려보자. 시각, 후각, 청각 등 가급적 모든 감각을 동원해 상세하게 그려야 한다. 이 장소를 떠올리는 시각화 훈련을 자주 해두면, 두렵거나 분노가 느껴지기 시작할 때 바로 안전 신호를 보낼 수 있다. 내가 떠올리는 이미지는 배트맨 기지일 때도 있고 평화로운 숲속 오솔길일 때도 있다.

대부분 일어나지도 않은 일로 스트레스를 받는다

감사하는 마음에 대해 많은 가르침을 준 또 한 명의 전문가는 엘리사 에펠Elissa Epel 박사다. 에펠 박사는 캘리포니아 대학의 교수로 인체의 텔로미어와 텔로머레이스 시스템을 바탕으로 스트레스가 생물학적 노화에 어떠한 영향을 끼치는지, 명상이 어떻게 신체적·정신적 건강에 유익하게 작용하는지를 연구하고 있다.

에펠 박사는 컬럼비아 대학에서 미토콘드리아 연구를 하는 마틴 피카드Martin Picard 박사와 함께 진행한 연구에 대해 이야기했다. 두 사람은 실험 참가자의 혈액에서 미토콘드리아 효소 활성화를 분석했다. 미토콘드리아 효소는 세포가 에너지를 생성할 때 중요한 역할을 한다. 두 박사는 만성 질환을 앓고 있는 자녀를 둔 어머니 등 간병인 그룹에서 미토콘드리아 효소의 활성도가 낮아져 있음을 발견했다. 그러나 해당 그룹 내에서 몇 가지 주목할 만한 예외 사례가 나타났다.

이 차이를 밝히기 위해 연구진은 참가자들의 일상을 기록하고 몇 가지 질문을 던졌다. 아침에 일어나면 오늘 하루가 기대됩니까? 아니면 걱정이 앞섭니까? 평소 얼마나 행복합니까? 스트레스나 불안함을 어느 정도로 느낍니까? 이러한 질문의 목적은 참가자가 오늘 하루 무슨 일이 일어나게 될지를 스스로 어떻게 예측하는지, 긍정적인지 부정적인지를 알아보기 위함이었다. 즉 위협이 닥칠 거라고 예상하는 사이클에 갇힌 상태인지, 희망과 감사를 경험하는 순간도 있는지를 확인한 것이다.

또 두 사람은 참가자들의 미토콘드리아 효소를 아침, 스트레스 상황을 경험한 뒤, 저녁에 각각 검사했다. 그 결과 효소 활성도가 가장 높게 나온 참가자들은 아침에 일어날 때와 자기 전, 특히 잠을 자는 동안에 긍정적인 정서가 높아지는 것으로 나타났다. 이들은 그날 얼마나 많은 피로가 쌓였든 간에 저녁이 되면 자연스레 회복 모드로 전환되었다. 미토콘드리아 효소의 활성도가 높아진 것도 이 때문이었다.

이후 에펠 박사는 실험 참가자들이 아침에 스트레스를 예상하며 깨지 않을 수 있도록 잠자리에 들기 전 감사한 일을 떠올려보라고 제안했다. 간단한 방법이었지만 정말 효과가 있었다. 참가자들의 미토콘드리아 효소가 활성화되어 스트레스가 줄어들었다.

감사하는 마음이 스트레스를 줄인다

에펠 박사는 아픈 아이를 돌보는 엄마처럼 우리도 항상 스트레스를 예상하며 살아간다고 설명한다. 다만 인식하지 못할 뿐이다. 위험과 위협을 인지한 후 어떠한 선택을 하느냐가 중요하다. 어떤 문제가 실제로 일어나기도 전에 스트레스를 예상하고 자신을 투쟁-도피 상태로 몰아넣는가? 아니면 감사하는 마음을 안전 신호 삼아 안정을 되찾을 것인가? 하루 종일 일어나지도 않은 일 때문에 스트레스를 받는지 여부를 확인하는 방법은 저녁 시간의 주된 정서를 살피는 것이다. 그것은 하루의 스트레스를 어떻게 처리했는지를 드러내 보여준다. 모든 일을 마치고 소파에 앉았을 때, 그리고 잠자리에 누웠을 때 당신의 감정 상태는 어떠한가?

나는 감사하는 마음의 힘을 가족들과도 함께 나눈다. 이제는 대화를 나눌 수 있을 정도로 자란 아이들에게 매일 저녁 오늘의 선행을 묻는다. 그날 아이들이 타인을 돕기 위해 한 친절한 행동에 대해 이야기를 나누는 시간이다. 친절한 행동을 떠올리면 미주 신경 긴장도가 높아진다. 그리고 난 뒤 감사하는 마음을 기르는 시간을 갖는다.

아내와 나는 아이들에게 오늘 하루 감사한 일을 세 가지만 이야기

해보라고 요청한다. 아주 사소한 것이라도 괜찮다. 가령 목초를 먹인 소로 만든 스테이크를 저녁 메뉴로 먹을 수 있어서 감사하다는 경우도 있었다. 때로는 무척 심오한 이야기가 나오기도 한다. 아들이 다섯 살쯤 되었을 무렵, 미묘한 표정을 지으며 이렇게 말했다. "아빠, 빅뱅이 일어나서 감사해요. 빅뱅이 일어나지 않았다면 이 세상에 아무것도 없었을 거잖아요." 이 말을 남긴 뒤 아이는 안정된 신경계와 활발하게 기능하는 미토콘드리아 효소와 함께 행복한 얼굴로 잠에 빠져들었다. 미토콘드리아 효소의 힘을 무시하지 마라. 성인들에게도 같은 효과가 나타날 수 있다. 당장 시도해보기 바란다.

최강의 TIP

- 일어나지도 않은 나쁜 일을 미리 걱정하며 자신을 스트레스 상태로 몰아넣는 습관을 이제는 멈춰야 한다.
- 행복한 장소를 떠올리는 것만으로도 스트레스에서 벗어날 수 있다.
- 매일 타인을 위해 선행을 베푼다면 미주 신경 긴장도가 높아지는 효과를 누릴 수 있다.
- 매일 잠자리에 들기 전, 감사한 일 세 가지를 떠올리면 미토콘드리아 효소가 활성화된다.
- 스트레스 상황에서는 편안한 목소리와 부드러운 음악을 선택한다.

타인을 용서하고
자기연민을 경계하라

감사하는 마음은 수행능력을 향상시킨다. 성공한 사람들은 감사가 용서에 이르는 첫걸음이라는 것을 잘 알고 있다. 용서는 인간의 수행능력을 높이는 가장 강력한 도구다. 자신의 목표를 달성하기 위해 노력하듯이 타인을 용서하기 위해 더욱더 열심히 노력하라. 그러면 새로운 차원의 에너지가 생성되고 더 큰 행복이 찾아온다.

───────── 소수의 사람들과 원주민식 한증막에서 명상 훈련을 받은 적이 있다. 당시 함께 수련하던 한 여성은 명상 중에도 무척이나 불행해 보였다. "난 완전 바닥을 쳤어요. 더 이상 나빠질 것도 없다니까요."라며 계속 중얼거렸다. 이 모습을 관망하던 지혜로운 선 댄서Sun Dancer(북아메리카 원주민의 의식인 태양 춤을 추는 사람—옮긴이)인 알베르토 비욜도는 이렇게 말했다. "자기연민 때문에 고통 받고 있군요. 우리는 어떻게 해야 그것에서 벗어날 수 있는지 잘 알고 있죠." 그러고는 뜨

겁게 달아오른 돌 위로 물을 부어 천막 내부의 기온을 좀 더 높였다. 사실 그녀에게는 감사할 일이 많았다. 두 발로 자유로이 다닐 수 있었고, 제법 비싼 돈을 지불하고 이런 경험을 할 여건도 되었다. 또 알베르토 비욜도처럼 대단한 게임 체인저에게서 무언가를 배울 기회도 얻었다.

자기연민의 고통에서 스스로 벗어나야 한다

문제는 무엇을 어떤 식으로 받아들이느냐 하는 태도다. 자기연민을 느낄지, 감사함을 느낄지는 우리가 스스로 선택할 수 있다. 현재의 삶이 힘들고 꽤 오랜 시간 힘들었다고 해도, 아주 작은 것에서 감사함을 찾을 수 있다. 아니, 찾아야 한다. 현재보다 더 나쁜 상황이 닥칠 수도 있음을 받아들여야 한다. 나는 힘들 때마다 건강한 두 다리가 있음에 감사했다. 당신도 지금 두 다리로 설 수 있고, 이 책을 만나 성공에 한 걸음 다가서는 기회를 누리고 있지 않은가?

감사하는 마음이 중요한 또 다른 이유는 자기연민에서 헤어 나올 수 있기 때문이다. 운전 중에 다른 차가 갑자기 끼어들면 보통은 자신도 모르게 소리를 지른다. 하지만 생각을 살짝 달리해보자. '어머니의 임종을 지키기 위해 급히 병원으로 가는 중일 수도 있잖아?' 순간 양보해줄 수 있어서 다행이라는 생각이 들지 않을까?

불쾌한 상황 속에서도 감사를 느낄 줄 알면 용서로 나아갈 수 있다. 갑자기 끼어든 운전자가 나쁘다는 생각도, 모친의 임종을 지키러 가는 길이라는 생각도 모두 상상일 뿐이다. 운전자의 진짜 사정은 아무도 모른다. 감사한 마음을 느끼며 상대를 용서할 이야기를 선택할지, 분한 마음을 느끼며 상대를 미워할 이야기를 선택할지는 당신의 몫이다. 우리가 자신에게 어떤 이야기를 들려주든지 상대방의 인생에는 전혀 영향을 끼치지 않는다. 중요한 것은 나다. 용서하면 더 이상 누군가를 향한 원망을 품지 않아도 된다. 원망보다 훨씬 중요하고 의미 있는 것들을 품어야 한다. 화를 내고 내면의 에너지를 소진하면 결국 피해를 보는 것은 당신이다.

거짓된 이야기 속으로 숨지 마라

당신을 화나게 하는 멍청이들에게 감사하는 마음을 느낄 수 있다면 행복감 역시 상당히 높아진다. 둔감한 성격은 그다지 도움이 되지 않는다. 민감성이 떨어지는 만큼 자주 부딪힐 수밖에 없고 긍정적인 감정을 막아버린다. 또 이러한 성격을 형성하고 지속하는 데 쓰이는 에너지도 상당하다. 그러나 당신을 지치게 하는 사람들에게 감사와 동정을 느끼는 법을 깨닫는다면 상대가 무슨 행동을 하든 에너지를 거의 들이지 않고 쉽게 넘어갈 수 있다. 이것이 바로 용서다.

용서의 가장 좋은 점은 감사하는 마음을 갖고 실제로 그것을 표현했을 때, 무시하고 넘어가는 것보다 상대방에게 훨씬 큰 타격을 입힐 수 있다는 점이다. 상대방은 당신의 기분을 언짢게 하려고 바보 같은 짓을 했을 때보다 더욱 큰 에너지를 소비하게 된다. 겉으로 괜찮은 척하면서 속으로는 누군가를 증오한다면 당신의 삶은 조금도 나아질 수 없다.

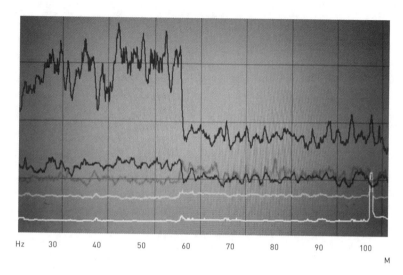

Hz	30	40	50	60	70	80	90	100

M

[표 3] 포티 이어 오브 젠의 뉴로피드백 증강 리셋 프로토콜은 경영진의 인지 기능 강화 훈련에서 용서와 감사를 떠올릴 때 뇌파에 미치는 영향을 보여주었다.

《나는 4시간만 일한다》의 저자 팀 페리스에게 인간으로서 보다 향상된 수행능력을 발휘하고 싶은 사람에게 전해주고 싶은 조언 세 가지를 물었다. 그는 팔과 다리가 절단된 몸으로 완화의료 전문의로 일하는 밀러B. J. Miller의 말을 들려주었다. "당신의 머릿속 생각을 전부 믿지 마세요." 자신 안에 깊이 뿌리내린 철학이나 고정관념에 대해 생각하고 찬찬히 들여다보면 자신이 틀렸음을 발견하는 경우가 많다고 페리스는 설명한다. 자신도 그랬다고 고백했다. 그 후 페리스는 스스로에게 이렇게 말하기 시작했다. '거짓된 이야기 속으로 숨지 말자. 아침에 두려움 속에서 눈을 뜰 때, 우울하고 힘든 이들을 만날 때, 자신과 세상에 대한 부정적인 이야기를 지어내 그 안으로 숨어서는 안 된다. 그러면 절대 게임의 판도를 바꿀 수 없다.'

영성 지도자들과 자기계발 전문가들은 무언가를 다짐할 때는 무언가를 하지 않겠다는 것보다 무언가를 하겠다는 긍정의 표현을 쓰라고 가르친다. 하지만 페리스는 '거짓된 이야기 속으로 숨지 말자'는 결심이 효과가 있었다고 말한다. 그에게는 이 결심이 자기기만을 경계해야 한다고 알리는 정지 신호처럼 작용했다. 덕분에 과거의 트라우마나 실수에서 비롯된 감정적 응어리 없이 눈앞의 상황을 있는 그대로 볼 수 있었다. 그의 결심을 긍정적인 문장으로 바꾼다면 '있는 그대로 보고, 있는 그대로의 현실을 살아라'가 될 것이다. 당신도 할 수 있다!

가령 통화 중에 상대방이 굉장히 퉁명스럽고 무례하게 군다면 어떻게 해야 할까? 당신에게 억하심정이 있거나 기분을 상하게 하기 위해 일부러 그런다고 생각해선 안 된다. 단순히 배가 고파서 그러는 걸 수도 있고, 화장실에 가야 하는데 상사가 다음 휴식시간까지 자리를 지키라고 강요했을 수도 있다. 이러한 긍정적인 이야기를 믿으면 불쾌한 일에서도 감사함을 느끼고 용서를 베풀 수 있다.

당신의 무한한 가능성을 믿어라

유능한 개인 자산 관리 전문가이자 작가인 토니 로빈스만큼 자기연민을 감사하는 마음으로 바꾸는 데 능한 사람은 없다. 그는 평소 불가능한 것은 아무것도 없다는 믿음을 갖고 있다. 한번은 〈불릿프루프 라디오〉특별 에피소드에서 로빈스와 피터 디아민디스 Peter Diamindis, 조 폴리시 Joe Polish와 함께 그 믿음에 대해 토론하는 시간을 가졌다. 로빈스는 불가능이란 팩트가 아니라 의견이라고 했다. 엄밀히 말해 누군가 하기 전까지는 세상 모든 일이 불가능한 일이다. 과학 분야에서도 불가능이라고 치부되었던 일이 가능한 것으로 입증된 사례가 많다.

로빈스는 비즈니스가 성장하지 못거나 개인이 성공하지 못하는 것은 불가능해서가 아니라고 주장한다. 다만 전략이 힘을 발휘하지 못하도록 거짓된 이야기가 가로막기 때문이라는 것이다. "자신의 한계를 설정하는 이야기를 떨쳐내고, 무한한 가능성이 있음을 믿는다면 현실은 달라질 겁니다." 그는 진정 자신이 한 말대로 살고 있다.

당신을 가로막는 이야기는 당신이 정말 큰 위험에 처했을 때 신경계가 형성한 과거의 트라우마에서 비롯된 것이다. 트라우마는 몸에 새겨진다. 당신이 같은 상황에서 또다시 고통을 겪게 될까 봐 두려워하는 마음이 본능적인 방어기제로 이야기를 지어낸다. 그러나 감사하는 마음을 찾아 진정한 용서를 베풀 수 있다면 트라우마에서 비롯된 거짓 이야기의 사슬을 끊고 현실을 있는 그대로 받아들일 수 있다.

감사하는 마음을
도구로 활용하라

감사하는 마음은 그냥 얻을 수 있는 것이 아니다. 운동을 하고 건강한 음식을 먹는 습관을 기르듯 몇 가지 방법을 활용해 감사한 마음을 습관으로 형성할 수 있다. 감사함은 근육이다. 단련하라.

―――――――― 유제이 람다스UJ Ramdas는 행동 변화 전문가이자 공인된 최면술사다. 그는 심리학을 기반으로 한 컨설팅을 통해 수많은 사람들의 인생을 바꿔놓았다. 감사하는 마음의 가치를 이해할 뿐 아니라 그것을 습관화하려 노력하는 그를 만나 대화를 나누고 싶었다. 람다스는 감사하는 마음은 인지적, 생리적 두 가지 측면에서 경험해야 긍정적인 힘을 발휘한다고 말한다. 즉 감사한 마음을 찾고 또 실제로 느껴야 한다는 뜻이다.

감사하는 마음도 훈련이 필요하다

람다스는 매일 저녁마다 자신만의 의식을 통해 감사하는 마음의 힘을 체험했다. 저녁이 되면 그날 있었던 감사한 일들을 일기로 기록한 것이다. 그러다 과학적으로 봤을 때 아침에 감사한 일을 떠올리는 것이 더욱 큰 힘을 발휘한다는 것을 알게 되었다. 그는 즉시 저녁 일기를 아침 루틴으로 바꾸어 세 가지 질문에 답하는 형식으로 변형했다. 나는 무엇에 감사한가? 어떻게 해야 더 좋은 하루를 보낼 수 있을까? 나는 오늘 어떤 사람이 되고 싶은가?

람다스는 아침 루틴을 실천한 이후 초두 효과Primacy Effect를 제대로 누릴 수 있게 되었다고 말한다. 초두 효과란 눈을 뜨자마자 처음으로 하는 일이 하루를 지배한다는 개념이다. 게다가 두 번째와 세 번째 질문은 두뇌가 긍정적인 행동과 결과를 기대하게 만들어 결과적으로 감사한 마음을 갖게 만든다. 예컨대 사람들은 자신이 좋아하는 영화를 곧 보게 될 거라고 생각하면 엔도르핀 수치가 자동적으로 높아진다. 기대심리가 웰빙과 행복의 원천이나 다름없다는 뜻이다.

람다스는 저녁 의식을 완전히 없애지 않고, 그날에 있었던 세 가지 멋진 일을 기록하는 것으로 바꿨다. 그는 이 덕분에 수면의 질이 나아졌다고 했다. 또한 친구나 가족과의 친밀감이 높아지고 타인에게 선행을 베풀겠다는 욕망도 점점 더 강해진다고 했다. 람다스는 마지막으로 스스로에게 물었다. "어떤 일을 했더라면 더욱 멋진 하루가 되었을까?" 그가 꾸준히 발전할 수 있는 태도를 유지하는 비결이다. 감사하는 마음을 기르는 습관을 많은 사람들이 실천하길 바라는 마음에 그는 5분

일기라는 전용 노트도 만들었다.

세 가지 질문에 답하는 간단한 습관은 감사하는 마음을 만들어내 커다란 변화를 가져온다. 회복력이 더욱 높아지고 전두엽 피질이 활성화된다. 뿐만 아니라 스트레스의 상황에서도 공황 상태를 겪지 않고 오히려 침착한 태도로 집중력을 발휘할 수 있다. 이는 미주 신경 긴장도가 향상된 결과다.

감사하는 마음을 습관으로 만드는 방법

감사하는 마음을 습관으로 만들 수 있다면 어떤 방법이든 괜찮다. 자신에게 맞는 방법을 선택해 실천하면 비슷한 효과를 경험할 수 있다. 다음의 방법들도 도움이 될 수 있다.

• 감사 일기를 쓴다

감사하는 마음을 훈련하는 가장 기본적인 방법이다. 감사한 일에 대해 기록하는 행동을 지속적으로 실천하기 위해서는 노트 같은 장치가 도움이 될 수 있다. 방법은 간단하다. 아침에 일어나 감사할 일 세 가지를 기록하고, 잠들기 전에는 감사한 일 세 가지를 적는다. 횟수가 너무 많다면 아침이나 저녁 중 한 번만 적어도 좋다.

• 마음 챙김을 수행한다

삶의 속도를 잠시 늦추어라. 아침 시간을 출근 준비로 정신없이 보낸다면 의도적으로 잠시 여유를 갖는 것이 좋다. 몇 분 지각한다고 큰 일이 벌어지는 것은 아니다. 계단을 오르내릴 때는 한 걸음 한 걸음에 집중하라. 산책할 때는 나무와 꽃을 보고 보도블록 틈을 비집고 올라온 풀에도 시선을 보내라. 걸음을 멈추고 장미꽃 향을 맡아라. 우리는 자신의 목표나 해야 할 일을 향해 맹렬히 달려가느라 너무나 쉽게 이 아름다움을 지나친다. 세상은 아름답고 인생은 너무도 짧다. 여유를 가져라. 그래야 신경계가 안전 신호를 인식하여 감사하는 마음의 힘이 발휘될 수 있다.

• 부정적인 상황을 재조명한다

'새옹지마'에 얽힌 이야기가 있다. 하루는 변방에 사는 농부의 말이 도망을 쳤다. 이웃은 "그거 참 안 됐네요!"라고 위로했지만 농부는 "글쎄요."라고 답했다. 며칠 후 도망친 말이 건강한 말 한 마리를 데리고 돌아오자 이웃은 "참 잘된 일이네요!" 하고 축하했다. 하지만 농부는 "글쎄요."라고 할 뿐이었다. 또 며칠 후 농부의 아들이 새로운 말을 타다가 다리가 부러지자 이웃이 농부를 위로했다. 이번에도 농부의 대답은 같았다. 1년 후 나라에 전쟁이 일어나 모든 청년들은 싸움터로 나가야만 했다. 하지만 농부의 아들은 부러진 다리 때문에 집에 머물 수 있었다. "정말 잘 됐네요!" 이웃이 말하자 농부는 역시 "글쎄요."라고 대답했다.

이 이야기에는 한 가지 분명한 교훈이 담겨 있다. 모든 상황은 중립적이며, 당신이 어떻게 받아들이느냐에 따라서 좋을 수도 나쁠 수도 있다는 점이다. 같은 상황에서 무엇을 발견할 것인가? 그건 우리의 몫이다.

어떤 일이든 긍정적인 면을 찾으려고 노력해야 한다. 그러면 고난 속에서도 새로운 무언가를 배우고, 더 강해지고, 회복력 있는 사람으로 성장할 수 있다. 그러나 아직 준비가 안 된 상태에서 어떤 정서를 느껴야 한다고 스스로를 다그칠 필요는 없다. 항상 행복하고 항상 긍정적이어야 한다는 의미도 아니다. 짜증스러운 순간도, 부정적인 감정이 느껴지는 순간도 있을 수밖에 있다. 당연한 일이다. 다만 그런 순간에도 긍정적인 면을 보려는 태도가 필요하다는 말이다.

• 적극적으로 감사한 일을 찾는다

자신의 하루 중 감사하는 마음을 느낄 기회를 찾아라. 하루 종일 운이 안 좋았다거나 자꾸 부정적인 감정에 빠져드는 날에는 더욱 그래야 한다. 이는 자기 자신을 속이는 것이 아니다. 당신이 진정으로 감사하게 여길 무언가를 적극적으로 찾는 것이다. 매일 아침 커피 한 잔을 마실 수 있는 여유가 있음에 감사한다거나 건강한 두 다리가 있음에 감사한다거나 하는 식이다. 지금 당장 감사한 일을 떠올려보라.

• 감사 단지를 채운다

감사 일기와 비슷하지만 조금 더 창의성 높은 활동이다. 감사한 일을 종이에 적어 매일 커다란 유리병이나 어항에 넣는다. 가득 찬 병은 당신이 감사해야 할 일이 이렇게 많다는 것을 상기하는 하나의 장치가 된다. 혼자 하는 것도 괜찮지만 가족과 함께하면 더욱 좋다.

• 사랑하는 사람과 함께한다

저녁 식사를 하며 가족들과 함께 오늘 하루 감사했던 일에 대해 이야기를 나누기 바란다. 아이가 있다면 특히나 좋은 가족 의식이 된다. 창의성과 유대감이 높아지기 때문이다. 몇 가지 규칙을 정해도 좋다. 예를 들어 새로운 일이어야 하고, 오늘 하루에 있었던 일이어야 하며, 다른 사람의 이야기와 겹치지 않아야 한다. 감사하는 마음이 수면에 좋은 영향을 미치는 만큼, 저녁 시간이야말로 감사를 연습하기에 좋은 시간이다. 또한 친구, 룸메이트, 가족들과 서로에게 감사를 표현하는 시간을 갖는 것도 좋다. 긍정적 사고로 얻어지는 효과 외에 당신이 사랑하는 사람들과 친밀함을 높일 수 있다.

• 감사 산책을 한다

산책을 하면서 당신이 보고 경험하는 모든 것에 집중하라. 따뜻한 햇볕이 비추는 날씨라면 더더욱 좋다. 곳곳의 아름다운 경관과 땅을 디딜 때마다 발바닥에 전해지는 감촉을 온전히 느껴라. 마음이 안정되고 감사가 커질 것이다. 감사하는 마음을 불러오는 감정의 변화에 집중하고 온전히 몰입한다.

• 감사 카드를 보낸다

언제라도 괜찮다. 당신의 삶에 크고 작은 영향을 준 사람들에게 사랑의 마음을 담아 감사의 글을 써라. 부모님이나 친구, 당신의 인생을 이끌어준 은사 등 고마움을 표현하고 싶은 사람이면 누구라도 좋다. 이들이 어떤 일을 해주었는지를 구체적으로 적으면 더욱 좋다. 사랑하는 사람들과 유대감을 깊이 쌓는 효과가 있다.

• 감사와 용서를 함께 연습한다

무의식에 존재하는 분노와 상처도 큰 스트레스를 불러일으킨다. 여기에서 벗어나기 위해서는 감사와 용서를 함께 연습하는 것이 좋다. 당신을 아프게 한 일을 적거나 당신 안에 분노와 고통이 있음을 인정하고 받아들이는 글을 적어라. 과거의 고통스러웠던 일이 지금의 당신을 만드는 데 어떤 도움을 주었는지를 생각하면 그로 인해 생겨난 부정적인 감정을 흘려보낼 수 있다. 또한 용서에는 알파파를 활성화시켜 침착하고 집중력 높은 상태로 만들어주는 굉장한 효과가 있다. 알파파의 상태에 오래 머물수록 게임의 판도를 뒤바꿀 힘이 커진다는 것은 내가 보장한다.

최강의 TIP

- 위에 나온 방법들 중 당신에게 가장 와 닿는 것 세 가지는 무엇인가?
- 그 세 가지를 직접 실행해보자!

우리 모두에겐
인생을 변화시킬 힘이 있다

세상에 큰 영향력을 남긴 수백 명의 사람들을 인터뷰하는 지난 몇 년 동안, 나에게 가장 중요한 세 가지가 무엇인지 묻는 사람들이 많았다. 그러나 지금껏 한 번도 대답하지 않았다. 왜냐하면 내가 한 인터뷰와 그 결과물인 이 책은 그들의 이야기라고 생각했기 때문이다. 훌륭한 전문가들과 선구자들에게서 새로운 지식을 구하고, 그것을 인생에 적극 활용할 준비가 되어 있는 사람들과 공유하는 것이 내 목적이었다. 나 또한 그 사람들 중 하나일 뿐이다!

내가 중요하게 생각하는 세 가지

내가 대답을 꺼렸던 또 다른 이유는 성공한 누군가가 한 일들을 다른 사람들도 모두 똑같이 해야 한다고 말하는 것 같아 불편했기 때문이다. 우리는 모두 다르므로 다른 사람에게는 혹은 내게는 효과가 있던 법칙이 당신에게는 별 효과가 없을 수도 있다. 그러나 성공한 사람들의 경험을 데이터화하고 분석해서 무엇이 중요한지 그 결과를 제시한다면, 우선순위로 삼아야 할 것을 조금 더 현명하게 결정할 수 있을 거라고 생각했다.

그러나 그 모든 과정을 마친 지금에는 가장 중요한 세 가지가 무엇인지 밝혀도 좋을 것 같다. 이 세 가지는 조언도, 비법도 아니다. 그저 당신이 자신에게 맞는 방법을 선택해 옳은 방향으로 나아가고자 할 때 도움을 받을 수 있는 나침반 정도로 여겨주길 바란다.

그 세 가지 중 첫 번째는 내 인생을 완전히 뒤바꿔놓았다. 나는 이것을 내 아이들에게도 가르치고 불릿프루프 직원들과 포티 이어 오브 젠의 세계적 전문가들에게도 가르친다. 그것은 '감사하는 마음의 힘'이다. 아내와 아이들과 함께 매일 감사한 일 세 가지를 공유하는 습관은 삶을 바라보는 내 태도를 완전히 변화시켰다. 또 더 노력할 수 있는 에너지도 선물해주었다. 매일같이 감사하는 마음을 찾으려 노력하지 않았다면, 나는 지금 CEO는 물론이고 아빠, 남편으로서 일구어낸 그 무엇도 이루지 못했을 거라고 확신한다.

감사하는 마음이 지닌 진정한 힘을 느끼기 위해선 모든 상황 속에서, 심지어 고난 속에서도 감사하는 법을 알아야 한다. 아이들에게 실패를 기쁘게 받아들이는 법을 가르치기 위해 나는 세 가지 감사한 일을 말할 때 그중 한 가지는 꼭 실패 속에서 찾아 이야기한다. 아이들이 실패를 두려워하며 살지 않았으면 하기 때문이다. 감사하는 마음을 연습하면서 나는 용서하는 법을 배웠다. 부정적인 감정을 흘려보내고 한계를 극복할 수 있는 힘을 얻었다.

두 번째는 당신의 생물학적 몸을 이해해야 한다는 것이다. 세 가지 행동을 하길 바라는 미토콘드리아 망을 인지해야 한다는 의미다. 세 가지 행동은 무엇일까? 그것은 두려움을 만났을 때 숨거나 도망치는 것, 먹을 수 있는 것은 모조리 먹는 것, 그리고 번식하는 것이다. 우리 몸에 내장된 시스템은 그 무엇보다 이 세 가지 행동을 우선시한다. 그리고 당신의 생각보다 빠르게 작동한다. 이 사실을 알고 있으면 이런 행동을 통제하지 못하는 일이 벌어져도 수치심이나 죄책감을 느끼는 일이 현저히 줄어든다. 그게 우리의 본능이니까.

이제 당신은 다시 시도하기만 하면 된다. 단지 이번에는 원시적 지능이 아니라 당신이 직접 나서야 한다. 스스로를 인정하고 이해하는 단계에 이르면 당신을 나약하게 만드는 일이 아니라 활기 넘치게 만드는 일에 에너지를 쏟을 수 있다. 나를 포함해 성공한 많은 사람들은 자신이 열정을 쏟는 소임에서 활기를 얻는다.

마지막으로 당신의 몸은 감사와 사랑에서 비롯된 이야기가 아니라면 말을 잘 듣지 않는다는 것을 깨달아야 한다. 그리고 주변 환경에 무척 잘 반응한다는 것도. 이러한 사실이 두려운가? 하지만 이것은 역으로 주변 환경을 잘 활용하면 몸을 통제할 수 있다는 의미도 된다. 결국 무엇을 먹고 어떻게 자고 언제 움직일지, 어떻게 호흡하고 어떤 빛에 스스로를 노출시킬 것인지를 결정하는 것은 당신이다. 그리고 이것들은 당신이 얼마나 똑똑하고 빠르고 행복해질 수 있는지에 엄청난 영향을 끼친다. 이 중요한 변수들을 뜻대로 잘만 활용한다면 당신이 가능하리라 생각했던 것 이상의 의지력과 회복력을 얻을 수 있다.

한계는 없다, 한계를 짓는 생각이 있을 뿐

이 세 가지 요소는 상호 연결되어 있다. 감사한 마음을 찾으려 끊임 없이 노력하고 주변 환경을 잘 활용하여 몸에 안전 신호를 보낸다면, 생존에 집중된 기본 프로그램을 초월하는 에너지를 얻을 수 있다. 한편 감사하는 마음에 집중할 때 몸은 스트레스가 높은 환경도 잘 견뎌 낼 수 있다. 이 책에 소개된 모든 법칙처럼, 세 가지 중 하나를 실천해 긍정적인 효과가 나타나면 다른 영역 역시 긍정적인 영향을 받는다. 어떠한 법칙이 당신에게 가장 크고 긍정적인 변화를 일으켰는지 확인하면 그에 따라 우선순위를 정할 수 있다.

게임 체인저란 무릇 규칙을 파괴해야 하는 만큼 네 번째 이야기를 추가하고자 한다. 당신에게는 무한한 능력이 있고, 그 능력을 깨울 수 만 있다면 불가능해 보이는 일도 해낼 수 있음을 깨달아야 한다. 나 역시 한계에 부딪혔다고 느꼈던 순간이 많았지만, 사실이 아니었음을 아주 어렵게 깨달았다. 나는 한계에 가로막힌 것이 아니라 크게 생각하지 못했던 것뿐이었다. 그러니 생각을 크게 가져라.

이제 당신 차례다. 대단한 영향력을 발휘하는 수백 명의 사람들을 더 강하고 더 창의적이며 더 높은 회복력을 지닐 수 있게 만든 것이 무엇인지 당신은 알고 있다. 인생을 변화시킬 수 있는 정보를 갖춘 셈이지만 실천이라는 문제가 남았다. 가장 먼저 무엇을 할 생각인가? 그 일이 어떤 변화를 가져오길 바라는가? 게임의 판을 바꿀 수 있는 에너지를 어떻게 활용할 생각인가?

최강의인생